Carsten Belling **4C-DTP**

Carsten Belling

4C DTP

Basiswissen für die digitale Druckvorstufe mit DTP

Verlag Beruf + Schule

Die in diesem Buch genannten Markennamen und Produktbezeichnungen sind in der Regel gesetzlich geschützt.
Trotz größter Sorgfalt beim Recherchieren und Überprüfen können Fehler nicht ganz ausgeschlossen werden. Autor, Herausgeber und Verlag übernehmen für fehlerhafte Angaben und deren Folgen weder die juristische Verantwortung noch irgendeine Haftung. Sie sind jedoch dankbar für Korrektur- und Ergänzungsvorschläge.
Da „4C-DTP" auch als Schulbuch genutzt wird, sind alle Texte in der ab Schuljahr 1998/99 verbindlichen Schreibweise gesetzt.

Herausgeber: Roland Golpon, Itzehoe
Umschlag, Layout, Satz und Reproduktion: Carsten Belling, D-49477 Ibbenbüren, mit freundlicher Unterstützung der Firma Klaus Lünnemann, Messe- und Präsentations-Systeme, D-49479 Ibbenbüren
Ausbelichtungen und Proofs: Werbewerkstatt Wrocklage GmbH, D-49479 Ibbenbüren
Druck: Druckhaus „Thomas Müntzer" GmbH, D-99947 Bad Langensalza

ISBN 3-88013-555-X

Inhalt

Vorwort ... 9

Kapitel 1: Farbe ... 11

Was ist Farbe? ... 11
Farbwiedergabe ... 12
Farbsysteme ... 12
Schmuckfarben ... 15

Kapitel 2: Auflösung ... 17

Was ist Auflösung? ... 17
Eingabeauflösung ... 17
Ausgabeauflösung ... 18

Kapitel 3: Raster ... 21

Autotypisches Raster ... 21
Rasterwinkelung ... 22
Frequenzmoduliertes Raster ... 23
Rasterweite ... 25

Kapitel 4: Grafik- und Bildformate ... 29

Vektor- und Pixelgrafik ... 29
Dateiformate ... 31

Kapitel 5: Kalibrierung ... 39

Warum kalibrieren? ... 39
Richtig kalibrieren ... 39
Farbmanagementsysteme ... 40

Kapitel 6: Bildbearbeitung ... 43

Tonwertkorrektur ... 43
Farbkorrektur ... 47
Scharfzeichnungsfilter ... 49
Freisteller ... 52
Auswahl und Maske ... 53
Duplexbilder ... 56
Effekte ... 58

KAPITEL 7: SEPARATION 63

Was ist Separation? 63
Buntaufbau 63
Unterfarbenentfernung (UCR) 64
Unbuntaufbau (GCR) 64
Buntfarbenaddition (UCA) 64

KAPITEL 8: SCANNER 67

Welcher Scanner für wen? 67
Tabelle der Scannertypen 68
Unterschiedliche Technologien 69
Vorlagentypen 72
Richtig scannen 75

KAPITEL 9: ÜBERFÜLLUNG 77

Was ist Überfüllung? 77
Verschiedene Techniken 77

KAPITEL 10: POSTSCRIPT 81

Was ist PostScript? 81
PostScript-Modell 81
Arbeitsweise von PostScript 81
Dictionaries 82
PostScript Level 2 82
PostScript-Schriften 83
Der Font-Cache 84
PostScript-Dateien 84
Der PostScript-Interpreter 85
PostScript-Fehler beheben 86

KAPITEL 11: SCHRIFTEN 91

Unterschiedliche Technologien 91
Probleme beheben 93

KAPITEL 12: DATENAUSTAUSCH 95

Dateiaufbau 95
Überspielen von Dateien 96

Kapitel 13: Konvertierung 99

Textkonvertierung 99
ASCII-Tabellen 100
Grafikkonvertierung 101

Kapitel 14: Proofs 103

Was ist ein Proof? 103
Softproofing-Verfahren 103
Analoge Verfahren des Hardproofing 104
Digitale Verfahren des Hardproofing 104

Kapitel 15: Ausgabe 107

Was muss beachtet werden? 107
Belichtungszeiten verkürzen 109

Kapitel 16: Der Siebenfarbendruck 111

Anhang

Komponenten der digitalen Druckvorstufe 115
Tabelle der Extensions 116
HKS-K-Farben 117
Literaturverzeichnis 118
Begriffserklärungen 119
Stichwortverzeichnis 129

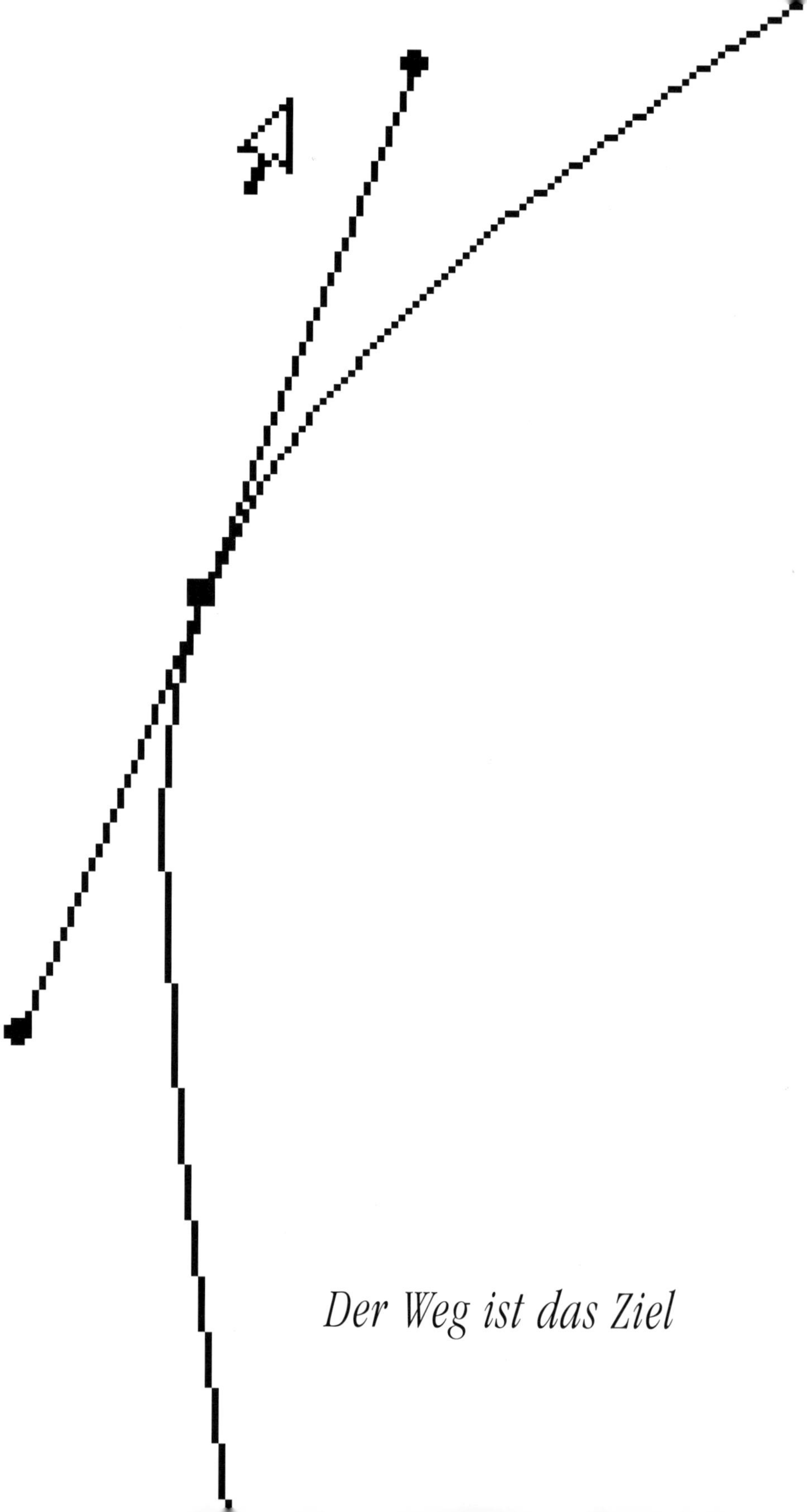

Der Weg ist das Ziel

Vorwort

Dieses Buch richtet sich an Auszubildende der Druckindustrie, an Quereinsteiger sowie Neulinge im Publishing und nicht zuletzt an Grafik-Designer, die im täglichen Umgang mit DTP hochwertige Ergebnisse erzielen wollen.
Lerninhalte, wie zum Beispiel die Farbenlehre und das Zusammenspiel zwischen Hard- und Software der unterschiedlichen Betriebssysteme, sind grundlegende Voraussetzung für effektives Arbeiten im Desktop Publishing. Sie werden in der Ausbildung, ob Berufsschulunterricht, betriebliche oder überbetriebliche Unterweisung, zwar mittlerweile zumeist vermittelt, aber leider nicht immer so aktuell, anschaulich und gründlich wie nötig.
Der Begriff „digitale Druckvorstufe" umfasst alle Vorstufenbereiche, angefangen von der Texterfassung über die elektronische Bildverarbeitung und den Satz bis hin zur Filmbelichtung. Auch die Druckformherstellung für sämtliche Druckverfahren (einschließlich CTP) und der Digitaldruck gehören eigentlich dazu.
Weil diese beiden Lerngebiete aber recht komplex, eigenständig und umfangreich sind, werden sie in „4C-DTP" nur dann angesprochen, wenn sie auf die Satz- und Reproherstellung zurückwirken.
Unter dem Dach der digitalen Druckvorstufe findet sich also das Wissen und Können vieler Berufsbilder wieder, das im DTP-Bereich (Computer Publishing, Electronic Publishing) mittlerweile unentbehrlich ist. Es sind vor allem die Grundkenntnisse in Informatik, Satz-, Reprotechnik und Farbenlehre.
Ich hoffe, in den folgenden Kapiteln das notwendige Grundwissen über Arbeitsabläufe und Zusammenhänge der Satz- und Bildherstellung mit dem Computer zu vermitteln.
Im Anhang „Komponenten der digitalen Druckvorstufe" finden Sie eine Übersicht der verschiedenen Gebiete bzw. Stufen mit Verweisungen auf die entsprechenden Seiten.
Ich beziehe mich in den Beispielen meist auf die Programme Adobe Photoshop, Adobe Illustrator und QuarkXPress, Betriebssystem Mac OS. Da die Inhalte jedoch in der Regel sowohl software- als auch hardwareunabhängig sind, profitieren davon auch Nutzer(innen) anderer Systeme.

Herzlichen Dank an alle, die mir geholfen haben, dieses Buch zu schreiben und zu veröffentlichen.

Ibbenbüren, im Dezember 1997 *Carsten Belling*

Kapitel 1: Farbe

Immer mehr müssen Layouter, Setzer und Grafiker sich mit dem Thema Farbe auseinandersetzen, um die Vorstellungen ihrer Auftraggeber zu erfüllen. Deshalb ist es wichtig zu wissen, was Farbe ist und wie sie reproduziert wird.

Zu beachten ist, ob wir Farbe in der Natur, auf einem Monitor oder auf einem bedruckten Papier sehen. Weder das beste Farbsystem noch der teuerste Proofmonitor oder der qualitativ hochwertigste Druck können alle in der Natur vorkommenden Farben darstellen. Auf den jeweiligen Geräten sind immer nur gewisse Farbräume darstellbar.

Was ist Farbe?

Wir müssen uns darüber im Klaren sein, dass wir nichts anderes als Farben sehen können. Formen werden für uns nur durch die Farbunterschiede erkennbar. Zum Farbensehen wird eine Lichtquelle benötigt, z. B. die Sonne. Sie sendet „farblose“ Energiestrahlen aus, die wir „Licht“ nennen. Diese Energiestrahlen treffen auf ein Material, z. B. Papier. Da Materie entsprechend ihrer molekularen Struktur die Fähigkeit besitzt, bestimmte Teile der Energiestrahlen des Spektrums zu verschlucken (absorbieren), gelangt der nicht absorbierte Teil des Lichtes als Farbreiz ins Auge. Hat man es dabei mit opakem Material zu tun, werden die nicht absorbierten Strahlungsintensitäten zurückgeworfen (reflektiert). Ist das Material dagegen lasierend, also transparent, wird der nicht absorbierte Teil des Lichts durchgelassen (transmittiert). Durch das optische System des Auges werden die Energiestrahlen des Farbreizes auf die Netzhaut projiziert. In der Netzhaut befinden sich winzige kleine Sehzellen, sogenannte *Antennen* oder *Rezeptoren.* Diese bestehen aus den *Zapfen* und den *Stäbchen.* Sie registrieren die Strahlung und wandeln die von außen kommende Strahlungsenergie in organeigene elektrische Energieimpulse um. Diese werden über Nervenbahnen ins Gehirn geleitet, wo die Farbempfindung entsteht. Daraus ergibt sich die Konsequenz: **In der Physik gibt es keine Farbe!** Farbe existiert nur als Sinnesempfindung. Wo also kein Betrachter mit einem intakten Sehorgan ist, dort gibt es auch keine Farbe.

Wer mehr über Farbe und deren Theorie erfahren möchte, sollte sich an die sehr empfehlenswerten Werke von Harald Küppers halten (siehe *Anhang Literaturverzeichnis*).

An dieser Stelle wird nur kurz auf das sehr komplexe Thema Farbe eingegangen, um ein besseres Verständnis für die folgenden Kapitel zu schaffen, die sich mit der Farbreproduktion befassen. Für alle, die irgendwie mit der Drucktechnik zu tun haben, ist es wichtig zu wissen, wie Farbe qualitativ hochwertig, also möglichst vorlagengetreu, reproduziert wird.

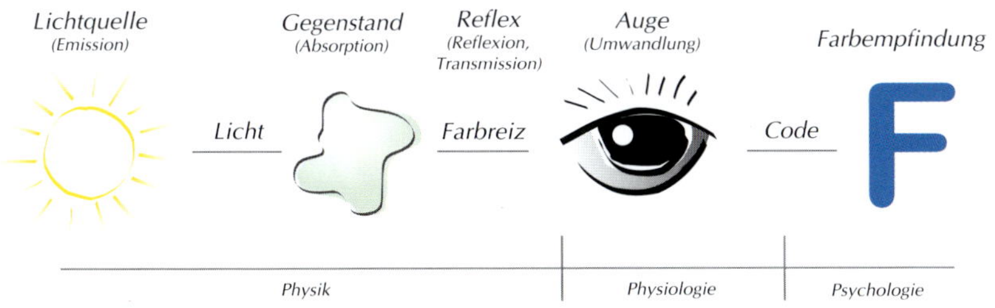

***Abb. 1.1** Die Wirkungskette zwischen Licht und Farbempfindung. Sie beginnt im Bereich der Physik, gelangt über die Physiologie bis in den Bereich der Psychologie.*

FARBWIEDERGABE

Die Mängel im CMYK-System, Unreinheiten in den Prozessfarben und Fehler, die bei der Separation auftreten, rufen Farbtonabweichungen hervor. Dadurch wird eine allgemeine Korrektur von Bildern notwendig. Natürlich kann eine Farbkorrektur auch notwendig sein, um einen Farbstich der Vorlage zu korrigieren oder einfach Farben attraktiver erscheinen zu lassen. Beispiele dafür wären, das Gras grüner, Himmel und Gewässer blauer zu machen oder Tomaten und Erdbeeren ein satteres Rot zu verleihen.

Die wichtigsten Farben in einem Bild sind solche, die wir leicht erkennen und auf die wir sofort reagieren, z. B. Haar- und Hautfarben und das Grün von Bäumen und Gräsern. Diese Farben nennt man Referenzfarben. Schon allein ihretwegen sind Farbkorrekturen notwendig, denn sie müssen im Druck möglichst genau wiedergegeben werden.

Darüber hinaus spielt die Papierwahl einer Drucksache eine entscheidende Rolle, denn für die meisten Farben eignet sich zur optimalen Wiedergabe nur ein weißes, glattes und hochglänzendes Papier. Schwarze Buchstaben lassen sich hingegen auf einem leicht gelblichen Papier mit einer leicht rauhen Oberfläche am angenehmsten lesen. Dies bedeutet, dass für Drucksachen, die Text und Bild enthalten, die Wahl der Papierart immer einen kleinen Kompromiss fordert. Zudem kommen noch Faktoren wie Preis, Lieferbarkeit und grafisches Design hinzu, die in die Wahl der Papiersorte mit einfließen. Die andere Möglichkeit besteht darin, die Reproduktion dem Papier anzupassen. Dies lässt dann eine freiere Papierwahl zu.

FARBSYSTEME

Wie schon erwähnt, gilt es zu unterscheiden, wie Farbe entsteht. Wir haben es bei der Reproduktion von Farbe mit zwei verschiedenen Komponenten zu tun, den Farben, die am Bildschirm dargestellt werden, und den Farben, die das spätere Druckerzeugnis wiedergeben. Deshalb benötigen wir unterschiedliche Farbsysteme.

Abb. 1.2 *Das sichtbare Farbspektrum*

DAS RGB-SYSTEM ADDITIVE FARBMISCHUNG

RGB steht für Rot, Grün und Blau. Diese Farben sind im RGB-System die *Primär- oder Grundfarben.* Cyan, Magenta und Gelb sind die *Sekundärfarben.* Bildschirme erzeugen Farbe durch unterschiedlich starkes Aussenden von rotem, grünem und blauem Licht. Durch Überlagerung (Addition) aller drei Lichter mit voller Intensität entsteht weißes Licht: daher *additives Farbsystem.* Schwarz erhält man, wenn die Intensität aller drei Lichter gleich null ist. Man benötigt also einen möglichst schwarzen Grund.

Farbmonitore können rund 16,7 Millionen Farben darstellen, was zwar viel ist, aber längst nicht dem sichtbaren Spektrum der Natur entspricht. Der Umfang, in dem Farben von einem Farbsystem wiedergegeben werden können, wird als Farbraum bezeichnet.

Abb. 1.3 *Das RGB-System – die additive Farbmischung. Rot, Grün und Blau sind die Primärfarben. Cyan, Magenta und Gelb sind die Sekundärfarben. Sie entstehen durch Mischung.*

DAS CMYK-SYSTEM
SUBTRAKTIVE FARBMISCHUNG

CMYK steht für Cyan, Magenta, Gelb (Yellow) und Schwarz (Black, *B* steht schon für Blau im RGB-System). Hier sind CMY die *Primär- oder Grundfarben.* Rot, Grün und Blau sind *Sekundärfarben.* Bei Druckerzeugnissen entsteht Farbe anders als auf dem Monitor. Die Farbe auf dem Papier sendet kein Licht aus, sondern sie reflektiert bestimmte Anteile des auftreffenden Lichts. Deshalb können Farben auch nur auf weißem Papier rein wiedergegeben werden. Die Primärfarben Cyan, Magenta und Gelb ergeben theoretisch, wenn zu 100 Prozent zusammengedruckt, Schwarz. Ein gravierender Mangel des CMYK-Systems ist, dass keine der Primärfarben hundertprozentig rein ist, sondern immer in einem gewissen Maße verschmutzt. Im Zusammendruck ergibt dies so anstatt Schwarz ein schmutziges Dunkelbraun oder Dunkelgrün, je nach Sättigung der Primärfarben. Um diesen Mangel auszugleichen, kommt in der Praxis als vierte Farbe ein echtes Schwarz hinzu, daher CMYK.

Abb. 1.4 *Das CMY-System mit den Primärfarben Cyan, Magenta und Gelb, aus denen durch Mischung die Sekundärfarben Rot, Grün, Blau und die Tertiärfarbe Schwarz entstehen. Bei jeder Mischung wird Helligkeit subtrahiert. Deshalb subtraktive Farbmischung.*

Die Druckfarbenskala für den Vierfarbendruck ist inzwischen weltweit durch die ISO (International Standard Organisation)-Norm festgeschrieben. So ist es z. B. möglich, mit in Deutschland hergestellten Lithos den Druck problemlos in Amerika oder Australien durchzuführen. Ebenso lassen sich Anzeigenlithos aus den USA oder Kanada mit europäischen in einer Druckform verarbeiten.

Farben, die sich aus Bestandteilen aller Prozessfarben zusammensetzen, nennt man *Tertiärfarben.*

Abb. 1.5 *Tertiärfarben setzen sich aus Bestandteilen aller drei Primärfarben zusammen.*

Mit dem RGB-System (Monitor) lassen sich aufgrund des größeren Farbraumes weit mehr Farben darstellen als mit dem CMYK-System (Druckerzeugnis). Es werden am Bildschirm also Farben wiedergegeben, die nicht gedruckt werden können. Andersherum lassen sich auch Farben drucken, die am Monitor nicht darstellbar sind.

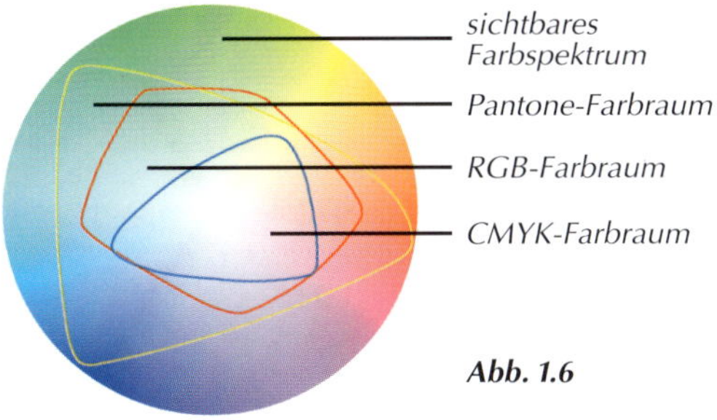

Abb. 1.6

Da weder das RGB- noch das CMYK-System Farbe zufriedenstellend wiedergeben können, ist ein System erforderlich, das sowohl die selbstleuchtenden Farben des Monitors als auch die reflektierenden Farben des Druckerzeugnisses umfasst.

Hier kommt das *CIE-System* zum Einsatz. Es wurde von einem Normengremium namens Comission Internationale de l'Eclairage (CIE) bereits im Jahr 1931 festgelegt und dient dazu, Farbe an sich messbar zu machen. Das CIE-System ist auch Grundlage der Farbbeschreibung in

Adobes *PostScript Level 2.* Der Vorteil ist, dass es auf der menschlichen Farbwahrnehmung beruht und die drei Grundfarben (Rot, Grün und Blau) systematisch auswählt und mit speziellen Koordinaten versieht. Sie bilden damit Fixpunkte in diesem *absoluten* System – im Gegensatz zu den *relativen* Systemen RGB und CMYK.

Das CIE-System liefert also eine neutrale, geräteunabhängige Farbbeschreibung. Eine Variante des CIE-Systems ist das CIELab-System. Es versucht, eine empfindungsgemäße Gleichabständigkeit im Farbenraum herbeizuführen, d. h. dass gleiche Abstände innerhalb des Farbraums vom Auge des Betrachters als gleiche Farbunterschiede wahrgenommen werden. Bei dem ursprünglichen CIE-System ist dies nicht der Fall. Heutige Imaging-Software und Farbmanagementsysteme richten sich nach dem CIELab-System.

Beim Übergang eines RGB-Bildes nach CMYK wird der Farbwert zunächst in das CIELab-System umgerechnet und danach in das CMYK-System übertragen. Das hat den Vorteil, dass die Farbinformationen geräteunabhängig übertragen werden können.

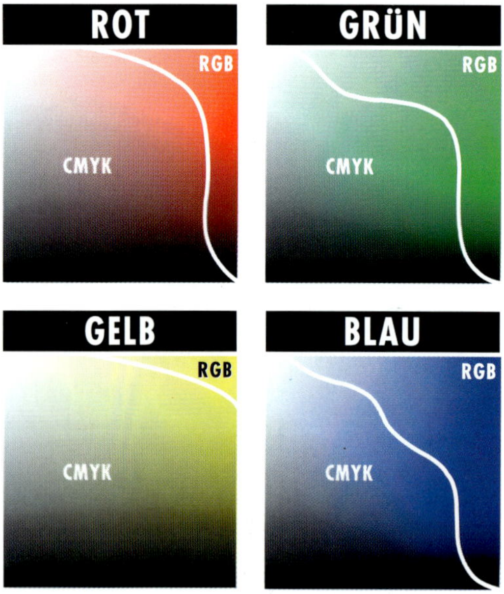

Abb. 1.7 *Die unterschiedlichen Farbräume des RGB- und CMYK-Systems*

Da es im sichtbaren Farbspektrum auch Farben gibt, die sich weder mit dem RGB- noch mit dem CMYK-System darstellen lassen, müssen diese durch benachbarte ähnliche Farben wiedergegeben werden.

Man sollte bei der Bearbeitung von Bildern auf jeden Fall beachten, dass die Umwandlung von einem Farbsystem in das andere Verluste mit sich bringt. Scans, die als RGB-Dateien vorliegen, sollten deshalb auch in *diesem* Modus bearbeitet werden. Erst zum Schluss sollte die Separation in CMYK durchgeführt werden.

	R	G	B
x	0,72	0,28	0,18
y	0,27	0,72	0,08
λ	700	546,1	435,8 [nm]

Abb. 1.8 *Die Spektralfarben Rot, Grün und Blau haben im Spektralfarbenzug die den Wellenlängen entsprechenden Koordinaten.*

	C	M	Y
x	0,1636	0,4464	0,4352
y	0,2144	0,2455	0,4959
Y	23,8	17,11	73,33

Abb. 1.9 *Den CMY-Druckfarben der Euroskala sind im CIE-System ähnliche Koordinaten zugewiesen, wie hier abgebildet.*
Photoshop bietet die Möglichkeit, diese Koordinaten umzustellen. Dadurch können die Druckfarben abgeglichen werden. Zusätzlich zu den Prozessfarben können die Rot-, Grün- und Blautöne und Schwarz eingestellt werden.

Die Koordinaten der Farben hängen auch von ihrer Verwendung ab. So spielt beispielsweise die verwendete Papiersorte einer Drucksache eine Rolle. Auch sind die Prozessfarben von Hersteller zu Hersteller leicht unterschiedlich.

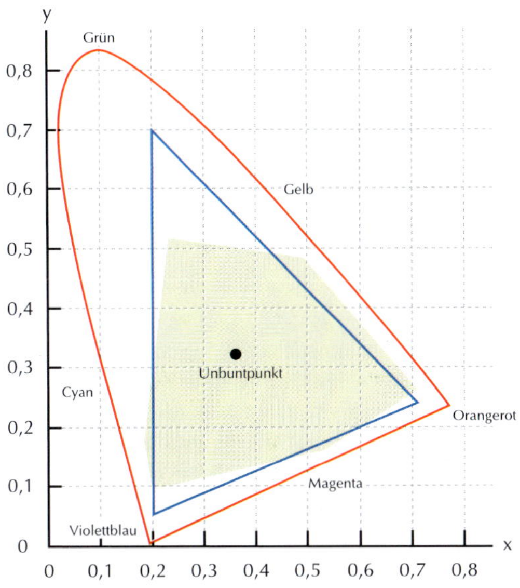

Abb. 1.10 *Dies ist der Spektralfarbenzug des CIE-Systems. Der rot umrandete Bereich enthält die Farben, die das Auge sehen kann. Das blaue Dreieck stellt den Farbraum des RGB-Systems dar, umfasst also die Farben, die Bildschirme wiedergeben können. Der hellbraune Bereich enthält die auf gestrichenem Papier reproduzierbaren Farben (CMYK-System).*
Deutlich sieht man, dass es auch druckbare Farben gibt, die auf dem Bildschirm nicht darstellbar sind. Dadurch lassen sich Farbbilder niemals hundertprozentig genau so am Bildschirm darstellen, wie sie im Druck erscheinen.

Ebenso ist es ratsam, Scans, die als CMYK-Datensatz geliefert werden, in diesem Modus zu belassen.
Wird das CIELab-System als Grundlage sämtlicher Berechnungen von Umwandlungen verwendet, ist es möglich, die verschiedenen Eigenschaften von Scanner, Bildschirm, Farbdrucker und Prozessfarben zu berücksichtigen. Es lassen sich dann z. B. der verwendete Phosphortyp des Bildschirms, die Farbtonabweichungen der Prozessfarben sowie die Densität der Druckfarben mit einbeziehen.

SCHMUCKFARBEN

Die sogenannten Schmuckfarben sind festgelegte Farbtöne, die sich nicht aus Prozessfarben zusammensetzen. Im Druck hat dies den Vorteil, dass bei zwei- oder dreifarbigen Drucksachen die Kosten längst nicht so hoch sind wie im Vierfarbendruck. Zudem treten keine Farbschwankungen auf, was gerade bei Firmenlogos mit genauen Farbvorgaben wichtig ist.
Schmuckfarben werden anhand von sogenannten Farbfächern ausgewählt, die als Verstän-

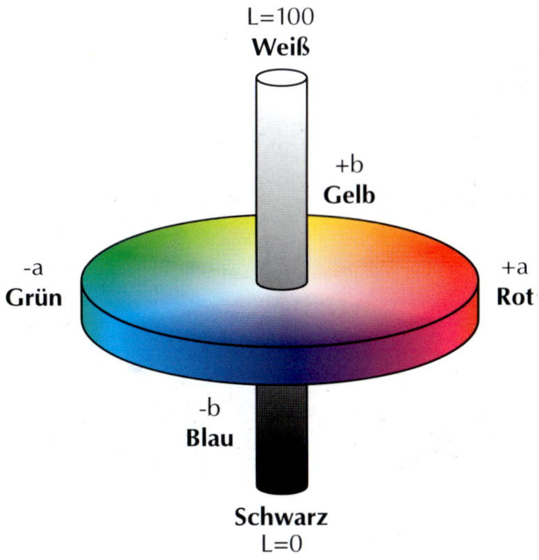

Abb. 1.11 *Das L*a*b-System.*
Die Sättigung der Farben (die chromatischen Komponenten a und b) wird unabhängig von der Helligkeit (die Luminanz L) gesteuert. So bleiben Farbwerte bei einer Änderung des Gammawertes vollkommen erhalten.
Die Luminanz kann Werte zwischen 0 und 100 erhalten. Die a-Komponente (Grün/Rot-Achse) und die b-Komponente (Blau/Gelb-Achse) können Werte zwischen -120 und +120 annehmen.
Die Sättigung ist außen stark und wird zur Mitte hin schwächer. Grautöne werden durch gleiche Werte von a und b erreicht. Der Grauwert wird über die Luminanz gesteuert.

digungshilfe zwischen Auftraggebern und grafischem Betrieb unverzichtbar sind.

Das HKS-System ist das in Deutschland am häufigsten eingesetzte. Ein weiteres ist das in den USA verbreitete PANTONE-System. Beide sind in fast allen professionellen DTP-Programmen implementiert oder werden als PlugIns oder Dokumente geliefert.

Ein Großteil der HKS-Farben lässt sich durch Mischen auch im Vierfarbendruck befriedigend wiedergeben. Es gibt jedoch auch Schmuckfarben, die im CMYK-System nicht zufriedenstellend reproduzierbar sind. Typisch sind Gold, Silber und Lackfarben. Werden solche Farben im Bilderdruck gewünscht, sind Zusatzfarben (Fünf- oder Sechsfarbendruck) erforderlich.

Das HKS- wie auch das PANTONE-System unterscheiden Farben für verschiedene Papiersorten. HKS-K und PANTONE Coated sind speziell für gestrichene Papiere, HKS-N und PANTONE Uncoated für Naturpapiere und HKS-Z ist für grobes Zeitungsdruckpapier entwickelt. Zusätzlich gibt es noch die HKS-E-Farben für Endlosdruckpapiere und die HKS-S-Farben für den Siebdruck.

Um im Vierfarbendruck z. B. Logos mit einer Schmuckfarbe oder mit mehreren Schmuckfarben wiederzugeben, müssen diese in die Prozessfarben zerlegt werden. In den meisten Imaging-Programmen werden bei der Auswahl von Schmuckfarben deren Prozesswerte angezeigt. Die Definition von HKS-Farben im CMYK-System finden Sie im *Anhang II: HKS N-Farben.*

SCHMUCKFARBEN UND PAPIERSORTEN

gestrichene Papiere, Bilderdruckpapier, Offset- und Buchdruck	HKS K	PANTONE Coated
Naturpapiere, Offset- und Buchdruck	HKS N	PANTONE Uncoated
Endlosdruckpapiere, saugende Papiere	HKS E	
Zeitungsdruckpapiere, stark saugende Papiere	HKS Z	
Siebdruck	HKS S	

Das PANTONE-System umfasst noch weitere Farbtafeln, wie z.B. PANTONE Process für die Umsetzung der PANTONE-Farben in den Vierfarbendruck.
Neben dem HKS- und dem PANTONE-System gibt es auch weniger gebräuchliche Systeme wie den DIC Color Guide von Dainippon oder TRUMATCH.

Kapitel 2: Auflösung

Um Schriften, Zeichnungen, Bilder, usw. auf einer bestimmten Fläche digital wiederzugeben, wird diese Fläche in kleine Quadrate aufgeteilt. Die Quadrate nennt man Pixel (engl., von Picture Element). Je kleiner die Pixel sind, umso mehr finden auf der Fläche Platz und umso mehr Details der Zeichnung können reproduziert werden. Die Zeichnung wird durch die Aufteilung in Pixel aufgelöst. Wie viele Pixel eine bestimmte Fläche bilden, wird als Auflösung bezeichnet. Ein 17-Zoll-Monitor hat beispielsweise eine übliche Auflösung von 800 x 600 Pixel, das entspricht 72 dpi (dots per inch, Punkte pro Zoll). Und da wir bei der Maßeinheit der Auflösung sind, sie wird in Pixel pro Zoll angegeben (ein Zoll entspricht 25,4 mm). Monitore haben eine grobe, für unser Auge gut sichtbare Auflösung, so dass Buchstaben und Linien normalerweise einen *Sägezahneffekt* oder *Treppeneffekt* aufweisen *(Abbildung 2.1)*.

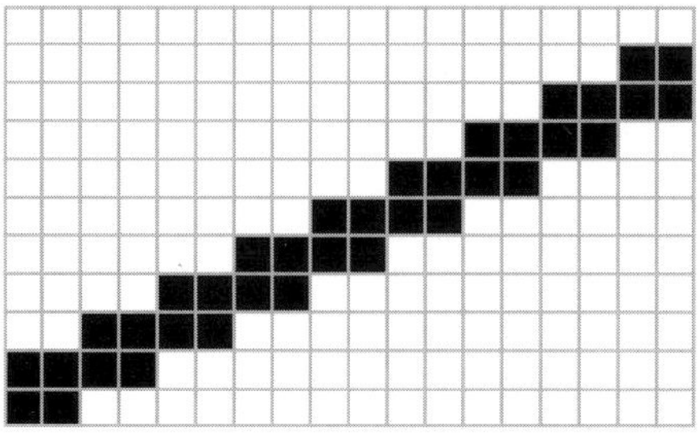

Abb. 2.1 *Bei niedrigen Auflösungen sind die einzelnen Pixel sichtbar. Dadurch entsteht bei diagonalen Linien oder runden Figuren der bekannte Treppen- oder Sägezahneffekt.*

ANTI-ALIASING

Um diagonale Linien und runde Elemente am Bildschirm glatt darzustellen, wird eine Technik verwendet, die man Anti-Aliasing nennt. Dabei werden harte Kanten durch Verwendung von Halbtönen weich dargestellt *(Abbildung 2.2)*.

Das Ausgabegerät muss also fähig sein, nicht nur Schwarz und Weiß, sondern auch Zwischenwerte zu erzeugen. Diese Darstellungsweise erfordert natürlich mehr Rechenzeit, da Nachbarpixel in die Berechnung einbezogen werden müssen. Sinn macht das Anti-Aliasing jedoch nur, wenn die Auflösung so gering ist, dass wir den Treppeneffekt wahrnehmen. Belichter arbeiten heute normalerweise mit Auflösungen ab 2400 dpi, so dass die einzelnen Pixel nicht mehr wahrgenommen werden.

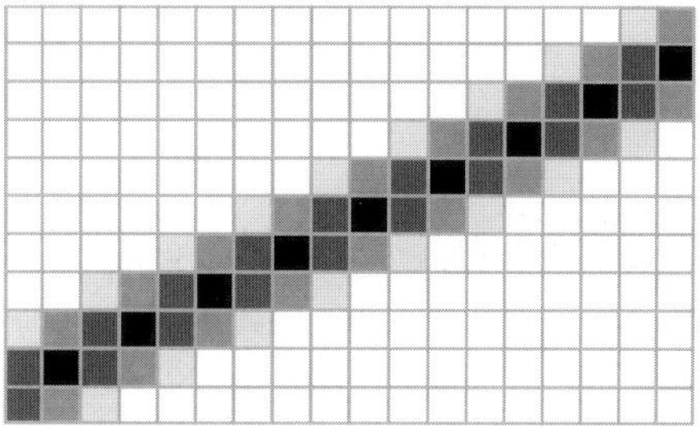

Abb. 2.2 *Um bei geringen Auflösungen möglichst glatte Kanten zu erhalten, wird das Anti-Aliasing eingesetzt. Dazu muss das Ausgabegerät jedoch in der Lage sein, Halbtöne zu erzeugen.*

DIE EINGABEAUFLÖSUNG

Wenn Vorlagen mit einem Scanner eingelesen oder Zeichnungen mit einem Digitizer erstellt werden, muss die Auflösung feststehen. Je höher die Auflösung beim Scannen ist, desto mehr Details der Vorlage können wiedergegeben werden. Sie richtet sich aber vor allem nach der Ausgabeauflösung, in der Reprotechnik nach der Rasterweite, in der belichtet wird.

Halbtonbilder benötigen aufgrund von unterschiedlichen Helligkeitswerten keine so hohe Auflösung wie Strichzeichnungen. Bei SW- und Farbbildern werden Halbtöne durch unterschiedlich große Rasterpunkte wiedergegeben.

Eine optimale Wiedergabe erhält man, wenn die Auflösung eines Bildes doppelt so hoch ist wie die Rasterweite, in der die Ausgabe erfolgt (Erklärung nebenstehend unter *Ausgabeauflösung)*. Bei Vergrößerungen muss die Auflösung hoch angesetzt werden (siehe *Kapitel 8: Richtig scannen)*. Je höher die Auflösung beim Scannen ist, desto mehr Details eines Bildes können natürlich erfasst werden.

Abb. 2.3 *Grautöne werden im Druck durch Rasterung erzeugt. Je höher die Rasterweite ist, desto weniger nimmt unser Auge die kleinen Rasterpunkte wahr, und es scheint, als würden echte Tonwerte vorliegen.*
Um Grautöne so gut wie möglich vorzutäuschen, wird neben einer hohen Rasterweite auch eine hohe Auflösung benötigt.

Da Strichzeichnungen aus Pixeln nur aus schwarzen oder weißen Bildteilen bestehen und keine Halbtöne enthalten, muss die Auflösung beim Scannen möglichst hoch sein, damit sie bei der Belichtung nicht sichtbar wird. In der Regel reichen 800 dpi bei einer 1:1-Darstellung aus. Bei Vergrößerungen muss die Eingabeauflösung entsprechend höher angesetzt werden.

DIE AUSGABEAUFLÖSUNG

Basis für die Ausgabe von PostScript-Dokumenten ist die Drucker- bzw. Belichtermatrix. Sie wird durch die jeweiligen Auflösungsstufen des Ausgabegerätes erzeugt *(Abbildung 2.4)*. Das kleinste Element wird Recorderelement (REL) genannt. RELs dienen zur Positionierung des Laserstrahls und zur Übertragung der Bildinformationen auf das Ausgabematerial. Die Größe eines REL ergibt sich aus der Belichterauflösung und bildet so eine Anzahl von RELs pro cm oder pro inch.

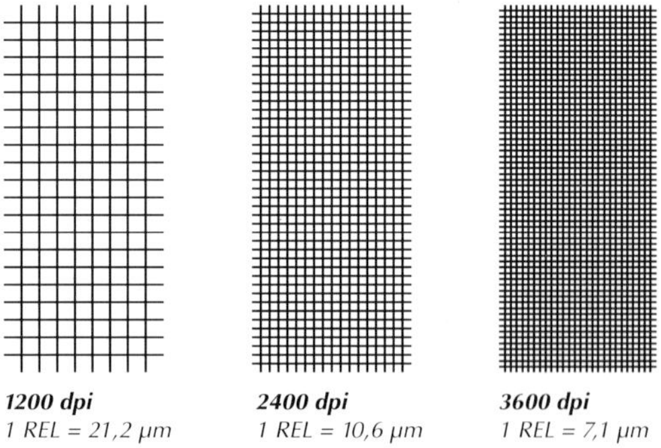

Abb. 2.4 *Darstellung der Belichtermatrix mit unterschiedlichen Auflösungsstufen.*

In der Regel sind die Auflösungsstufen in der X- und Y-Richtung identisch. Bildinformationen können in Form eines belichteten Pixels nur genau auf einem REL positioniert werden *(Abbildung 2.5)*. Irrationales Ansteuern von RELs, z. B. die Ansteuerung eines halben RELs, ist mit Laserbelichtern nicht möglich.

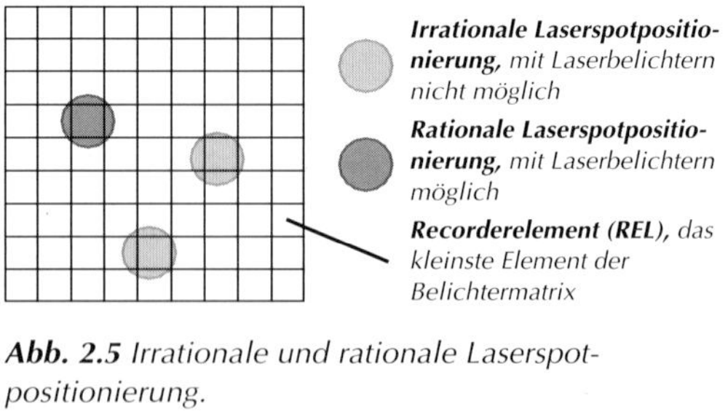

Abb. 2.5 *Irrationale und rationale Laserspotpositionierung.*

Die Auflösungsstufen des Druckers oder Belichters ergeben unterschiedliche Detailqualitäten. Es gilt daher: Je höher die Auflösung, desto mehr Details können wiedergegeben werden. Allerdings spielt bei der Detailwiedergabe auch immer die Rasterweite eine Rolle. Dabei gilt ebenfalls: Je höher die Rasterweite, desto besser die Detailwiedergabe und desto mehr Halbtöne bzw. Graustufen können wiedergegeben werden.

Da PostScript bei der Ausgabe von gerasterten Halbtoninformationen maximal 256 Graustufen zulässt, ergibt sich eine optimale Rasterzellengröße von 16 · 16 REL (= 256 Graustufen).

Damit die Pixel eines Bildes bestmöglich in Rasterpunkte umgesetzt werden, benötigt man also viermal so viele Pixel wie Rasterpunkte. Die Auflösung sollte demnach doppelt so hoch sein wie die verwendete Rasterweite. Das Verdoppeln der Rasterweite ist abgeleitet von der Sampling-Theorie und wird deshalb als *Sampling-Faktor* oder auch als *Qualitätsfaktor* bezeichnet. Für optimale Ergebnisse liegt der Sampling-Faktor also bei 2. Ist bei Bildern ein gewisser Verlust an Schärfe und Qualität akzeptabel, kann er jedoch auch auf 1,5 oder noch weiter heruntergesetzt werden. Um jedoch eine Interpolation (Zwischenwertberechnung) von Rasterpunkten bei der Ausgabe zu vermeiden, sollte man den Sampling-Faktor nie unter 1,5 setzen. Bei der üblichen Ausgabe im 60er Raster (= 150 lpi) ergibt sich so eine Mindestauflösung von 225 dpi und eine optimale Auflösung von 300 dpi. Bilder mit höherer Auflösung werden *runtergerechnet,* was ebenfalls zu Detailverlusten führen kann.

Die so erhaltene Auflösung, multipliziert mit dem Vergrößerungsfaktor, ergibt die nötige Scan-Auflösung. Liegt ein Farbbild als Kleinbild-Dia vor und soll im 60er Raster in DIN-A5-Größe ausgegeben werden, ist bei einem Sampling-Faktor von 2 eine Scan-Auflösung von 1750 dpi erforderlich: (210 : 36) · 2 · 150 = 1750.

Solange die Anzahl der Pixel konstant ist, bleibt die Dateigröße bestehen. Wird die Auflösung heruntergesetzt, erhält man ein von der Fläche her größeres Bild mit gleicher Dateigröße. Wird die Auflösung dagegen erhöht, wird die Bildfläche kleiner, ebenfalls bei gleicher Dateigröße. Die Auflösung kann auch unter Beibehaltung der Bildmaße verkleinert werden, wodurch die Datenmenge abnimmt. Bei Halbierung der Auflösung schrumpft die Dateigröße auf ein Viertel zusammen.

Rasterpunkte werden aus den sogenannten Maschinenpunkten des Belichters oder Druckers aufgebaut. Ein Rasterpunkt besteht also, je nach seiner Größe, aus unterschiedlich vielen Maschinenpunkten *(Abbildung 2.6).* Die Anzahl der Maschinenpunkte wird *Ausgabeauflösung* genannt. Sie beträgt beispielsweise bei Belichtern mindestens 1200 dpi. 2400 oder 3600 dpi sind heute jedoch eher üblich. Je höher die Ausgabeauflösung, desto höher kann die Rasterweite sein bzw. umso feiner können die Rasterpunkte aufgebaut werden.

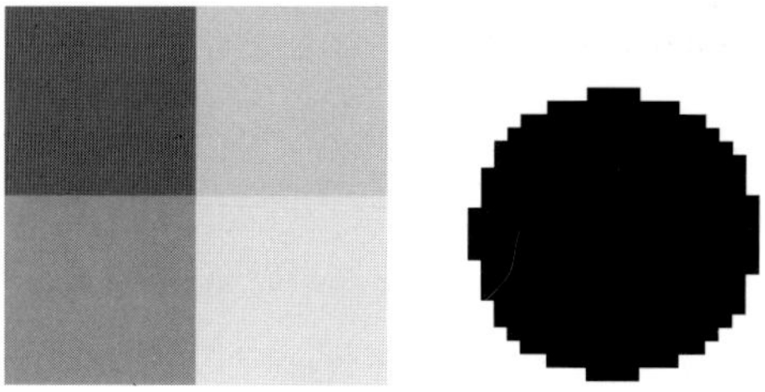

Abb. 2.6 *Aus vier Pixeln eines Bildes wird ein dem Tonwert entsprechend großer Rasterpunkt gebildet. Je höher die Auflösung des Ausgabegerätes ist, desto feiner kann es Rasterpunkte auflösen.*
Rechts sehen Sie den entsprechenden Rasterpunkt in vergrößerter Darstellung.

Graustufenbilder werden durch maximal 256 unterschiedliche Helligkeitswerte dargestellt. Dasselbe gilt auch für jede der Prozessfarben bei 4C-Bildern. Um diese 256 Helligkeitswerte durch Rasterpunkte darzustellen, benötigt der

Belichter eine bestimmte Auflösung. Die Anzahl der maximal darstellbaren Graustufen lässt sich mit folgender Formel errechnen:

$$\left(\frac{\text{Ausgabeauflösung}}{\text{Rasterweite}}\right)^2 + 1 = \text{Anzahl der Graustufen}$$

Ein Belichter kann mit einer Ausgabeauflösung von 2540 dpi bei einer Rasterweite von 150 lpi (60er Raster) maximal 287 Grauabstufungen darstellen, was völlig ausreicht. Laserdrucker mit einer heute üblichen Auflösung von 600 dpi rastern beispielsweise mit 75 lpi und erreichen so nur maximal 60 Graustufen. Wird die Rasterweite auf 60 lpi heruntergesetzt, werden so schon 101 darstellbare Abstufungen möglich.

RECHENBEISPIELE

Hier sehen Sie einige Rechenbeispiele zur Ermittlung von möglichen Graustufen bei unterschiedlichen Auflösungen und Rasterweiten. Auf der rechten Seite sind zusätzlich Verläufe abgebildet, die visuell die Ausgabequalität veranschaulichen.

$$\left(\frac{2540}{150}\right)^2 + 1 = \mathbf{287} > \mathbf{256}$$

völlig ausreichend

$$\left(\frac{1270}{150}\right)^2 + 1 = \mathbf{73} < \mathbf{256}$$

nicht ausreichend

$$\left(\frac{1270}{75}\right)^2 + 1 = \mathbf{290} > \mathbf{256}$$

völlig ausreichend

$$\left(\frac{1200}{133}\right)^2 + 1 = \mathbf{82} < \mathbf{256}$$

nicht ausreichend

$$\left(\frac{2400}{150}\right)^2 + 1 = \mathbf{257} > \mathbf{256}$$

ausreichend

$$\left(\frac{1270}{85}\right)^2 + 1 = \mathbf{224} < \mathbf{256}$$

evtl. akzeptabel

Kapitel 3: Raster

Beim autotypischen Raster handelt es sich um die konventionelle Rasterung, wie sie heute überall Verwendung findet. Dabei werden die Bildinformationen für die Umsetzung in den Druck durch Aufrasterung in einzelne Punkte reduziert. Dadurch wird die optische Illusion einer Tonskala geschaffen. Mit den beim Druck eingesetzten subtraktiven Farben Cyan, Magenta und Gelb lässt sich die vom Foto her bekannte Bildaussage nur dadurch erzielen, dass man zusätzlich Schwarz mitdruckt, um Kontraste zu erzielen oder Schattenbereiche zu verstärken. Der wesentliche Unterschied zwischen einem Diapositiv (RGB) und dem Druckerzeugnis (CMYK) liegt also im Farbaufbau. Ein zweiter, für den Fachmann oft auffallend störender Unterschied liegt in der für den Druck notwendigen Zerlegung des Bildes in Rasterpunkte, die durch den *Rasterwinkel,* die *Rasterweite* und die *Punktform* definiert werden.

Autotypisches Raster

Um beim Übereinanderdrucken der vier Farbsätze nicht jeweils die gleiche Stelle zu bedrucken, laufen die Rasterlinien der jeweiligen Farbe – bei gleicher Rasterweite – in unterschiedlichen Winkeln. Belichtete Farbsätze lassen sich nur mit klar definierten Rasterwinkeln drucken *(Abbildung 3.1),* wobei die dominanteste Farbe (heute fast immer Schwarz) in dem optimalsten Winkel von 45 Grad ausgegeben wird. Er wird vom Auge am wenigsten wahrgenommen.

Dabei kann der Rasterpunkt verschiedene Formen annehmen, wie rund, elliptisch oder quadratisch. Der elliptische Punkt schafft weiche Farbübergänge, hat aber im Druck auch einen größeren *Punktzuwachs.* In den meisten Fällen wird ein runder Punkt verwendet, da er am wenigsten anfällig ist.

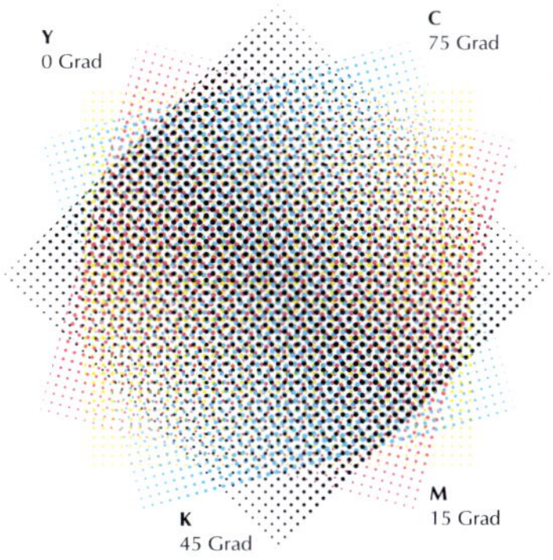

Abb. 3.1 *Vergrößerte Darstellung des Zusammendrucks von Cyan, Magenta, Gelb und Schwarz. Die Winkel der einzelnen Farben müssen stimmen, da es ansonsten zu Moirés kommen kann.*

Das autotypische Verfahren stößt an seine Grenzen, wenn es erforderlich ist, Materialien mit bestimmten Strukturen wiederzugeben. Dabei passiert es oft, dass diese mit den Frequenzen der Rasterung Wechselwirkungen eingehen. So entstehen beispielsweise bei der Abbildung von Textilien durch Überlagerung der Rasterwinkel störenden Strukturen. Im Extremfall ergibt sich dann ein völlig anderes Muster, das sogenannte Moiré (siehe *Rasterwinkelung).*

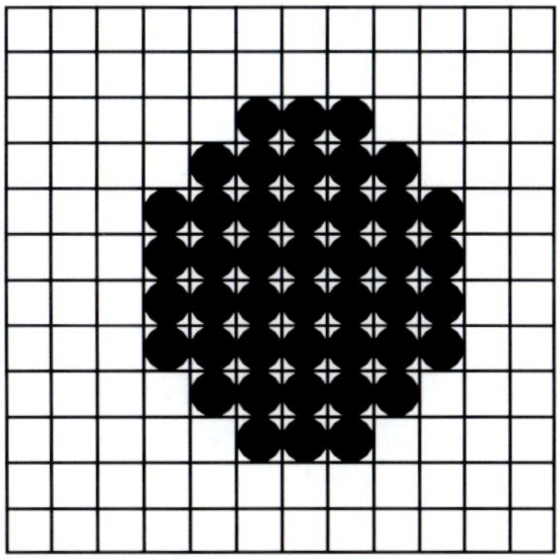

Abb. 3.2 *Aufbau des autotypischen (amplitudenmodulierten) Rasterpunkts in vergrößerter Darstellung.*

Das autotypische Raster wird auch als amplitudenmoduliertes Raster bezeichnet. Der Begriff Amplituden-Modulation verrät, dass ein entsprechender Amplituden-Ausschlag in der Größe des zu bildenden Rasterpunktes berücksichtigt wird. Die Rasterfrequenz oder Rasterweite, die in Linien pro Zentimeter (lpc) oder Linien pro Zoll (lpi) angegeben wird, kann in ihren Schwärzungswerten in einer Kurve dargestellt werden *(Abbildung 3.3)*. Der Abstand der Rasterpunkte ist proportional zur Frequenz der Schwingung. Das Größenverhältnis des Punktes zur Rasterzelle definiert den Grauwert. Je nach Amplitude schreibt der Laserstrahl des Belichters einen entsprechend großen Rasterpunkt, der innerhalb der Matrix stets mittig angeordnet ist. Bei einem dunklen (hohen) Grauwert entsteht ein großer Rasterpunkt mit hoher Flächendeckung, ist der Grauwert hell (niedrig), werden nur wenige Teilelemente der Rasterzelle belichtet.

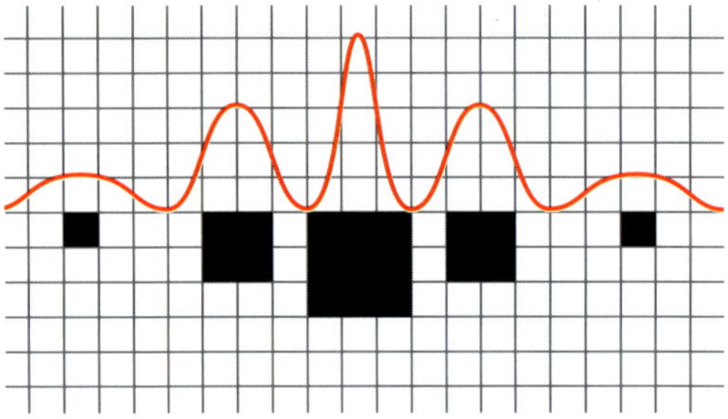

Abb. 3.3 *Die Größe des autotypischen Rasterpunktes richtet sich nach dem Amplitudenausschlag.*

RASTERWINKELUNG

Zur Vermeidung störender Rasterstrukturen wird die Rasterwinkelung bei der Ausgabe von Halbtoninformationen, die aus einer Farbe bestehen, grundsätzlich auf 45°-Winkelung gelegt, da unsere Augen so am wenigsten von einer Struktur wahrnehmen. Für die Ausgabe mehrfarbiger Dokumente hat die DIN 16547 für den Offsetdruck die Winkelungen 0° für Gelb, 15° für Magenta, 45° für Schwarz und 75° für Cyan festgelegt. Bei der manuellen Rasterung, beispielsweise über eine Reprokamera, liegen für diese Winkelungen physische Raster (z. B. Glasgravurraster) vor, deren Parameter bereits fest integriert sind. So können die Vorgaben von DIN 16547 eingehalten werden.

Die elektronische Rasterung basiert dagegen auf variablen Rasterangaben ohne physische Anwesenheit eines Kontaktrasters. Dadurch ergibt sich eine Einschränkung durch die rationalen Gesetzmäßigkeiten der Belichtermatrix, die keine exakte Positionierung der Zellenecken auf den RELs möglich macht. Man spricht hier von irrationaler Rasterung, da der arctangens dieses 75°-Winkels sich aus nicht ganzzahligen RELs zusammensetzt.

Beispiel: arctan 45° = 1/1
arctan 75° = 3,732.../1

Abb. 3.4 *Die vier Farbauszüge für CMYK im autotypischen Raster und im Zusammendruck.*

Durch einen enormen Berechnungsaufwand kann mit jeder einzelnen Rasterzelle eine irrationale Winkelung des Gesamtrasters erzielt werden. Das Ergebnis sind dann nicht identische Rasterzellen mit individuellen Pixel- bzw. REL-Inhaltsmengen.

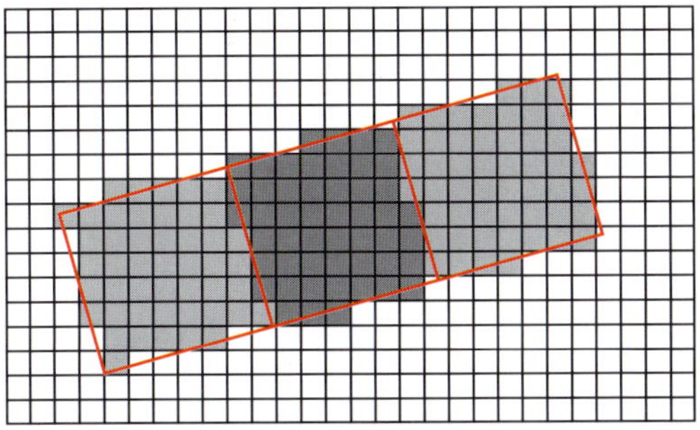

Abb. 3.5 *Irrationale Rasterung. Die Ecken der Rasterzellen können nicht exakt auf der Belichtermatrix fixiert werden.*

Die PostScript-Rasterung ist bei der üblichen RIP-Hardware auf den rationalen Aufbau von Rasterwinkeln beschränkt. Wird bei der Definition eines PostScript-Rasters ein irrationaler Winkel (z. B. 15° oder 75°) gewählt, bedeutet dies, dass die Ecken der Rasterzellen nicht exakt auf der Belichtermatrix fixiert werden können.

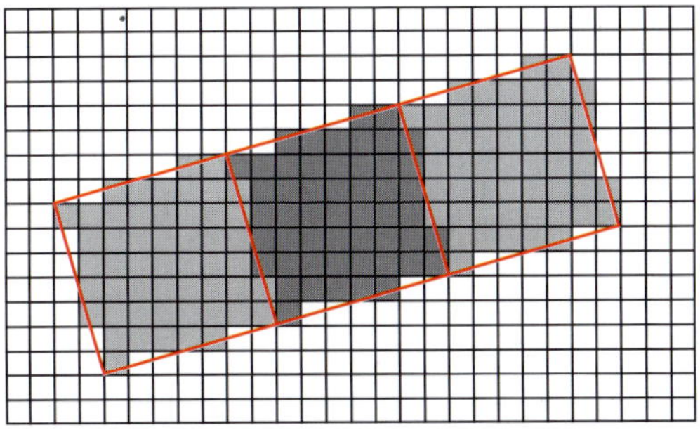

Abb. 3.6 *Rationale Rasterung. Die Ecken der Rasterzellen sind exakt auf der Belichtermatrix fixiert.*

Man muss sich dies so vorstellen wie ein magnetisches Grundgitter, durch das die Ecken der Rasterzellen auf die am nächsten liegenden RELs gezogen werden. Dieser Vorgang, im amerikanischen Englisch „jump to" genannt, verändert jedoch zwangsweise die vom Anwender gewünschten Rasterparameter (Winkel und Weite). Da bei einer zunehmend höheren Belichterauflösung die Belichtermatrix (das magnetische Grundgitter) feiner wird, sind die Abweichungen von der Winkelvorgabe geringer. Bei niedrigeren Belichterauflösungen werden die Abweichungen entsprechend größer.

Für die Vierfarbseparation nach DIN 16547 ist die absolute Einhaltung der Rasterwinkel und -weiten für die Prozessfarben Cyan, Magenta, Yellow und Black die Bedingung, um im Zusammendruck eine interferenzfreie Rasterfläche zu erhalten. Mit der konventionellen PostScript-Rasterung ist es also nicht möglich, alle vorgegebenen Winkel und Weiten einzuhalten.

Das HQS-Screening von Linotype-Hell, das Agfa Balanced-Screening sowie das Adobe Accurate-Screening sind Rastertechniken, durch die PostScript-Rasterungen nahezu moiréfrei werden. Jedoch erreicht man nicht mit jeder beliebigen Rasterweite optimale Separationsergebnisse. Es sind demnach nur *die* Rasterparameter sinnvoll, die von den Belichterherstellern empfohlen werden und so für beste Ergebnisse sorgen.

FREQUENZMODULIERTES RASTER

Das frequenzmodulierte Rasterverfahren weist im Gegensatz zu der herkömmlichen Rasterung eine Reihe von Vorteilen auf, bringt jedoch (wie sollte es wohl anders sein) auch einige Probleme mit sich.

Ein FM-Raster ermöglicht es, Bilder fast ohne erkennbare Rasterstrukturen und mit feinsten Details wiederzugeben. Bei der Umsetzung für den Druck durch Aufrasterung des Bildes in einzelne Punkte gehen zwangsläufig Bildinformationen verloren, was natürlich auch bei sehr feinen Rasterweiten noch der Fall ist.

Bei der frequenzmodulierten Rasterung wird jede über einem Schwellenwert liegende Dichte- oder Farbinformation in stets gleichbleibende winzige (14 bis 20 Mikrometer) Bildpunkte umgesetzt. Sie liegen nicht in immer gleichem Abstand zueinander. Vielmehr sind diese Rasterpunkte weder nach einem Punktabstand noch

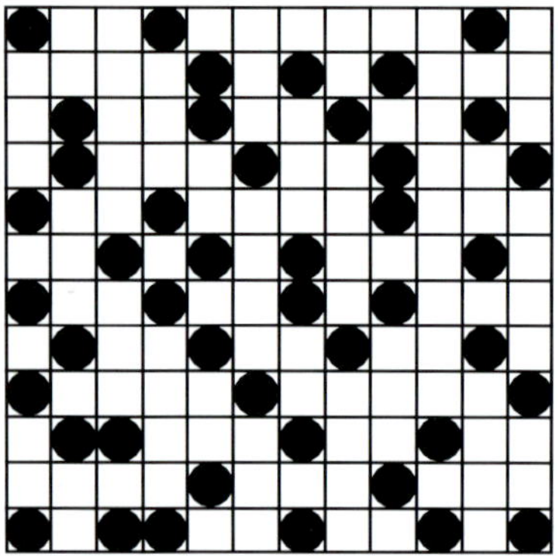

Abb. 3.7 *Der Aufbau des frequenzmodulierten Rasterpunkts in vergrößerter Darstellung.*

nach einem bestimmten Winkel ausgerichtet, sondern werden durch einen aufwendigen Rechenalgorithmus wie zufällig verteilt. Jeder Frequenzausschlag bildet bei der FM-Rasterung einen Punkt. Je höher die Frequenz, desto mehr der konstant gleich großen Punkte werden belichtet. Da die Laserpunkte sehr winzig sein

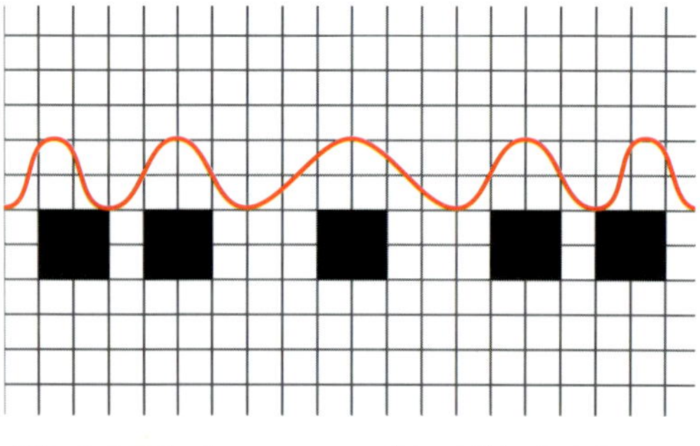

Abb. 3.8 *Jeder Frequenzausschlag bildet bei der FM-Rasterung einen Punkt. Je höher die Frequenz, desto mehr der gleich großen Punkte werden belichtet.*

müssen, kommen nur hochwertige Laserbelichter für die FM-Rasterung in Frage, denn je feiner die Punkte, desto besser das Druckergebnis. Derzeit sind jedoch – auch bei der Druckplattenherstellung – Punktgrößen von 14 µm die Grenze.

Bei FM-Rastern muss eine sehr gleichmäßige Verteilung der feinen Rasterpunkte erfolgen und die durch das elektronische Zufallsprinzip entstehenden Wiederholungseffekte müssen ausgeglichen werden. Dazu wurden aufwendige Fehlerverteilungsmethoden (Error-Diffusion) entwickelt. Helle Bildpartien sowie technische Raster können durch zufällig verteilte Bildpunkte unruhig wirken.

Die entscheidenden Vorteile der FM-Rasterung sind jedoch überzeugend:

Kein Farbmoiré

Da die Bildpunkte nicht in bestimmten Abständen und Winkeln verteilt werden, entsteht kein Farbmoiré. Zudem wird der Schärfeeindruck erhöht.

Hervorragende Wiedergabe von Details

Speziell Textilien oder feine technische Gegenstände können mit dem frequenzmodulierten Raster besonders gut reproduziert werden, da weder Interferenzen noch Moiré auftreten.

Bessere und erweiterte Farbwiedergabe

Im Druck können frequenzmoduliert gerasterte Seiten mit einem höheren Farbauftrag gefahren werden, was sattere und damit brillantere Farben ermöglicht. Speziell beim Zeitungsdruck und bei stark saugenden Materialien ist dies interessant.
Zudem kann der darstellbare Farbraum stark erweitert werden, da mit FM-Rastern auch mehr als vier Farben moiréfrei gedruckt werden können (siehe *Kapitel 16: Siebenfarbendruck).*

Besserer Druck

Im Gegensatz zu den autotypischen Feinrastern kompensieren FM-Raster häufig auftretende Farbschwankungen.

Ebenso wie beim Siebenfarbendruck, kann durch frequenzmoduliertes Raster die Bildqualität deutlich verbessert werden. Es wird die herkömmlichen Rasterverfahren deshalb aber keineswegs verdrängen. Für eine Reihe von Anwendungen lässt sich jedoch eine erheblich bessere Qualität erzielen. Die Tatsache, dass viele Endverbraucher gute Bildqualität objektiv nicht mehr wahrnehmen, sondern sich allenfalls subjektiv von der prägnanten Bildaussage ansprechen lassen, ist zu berücksichtigen, nicht zuletzt wegen der wesentlich höheren Kosten des FM-Prozesses. Deshalb wird zweifelsfrei in erster Linie das Qualitätsmarketing diese Technik annehmen und anwenden.

RASTERWEITE

Der Begriff Rasterweite gibt an, wie fein ein Raster angelegt ist. Die Rasterweite wird in Linien pro Zoll (lpi, lines per inch) oder Linien pro Zentimeter (lpc, lines per centimeter) angegeben. Wenn von einem 60er Raster gesprochen wird, sind 150 lpi gemeint. Da in fast allen DTP-Programmen die Angabe in lpi erforderlich ist, muss man also folgendermaßen umrechnen: Rasterweite in lpc · 2,54 cm. Für ein 60er Raster ergibt dies 152,46 lpi. Da jedoch viele RIPs nur bestimmte, ganzzahlige Weiten annehmen, wird abgerundet auf 150 lpi.
Je höher die Rasterweite ist, desto feiner können Details eines Bildes wiedergegeben werden und desto mehr Abstufungen von Tonwerten sind möglich. Wie hoch die Rasterweite sein darf, ist von der verwendeten Papiersorte und der Druckart abhängig.

Beim Zeitungsdruck beispielsweise ist das Papier recht rau (maschinenglatt) und saugfähig. Dadurch nehmen die Rasterpunkte in ihrer Größe stark zu, was als *Tonwertzuwachs* bezeichnet wird. Deshalb sind hier geringe Rasterweiten von 70 bis 80 lpi üblich. Zudem dürfen die Schatten nicht zu dunkel und die Lichter nicht zu hell sein, da sonst die Rasterpunkte ineinanderlaufen bzw. wegbrechen und die Zeichnung in diesen Bereichen verschwindet.

Auf gestrichenem Bilderdruckpapier hingegen sind sehr hohe Rasterweiten von 150 lpi oder höher möglich. Das Papier ist glatt und weniger saugfähig und die Farbe verläuft dementsprechend geringer. Ein Tonwertzuwachs ist jedoch immer vorhanden und muss schon beim Anlegen von Tonwerten und bei der Separation berücksichtigt werden (siehe *Kapitel 7: Separation)*.

Die Rasterweite wird zusätzlich von der verwendeten Punktform beeinflusst. So laufen elliptische und quadratische Rasterpunkte eher zu als kreisrunde. In der Regel ist ein runder Punkt für alle üblichen Reproduktionen gut geeignet. Der elliptische Punkt erlaubt jedoch weichere Übergänge von Tonwerten, z. B. bei Verläufen.

Abb. 3.9 *Vergrößerte Darstellung von autotypischen Rasterpunkten bei 30% Flächendeckung im Winkel von 45°.*
Links der elliptische Punkt, in der Mitte der quadratische Punkt und rechts der runde Punkt.

Die Rasterweite und die Punktform hängen von vielen Faktoren ab, die es, angefangen beim Scannen bis hin zur Belichtung, zu berücksichtigen gilt.

Abb. 3.10 Diamond-Punkt bei 60 lpi / 24 lpc.

Abb. 3.11 Punkt-Raster bei 85 lpi / 34 lpc.

Abb. 3.12 Elliptischer Punkt bei 150 lpi / 60 lpc.

SICHERN VON RASTEREINSTELLUNGEN

In Photoshop können Sie über den *Papierformat-Dialog* die *Rastereinstellungen* (Rasterweite und -winkel, Punktform) für Bilder explizit angeben. Sie müssen solche Bilder jedoch im *EPS-Format* sichern, da nur dieses das Mitsichern der Rastereinstellungen erlaubt.
Dadurch lassen sich Bilder (wie z. B. auf dieser Seite) in Layoutprogrammen wie QuarkXPress platzieren und auf einer Seite unterschiedliche Rasterweiten und -winkel mit verschiedenen Punktformen verwenden. Dies ist sonst nicht möglich. Für alle anderen Elemente auf der Seite gelten die Einstellungen des Layoutprogramms.

Damit die Rastereinstellungen vom RIP bzw. PostScript-Interpreter auch beachtet werden, müssen Sie die Option *Rasterungseinstellungen sichern* im *EPS-Sichern-Dialog* in Photoshop aktivieren.

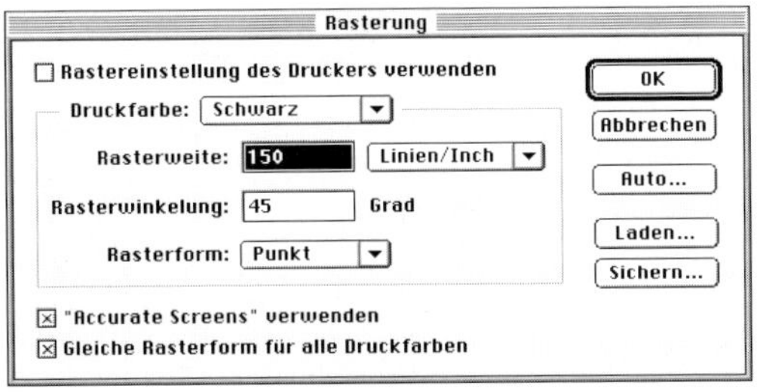

Abb. 3.13 *Rastereinstellungen in Photoshop.*
Damit der RIP bzw. der PostScript-Interpreter diese Einstellungen berücksichtigt, muss die Option „Rastereinstellungen des Druckers verwenden" deaktiviert sein.
Mit „Accurate Screens verwenden" aktivieren Sie die Rastertechnik von Adobe zur moiréfreien Wiedergabe von Rasterflächen.
Zu empfehlen ist die Wahl von „Gleiche Rasterform für alle Druckfarben". Sie stellt sicher, dass alle Farbauszüge mit derselben Punktform belichtet werden.

DRUCKKENNLINIEN

Da wir gerade bei den spezifischen Optionen des EPS-Formates sind, ist dies eine gute Gelegenheit, auch die Funktion der *Druckkennlinien* zu erläutern. Sie finden sie, wie die Rastereinstellungen, ebenfalls im *Papierformat-Dialog* in Photoshop.

Eine Druckkennlinie wird normalerweise dazu benutzt, um den Tonwertzuwachs oder Tonwertverlust zu korrigieren, der bei schlecht oder nicht kalibrierten Ausgabegeräten auftritt. Sie hat jedoch *nicht* die Funktion des Tonwertzuwachs-Ausgleichs im Druckfarben-Dialog, dessen Wert sich auf den Tonwertzuwachs im Druck bezieht!

Über die 13 Eingabefelder lassen sich entweder Werte für alle oder aber für jede der vier Prozessfarben separat angeben.
Im Feld der *Gradationskurve* gibt dabei die X-Achse die Eingabe- bzw. die realen Werte des Bildes und die Y-Achse die Ausgabewerte (Drucker, Belichter) an (siehe *Kapitel 6: Bildbearbeitung, Tonwertkorrektur).* Um eine passende Druckkennlinie zu erstellen, müssen Sie also zunächst einen *Graukeil* und/oder einen *Farbkeil* für CMY auf dem verwendeten Ausgabegerät mit den Grundeinstellungen drucken. Die Abweichungen werden dann mit einem Densitometer gemessen. Die Differenz zwischen Soll- und Istwert wird vom Sollwert abgezogen und der daraus resultierende Wert in das entsprechende Eingabefeld eingetragen.

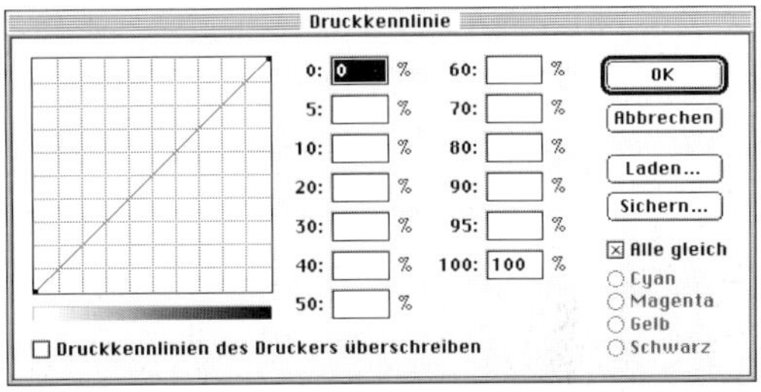

Abb. 3.14 *Mit Hilfe von Druckkennlinien lassen sich Tonwertverluste schlecht oder nicht kalibrierter Ausgabegeräte kompensieren. Sie sind nicht zu verwechseln mit der „Tonwertzuwachs"-Option im Druckfarben-Dialog.*
Die Umsetzung der Eingabewerte, oder besser der realen Tonwerte in die Ausgabewerte, erfolgt normalerweise linear, d. h. sie werden vom RIP unverändert umgesetzt. 50-%-Tonwerte im Bild werden als 50-%-Tonwerte „gerippt". Wenn der Belichter korrekt kalibriert ist, werden dann auch 50 % belichtet, wobei ±1 % Toleranz erlaubt ist.

Beispiel: Sie drucken einen Graukeil aus dem Programm, das Sie in der Regel auch zur Ausgabe nutzen, auf einem Tintenstrahldrucker. Nach der Messung mit einem Densitometer stellen Sie fest, dass der Druck einen enormen Tonwertzuwachs hat. Wo eigentlich 50 % Flächendeckung erscheinen sollten, messen Sie 62 %.

Um die Angaben in den Dialogen *Rasterung* und *Druckkennlinie* als Grundeinstellung bzw. Vorgabe für alle anderen Dokumente zu definieren, halten Sie in den Dialogen die ⌘- bzw. Alt-Taste gedrückt. Die Tasten *Laden* und *Sichern* verwandeln sich dann in *Vorgabe laden* bzw. *Vorgabe sichern.*

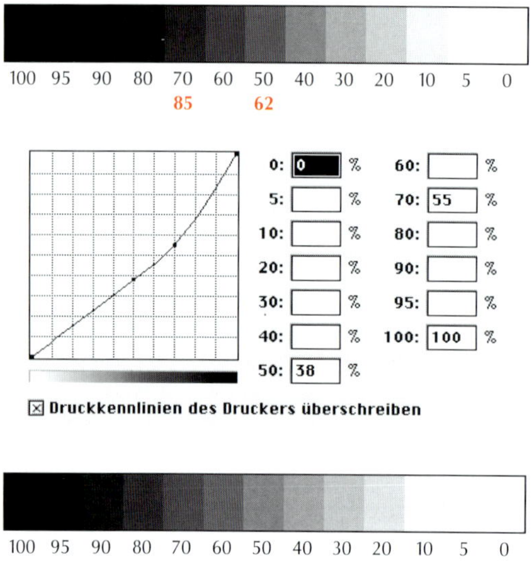

Abb. 3.15 *Der obere Graukeil ist, wie im Beispiel auf der vorigen Seite beschrieben, zu dunkel (rote Werte). Durch Messen der Tonwerte mit einem Densitometer werden die Abweichungen ermittelt und die korrigierten Werte in die entsprechenden Felder im „Druckkennlinien-Dialog" eingegeben. Unten sehen Sie das Ergebnis: Der Graukeil gibt die korrekten Tonwerte wieder.*

In dem 70-%-Feld messen Sie 85 %. Daraus ergibt sich ein Wert von 12 % Tonwertzuwachs in den Mitteltönen und mindestens 15 % in den Tiefen. Um dies auszugleichen, geben Sie im *Druckkennlinien-Dialog* den Wert 38 (50 minus 12) in das Feld „50:" und den Wert 55 (70 minus 15) in das Feld „70:" ein. Der Drucker gibt bei einem erneuten Druck des Graukeils die gewünschten 50 und 70 Prozent aus.
Um die Druckkennlinien zu aktivieren, müssen Sie die Option *Druckkennlinien des Druckers überschreiben* und im *EPS-Sichern-Dialog* die Option *Druckkennlinien mitsichern* wählen.

Druckkennlinien werden normalerweise selten eingesetzt, denn es ist immer besser, das Ausgabegerät zu kalibrieren, so dass keine wesentlichen Abweichungen auftreten.

Sie lassen sich jedoch sehr gut einsetzen, wenn Bilder auf einem anderen als dem für sie vorgesehenen Ausgabegerät ausgegeben werden sollen, ohne die Bilddaten tatsächlich zu verändern. In der Regel empfiehlt sich allerdings ein *Farbmanagement-System,* das solche Unterschiede ausgleichen kann.

Kapitel 4: Grafik- und Bildformate

Man unterscheidet beim Digital-Imaging zwischen zwei „Arten“ von Bildern, den Vektor- und den Pixelbildern. Sie unterscheiden sich in der Art, wie die Bildinformationen gespeichert werden.

Pixelbilder setzen sich aus einer Matrix von kleinen quadratischen Elementen, den Bildpunkten, zusammen, die Pixel (engl.: von picture element) genannt werden. Je größer nun ein Bild ist und je höher dessen Auflösung, desto mehr Pixel werden benötigt (siehe *Kapitel 2: Auflösung* und *Kapitel 3: Raster*).

Für SW-Pixelbilder, auch Bitmapbilder genannt, sind die Bildinformationen recht einfach darzustellen. Es wird für jeden Pixel ein Bit benötigt, das entweder den Wert 1 (für schwarze Bildstellen) oder den Wert 0 (für die weißen Bildstellen) annimmt.

In Graustufenbildern (Halbtonbilder) muss der Pixel einen Grauwert darstellen. Deshalb wird jedem Pixel ein Byte zugeordnet. So lassen sich 256 verschiedene Helligkeitswerte pro Bildpunkt erreichen, was völlig ausreicht. Ein Graustufenbild erzeugt also gegenüber einem SW-Bild – bei gleicher Größe und Auflösung – eine achtmal so hohe Datenmenge.

Für Farbbilder werden pro Pixel drei Byte (RGB-Modell) bzw. vier Byte (CMYK-Modell) benötigt. Man spricht hier von Farbkanälen. Bei einem Vierfarbbild, auch 4C-Bild genannt, entstehen so vier übereinanderliegende Kanäle, jeweils einer für Cyan, Magenta, Gelb und Schwarz. Ein Kanal entspricht vom Aufbau her einem Graustufenbild. Es sind also für jede der drei Primärfarben (Cyan, Magenta und Gelb) und Schwarz 256 verschiedene Helligkeitswerte möglich. Hier vervierfacht sich die Datenmenge gegenüber einem Graustufenbild.

Aufgrund des Aufbaus durch Pixel sind Pixelbilder „starre“ Objekte, d. h. sie lassen sich nicht beliebig skalieren, ohne dass Qualitätsverluste entstehen. Deshalb muss schon beim Scannen feststehen, wie groß das Bild später im Druck erscheinen soll und mit welcher Rasterweite es ausgegeben wird.

Noch ein kurzes Beispiel zur Datenmenge von Pixelbildern: Ein 4C-Bild in einer Größe von 13 cm x 10 cm und einer üblichen Auflösung von 300 dpi benötigt bereits 6,9 MB, wogegen ein Graustufenbild mit den gleichen Daten nur 1,7 MB belegt. Ein DIN A4 großes 4C-Bild von ebenfalls 300 dpi Auflösung erzeugt mit rund 33 MB schon eine hohe Datenmenge. Es ist demnach leicht zu erkennen, dass Bilder mit solch einer Dateigröße schnelle Rechner und viel Arbeitsspeicher (RAM) erfordern.

Die zweite „Art“ von Bildern sind die Vektorbilder oder Vektorgrafiken. Aufgrund ihres Aufbaus werden zum größten Teil Grafiken und

BITMAP

Der Begriff Bitmap hat verschiedene Bedeutungen:

1. Eine aus einzelnen Pixeln aufgebaute Datei wird allgemein Bitmap genannt. Jeder einzelne Pixel drückt bestimmte Farb- oder Dichtewerte aus.
2. Bitmap, mit der Dateierweiterung BMP ist ein Dateiformat für Pixelbilder unter Windows- und OS/2-Systemen.
3. Im Mac-Bereich und im Programm Photoshop wird unter Bitmap außerdem eine SW-/Strichgrafik (Line-Art, 1-Bit-Grafik) verstanden, die nur aus schwarzen und weißen Bildpunkten besteht und jeden Bildpunkt mit nur einem Bit kodiert.

Illustrationen in diesem Format gespeichert. Der Unterschied zu Pixelbildern besteht in der Beschreibung der Bildinformationen. Wie vom Namen her schon zu erkennen ist, werden dazu Vektoren eingesetzt. Sie sind durch die Eigenschaften Betrag und Richtung charakterisiert. Es wird also nicht mit Pixeln gearbeitet, sondern jede Figur der Grafik wird mathematisch beschrieben und in Form von Koordinaten mit den dazugehörigen Stilen, wie Farbe, Linienstärke, Füllmuster etc. gespeichert. Das gleiche Verfahren wird übrigens auch für Schriften eingesetzt, jedes Zeichen ist also eine Vektorgrafik. Dadurch ergibt sich auch ein wesentlich geringerer Speicherplatzverbrauch, denn es wird nicht das Bild an sich gespeichert, sondern nur dessen Beschreibung. Diese muss natürlich von dem verwendeten Ausgabegerät bzw. Programm, das die Grafik anzeigt, verstanden werden. Dazu wird im DTP-Bereich mit der Sprache PostScript gearbeitet.

Zudem sind Vektorgrafiken weder von Auflösungen noch von Rasterweiten abhängig und lassen sich deshalb ohne Qualitätsverlust beliebig stauchen und skalieren. Ihr Speicherplatzbedarf lässt sich, im Gegensatz zu Pixelbildern, allerdings nicht genau bestimmen. Er hängt von der Komplexität der Grafik ab, also wie viele Elemente diese enthält. Ob es eine Schwarzweiß-, Graustufen- oder Farbgrafik ist, trägt nur unwesentlich zur Datenmenge bei. Meistens liegt die Dateigröße im KB-Bereich, wodurch die Dateien sehr „handlich“ sind.

Abb. 4.1 *Oben sehen Sie eine Strich-Pixelgrafik mit einer Auflösung von 600 dpi. Dazu unten der auf 400 Prozent vergrößerte Ausschnitt des Gesichts. Deutlich sind die „Treppchen“ zu erkennen.*

Abb. 4.2 *Die gleiche Zeichnung wie oben als Vektorgrafik. Hier tritt selbst bei starker Vergrößerung kein Qualitätsverlust auf.*

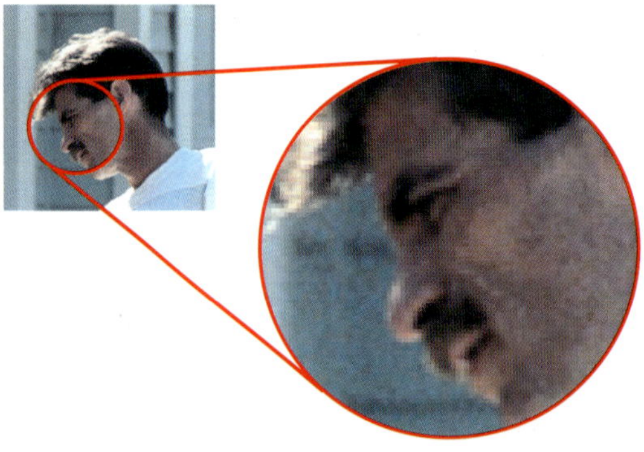

Abb. 4.3 *Farbbilder können in Foto-Qualität nur als Pixelbilder realisiert werden. Deshalb dürfen sie auch nicht beliebig vergrößert werden. Die Ausgabegröße sollte immer schon beim Scannen feststehen.*

DATEIFORMATE

Grafiken und Bilder müssen, wie alle Arten von Daten, auf eine bestimmte Weise gespeichert werden. Im Laufe der Zeit haben die Software-Entwickler verschiedene Dateiformate entwickelt, die sich in ihrer Art und Weise, wie sie Bildinformationen speichern, stark unterscheiden. Die wenigsten Programme können jedoch alle Dateiformate lesen bzw. schreiben, sofern sie nicht über entsprechende *Filter* verfügen.

In der Regel hat jedes Imaging-Programm sein hauseigenes, proprietäres Format, das erst den Zugriff auf den vollen Leistungsumfang der betreffenden Software ermöglicht. In Photoshop ist es beispielsweise das PSD-Format. Als einziges Bilddateiformat unterstützt PSD alle speziellen Photoshop-Bildmodi, wie Duplex, CIELab, Mehrkanal, Alphakanäle und Einstellungsebenen. Andere Illustrations- oder DTP-Programme unterstützen PSD jedoch im Allgemeinen nicht.

DAS PHOTOSHOP-FORMAT

Erst ab der Version 3.0 lässt Photoshop das Bearbeiten von Bildern auf mehreren transparenten Ebenen zu. Ab der Version 4.0 sind zusätzlich noch Einstellungsebenen vorhanden. Um die Ebenen beim Speichern zu erhalten, muss das Bild im Photoshop (PSD)-Format geschrieben werden. Wenn Sie es in einem anderen Format speichern, muss das Bild auf eine Ebene heruntergerechnet werden, denn mehrere werden dann nicht mehr unterstützt. PSD-Dateien lassen sich oft auch wesentlich schneller öffnen als andere Formate. Je nach Motiv wird mal mehr, manchmal gar nicht komprimiert. Zudem lassen sich PSD-Dateien einfach zwischen Mac und PC austauschen, sie sind *binärkompatibel.*

Man hat sich im Profibereich relativ schnell auf einige wenige universelle Formate geeinigt. Für Vektorgrafiken gibt es mittlerweile einen inoffiziellen Standard mit Namen EPS.

Bei Pixelbildern ist es etwas komplizierter. Es gibt nämlich immer noch mehrere Formate; diese haben in Bezug auf Bildart und Größe alle ihre Vor- und Nachteile. Anscheinend ist es nicht möglich, für sämtliche Arten von Pixelbildern ein universelles Dateiformat zu schaffen, das sich *allen* zur Zeit eingesetzten Formaten als ebenbürtig oder gar überlegen erweist.

DAS EPS-FORMAT

Wie schon erwähnt, gibt es für Vektorgrafiken ein Dateiformat, das im DTP-Bereich aufgrund der weiten Verbreitung schnell zum Standard geworden ist. Es ist das Dateiformat EPS (Encapsulated PostScript, gekapseltes PostScript) von der Firma Adobe. Hier werden die Bildbeschreibungen im PostScript-Format gespeichert.

Um die darin enthaltenen Daten anzuzeigen bzw. auszugeben, wird ein PostScript-Interpreter benötigt, wie ihn heute alle RIPs und viele Laserdrucker enthalten. Das ist ein Programm, das die Bildinformationen interpretiert und auf dem jeweiligen Ausgabegerät anzeigt. Dies ist ein komplexer Vorgang, der viel Rechenzeit erfordert.

Da Layoutprogramme wie QuarkXPress oder PageMaker keinen eigenen PostScript-Interpreter besitzen, muss eine andere Möglichkeit gefunden werden, um die Bilddaten am Bildschirm anzuzeigen. Aus diesem Grund wird (wahlweise) in einer EPS-Datei zusätzlich eine Grafikdatei mitgespeichert. So werden beim Mac nochmals die Bilddaten als Pixelbild im PICT-Format gespeichert, das in der *Resource Fork* unter der Nummer 256 abgelegt wird. Da beim PC keine Resourcen vorgesehen sind, müssen diese Bilddaten im TIF- oder Windows Metafile-Format in den PostScript-Code selbst mit eingebunden werden. Layoutprogramme lesen nun aus der Resource-Fork (Mac) oder aus der EPS-Datei (PC) das Pixelbild und zeigen es am

Bildschirm an. Dies ist auch der Grund, warum selbst Vektorgrafiken in diesen Programmen bei starker Vergrößerung sehr grob am Bildschirm dargestellt werden, denn sie liegen zur Vorschau nur als Pixelbild vor.

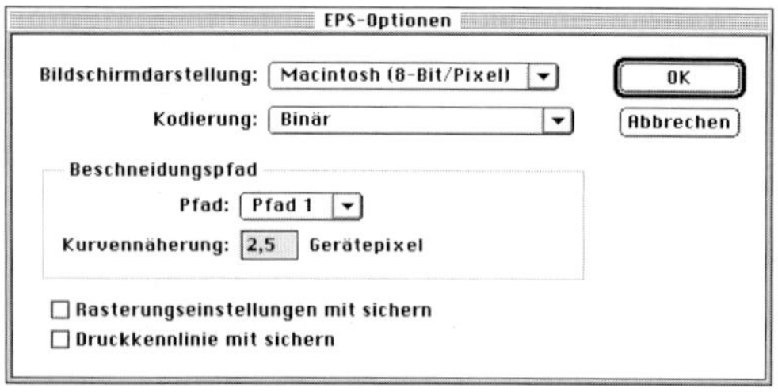

Abb. 4.4 *Der Dialog beim Sichern von EPS-Dateien in Photoshop.*

Das Vorschau-Bild hat die Ausmaße des eigentlichen Bildes, allerdings nur in einer Auflösung von 72 dpi, was der Mac-Bildschirmauflösung entspricht. Die originalen Bilddaten werden deshalb auch als *Feindaten* und das Vorschaubild als *Grobdaten* oder besser als Bildschirmdarstellung bezeichnet.

Dass am Bildschirm keine Feindaten angezeigt werden, führt natürlich auch zu einem schnelleren Bildaufbau. Da die Bildschirmdarstellung eines Bildes eine relativ geringe Datenmenge umfasst, ist es in Layout-Programmen auch schneller zu verarbeiten und anzuzeigen. Letztlich ist es ein Kompromiss zwischen Darstellung und Geschwindigkeit und sicher auch ein Kostenproblem, denn PostScript-Interpreter sind teuer.

Übrigens: Wird eine EPS-Datei auf einem nicht PostScript-fähigen Drucker ausgegeben, erscheint im Ausdruck ebenfalls die Bildschirmdarstellung.

Auch Pixelbilder lassen sich im EPS-Format speichern. Ebenso wie bei Vektorgrafiken enthalten sie, zusätzlich zu den Feindaten, eine Bildschirmdarstellung. Jedoch sind für Pixelbilder je nach Bildart unterschiedliche Möglichkeiten zur Speicherung vorhanden.

Für alle Bildarten hat man die Möglichkeit, eine Bildschirmdarstellung zu speichern und diese schwarzweiß oder farbig anzulegen. Bei SW-Bildern kann man wählen, ob weiße Bildbereiche im Ausdruck transparent oder opak erscheinen sollen.

CMYK-Bilder lassen sich im EPS-5-Format (oder auch DCS-Format = Desktop Color Separation) speichern. Hier werden die vier Farbkanäle getrennt voneinander gesichert. Zusätzlich entsteht noch eine fünfte Datei, genannt „Master"-Datei, die die Verweise auf die vier Feindaten-Dateien sowie wahlweise eine Bildschirmdarstellung enthält. Sie wird unter dem angegebenen Dateinamen gesichert. Den Farbkanal-Dateien wird zu dem Dateinamen der jeweilige Kennbuchstabe der Farbe angehängt (für Cyan „.C", für Magenta „.M" etc.). Das erweiterte DCS-2-Format erlaubt zusätzlich das Speichern von Schmuckfarben. In EPS-Dateien können auch *Pfade* mitgespeichert werden.

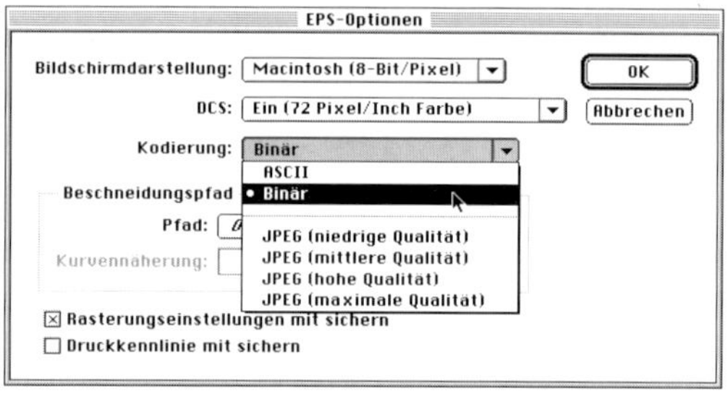

Abb. 4.5 *Der Dialog beim Sichern von EPS-Dateien in Photoshop mit der Option „DCS".*

Diese dienen dann als Freisteller von Bildteilen. Pfade lassen sich z. B. in Photoshop anlegen. Im DCS-Format werden Pfade in der *Master-Datei* abgelegt. Es lassen sich weiterhin Rasterungseinstellungen und eine Druckkennlinie (sehr nützlich) mitspeichern, die man beide in Photoshop erstellen kann.

Im EPS-Format sind auch Vektorgrafiken und Pixelbilder gemeinsam speicherbar, selbst Schriften lassen sich mit aufnehmen. Da alle Daten nach PostScript-Konventionen gespeichert werden, ist dies auch nicht verwunderlich, da dieselbe Technik zum Einsatz kommt, wie sie auch beim Drucken und Belichten verwendet wird.

Nachteile des EPS-Formates sind, dass sich keine Alphakanäle (zusätzliche Kanäle für Masken) speichern lassen und auch keine Komprimierung der Bilddaten möglich ist. Dazu müssten dann spezielle Komprimierungsprogramme eingesetzt werden. Des Weiteren lassen sich EPS-Bilder in Layoutprogrammen, wie zum Beispiel QuarkXPress, nicht nachträglich einfärben, was unter Umständen nachteilig sein kann.

DAS TIF-FORMAT

Das TIF-Format wurde von der Firma Aldus, Entwickler des Layoutprogramms PageMaker, definiert. Es liegt mittlerweile in der Version 6.0 vor und erlaubt, im Gegensatz zum EPS-Format, Bilder auch in verschiedenen Komprimierungsformen ohne Qualitätsverluste zu speichern. Der dabei eingesetzte LZW-Algorithmus (Lempel-Ziv-Welch) senkt den Platzbedarf um bis zu 50 Prozent oder noch mehr. Das Speichern und Laden einer komprimierten TIFF-Datei dauert jedoch relativ lange.
Eine TIFF-Datei können Sie an fast jeden Belichtungsdienst, an jedes Programm und an diverse Betriebssysteme wie DOS/Windows, MacOS, Unix oder NeXT-Step weitergeben, allerdings, der Kompatibilität zuliebe, unkomprimiert. Es ist das gebräuchlichste Format, wenn Bilder an andere Programme übergeben werden. Das TIF-Format unterstützt, wie das EPS-Format, SW-, Graustufen- und Farbbilder, letztere im RGB-, CMYK- und CIELab-Format.

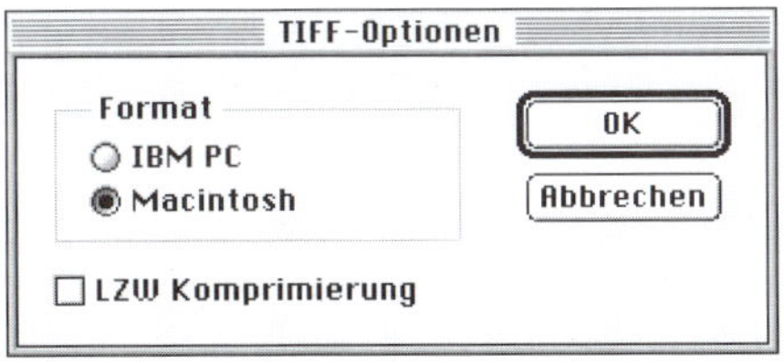

Abb. 4.6 *Der Dialog beim Sichern von TIFF-Dateien in Photoshop.*

DCS & OPI

Der Vorteil des DCS-Formates besteht darin, dass bei der Belichtung nicht für jeden Farbauszug das gesamte Bild mit seinen vier Farbkanälen durchlaufen wird, sondern die Farbdateien gezielt zum Ausgabegerät geschickt werden. Dieses Verfahren bringt besonders bei großen Bildern einen erheblichen Geschwindigkeitsvorteil mit sich. Der Nachteil zeigt sich jedoch bei nicht-separierten Ausdrucken. Hier wird anstelle der Feindaten die Bildschirmdarstellung, sofern sie vorhanden ist, zum Drucker geschickt. Dies ist natürlich für Kundenabzüge nicht immer akzeptabel.

Eine recht teure Alternative zum DCS-Format ist ein OPI-System. OPI steht für Open Prepress Interface. Das OPI-System, beispielsweise der Firma Helios, läuft unter dem Betriebssystem UNIX, z. B. auf einer Sun SparcStation. Es funktioniert folgendermaßen: Bilder werden im EPS- oder TIF-Format auf eine von diesem System „überwachte" Festplatte gespeichert. Die OPI-Software „zieht" nun automatisch aus den Bilddateien die Bildschirmdarstellung heraus und sichert diese separat mit einem Verweis auf die Originaldaten. An den Dateinamen wird der Zusatz „.lay" (für Layout-Bild) angehängt. Dies geschieht in der Regel auch bei großen Bilddateien sehr flott. In einem Layoutprogramm wird nun diese neue Datei platziert. Man merkt bei der Arbeit mit „.lay-Bildern" keinen Unterschied. Erst bei der Ausgabe, die ebenfalls über das OPI-System erfolgt, bekommt man den deutlichen Geschwindigkeitsvorteil gegenüber anderen Verfahren zu spüren. Die ausgegebenen Daten werden nicht direkt zum Ausgabegerät geschickt, sondern von der OPI-Software „abgefangen". Hier werden nun die enthaltenen Layout-Bilder durch die Feindaten ersetzt und, wenn erforderlich, separiert. Erst jetzt werden die Daten zum gewünschten Ausgabegerät geschickt und ausgegeben.
Ein OPI-System ist zur Zeit die beste Wahl, wenn es darum geht, große Bilddateien schnell zu bewältigen. Aufgrund der sehr hohen Kosten lohnt es sich allerdings nur für Betriebe, die häufig mit großen und vor allem vielen Bildern arbeiten und sonst erhebliche Wartezeiten bei der Belichtung in Kauf nehmen müssten.

Die weißen Bereiche von SW-Bildern sind im Ausdruck generell transparent. Zu den Feindaten wird ebenfalls wahlweise eine Bildschirmdarstellung, im Mac- oder IBM-Format, gespeichert. Auch das Sichern von Alpha-Kanälen ist möglich. Allerdings lassen sich keine Freisteller in Form von Pfaden angeben und das getrennte Speichern der Farbkanäle ist in diesem Format ebenfalls nicht möglich. SW- und Graustufenbilder im TIF-Format lassen sich jedoch in QuarkXPress nachträglich einfärben, was bei Logos oder Hintergründen oft notwendig ist.

DAS JPEG-FORMAT

Das JPEG-Format der Joint Photographic Experts Group, verringert nicht nur drastisch die Datenmenge, es greift je nach Einstellung auch die Bildqualität an, weil es feine Details entfernt. Das JPEG-Verfahren beruht auf mehreren Komprimierungs-Algorithmen. Die diskrete Cosinus-Transformation ist ein verlustbehaftetes Komprimierungs-Verfahren und bewirkt so mehr oder weniger Qualitätsverlust am Bild. Die Entropie-Kodierung dagegen arbeitet verlustfrei. Sie nutzt die unterschiedlichen Wahrscheinlichkeiten der Quelle aus, um die Datenmenge zu reduzieren. Das JPEG-Verfahren trennt die Farbwerte nicht nach dem üblichen RGB-Schema, sondern erstellt nach dem YCC-Farbsystem einen Helligkeitskanal (Y = Luminanz) und zwei Farbkanäle (CC = Chrominanzen). Je nach Vorwahl wird die Datei dann in Sektoren von z. B. 2 · 2 oder 4 · 4 Pixel aufgelöst. Nur noch ein einziger Bildpunkt innerhalb des einzelnen Sektors enthält die Farbinformationen, die allein zwei Byte pro Pixel ausmacht. Die restlichen Pixel liefern lediglich den Helligkeitswert (je ein Byte). Beim Öffnen des Bildes werden die dadurch fehlenden Farbwerte durch Interpolation (Zwischenwertberechnung) künstlich erzeugt. In einem weiteren Schritt fasst JPEG einheitliche Farbflächen noch einmal zusammen.
Die Optionen bei diesem Format sind reichhaltig. Meistens wird die gewünschte Qualitätsstufe auf einer 100er-Skala angegeben, wobei gilt: Je kleiner der Wert, desto geringer die Kompression und desto weniger Informationsverlust entsteht.
Seine Schwächen offenbart JPEG bei nuancierten Farbübergängen durch große Farbflecken, etwa in Gesichtern oder Verläufen. Auch perfekt einfarbige Flächen können im JPEG-Format plötzlich fleckig wirken. Wer ein TIFF-Bild nach JPEG umrechnen lässt und wieder zurück zu TIFF, erhält nur noch ein TIFF-Bild in abgespeckter JPEG-Qualität. Wird eine JPEG-Datei mehrfach zwischengespeichert, können immer aufs Neue Bildinformationen weggerechnet werden. Deshalb verwendet man dieses Format nicht während der Arbeit an einem Bild, sondern nur zur platzsparenden Weitergabe, z. B. an Belichtungsstudios. Es sollte aber auf jeden Fall die Original-Datei, TIFF oder EPS, erhalten bleiben, damit bei eventuellen Änderungen keine Informationsverluste entstehen.

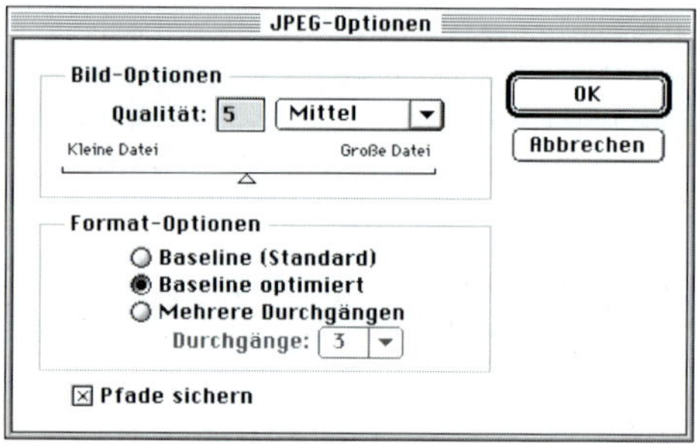

Abb. 4.7 *Der Dialog beim Sichern von JPEG-Dateien in Photoshop. Je geringer die Bildqualität, desto mehr wird komprimiert. Unter „Format-Optionen“ lässt sich die Komprimierung nochmals steigern. Pfade lassen sich nach Wahl mit sichern.*

Die JPEG-Kompression wird nur für Graustufen- und Echtfarbbilder angeboten, nicht jedoch für Dateien mit reduzierter 8-Bit-Farbtiefe.

DAS PICT-FORMAT

Auf Apple-Rechnern ist für Pixelbilder das PICT-Format ein Standard, den die meisten Programme verstehen. Es können SW-, Graustufen- und

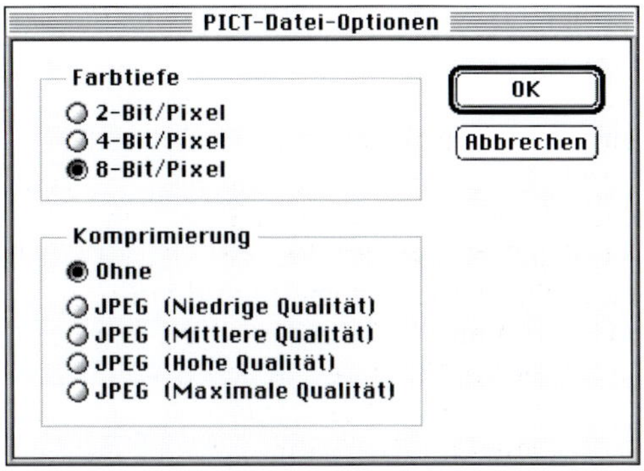

Abb. 4.8 *Der Dialog beim Sichern von PICT-Dateien in Photoshop. Wahlweise lassen sich die Bilddaten nach JPEG komprimieren.*

Farbbilder in beliebiger Farbtiefe gespeichert werden. Auch zu komprimieren ist möglich. Ansonsten gibt es aber keine zusätzlichen Speicheroptionen, wie beim EPS- und TIF-Format. Das PICT-Format kann sehr gut zum Datenaustausch zwischen verschiedenen Imaging-Programmen verwendet werden. Auf dem PC wird es allerdings von den wenigsten Programmen verarbeitet. Die Extension lautet hier PIC.

ASCII ODER BINÄR?

EPS-Bitmapbilder können wahlweise im ASCII- oder Binär-Format kodiert werden. Beim Speichern einer Bilddatei im ASCII-Format werden alle Bytefolgen nicht als solche gespeichert, sondern als Hexadezimalcode. Dieser besteht für ein Byte aus zwei Zeichen, und die Datei beansprucht rund doppelt soviel Speicherplatz gegenüber dem binären Format.

Durch die ASCII-Kodierung erhöht sich auch die Belichtungszeit. Bei der binären Kodierung werden die Bytefolgen nämlich auch als solche, als Werte, in die Datei geschrieben.
Falls keine Probleme bei der Ausgabe binärer Dateien auftreten, was bei älteren RIPs und Druckern passieren kann, sollte auf jeden Fall immer binär kodiert werden. Wer geht schon gerne mit unnötig doppelt großen Dateien um?

DAS BMP-FORMAT

Das hauseigene Format für Pixelbilder von Windows und OS/2 ist das BMP-Format. Allerdings gibt es bei beiden Systemen noch Unterschiede im Header der Datei.
BMP steht für Bitmap. Was aber nicht heißt, dass nur SW-Bilder gespeichert werden können. Es sind des Weiteren Graustufen- und Farbbilder in allen Farbtiefen speicherfähig. Zusätzliche Speicheroptionen sind hier ebenfalls nicht möglich. Wie beim PICT-Format auf Apple-Rechnern eignen sich BMP-Bilder in erster Linie zum Datenaustausch zwischen Windows-Applikationen.

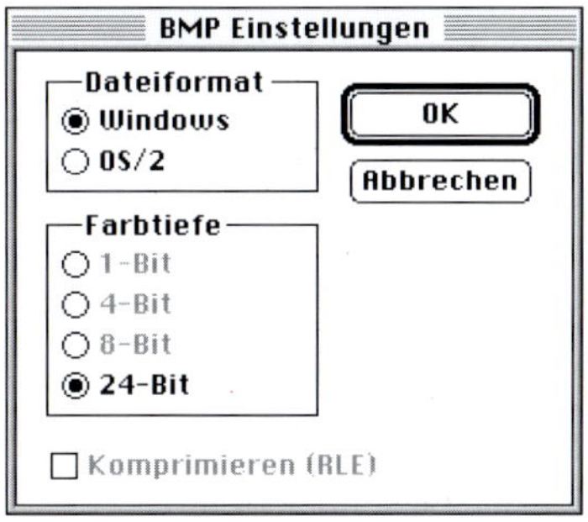

Abb. 4.9 *Der Dialog beim Sichern von BMP-Dateien in Photoshop. Wahlweise kann für Windows oder OS/2 gesichert werden.*

DAS PHOTO CD-FORMAT

Das PCD-Format der Photo CD wird von fast allen Imaging-Programmen gelesen (wenn nicht direkt, dann durch ein Plug-In). Die weit verbreitete Photo CD Master speichert Scans von Kleinbild-Dias und Negativen in fünf Auflösungen. Diese reichen von 128 x 192 bis 2048 x 3072 Pixel. Ab 1024 x 1536 Pixel werden die Bilddaten komprimiert. Das ImagePack der neueren Pro Photo CD Master speichert Scans von Dias und Negativen bis zu einer Größe von 10 x 13 Zentimetern in fünf bis sechs Auflösungen bis maximal 4096 x 6144 Pixel. Der Zugriff auf dieses neue Format erfordert jedoch eine neue Software.

Gleich dem JPEG-Format speichert das PCD-Format nur die Helligkeitsinformationen für jeden Bildpunkt. Die Farbinformationen werden jedoch nur für jedes zweite Pixel gespeichert (Chroma-Subsampling). Die dadurch fehlenden Farbwerte werden beim Öffnen des Bildes von der Software durch Interpolation (Zwischenwertberechnung) errechnet. Bei den hochaufgelösten Formaten ab 1024 x 1536 Pixel wird zusätzlich die Helligkeit aus der Version 512 x 768 interpoliert. Erst durch diese Tricks passen bis zu hundert ImagePacks auf eine Photo CD. Dadurch wirken die Bilder allerdings auch weniger scharf und brillant als etwa eine Datei vom Trommelscanner. Photo CD-Bilder erfordern daher Farbkorrekturen und USM (Unscharf Maskierung). Speichern kann man nicht im PCD-Format. Ausnahme: Bilder mit Auflösungen bis 512 x 768 Pixel lassen sich mit einer Autoren-Software von Kodak auf die Festplatte schreiben. Für Multimedia-Shows lassen sie sich auch auf eine Kodak Portfolio CD brennen.
Alle hier aufgeführten Dateiformate haben sich unter den DTP-Programmen – sowohl auf Macintosh-Computern als auch auf PCs – durchgesetzt. Es entstehen in der Regel beim Austausch von Bildern in diesen Formaten zwischen den beiden Systemen keine Probleme. Es muß natürlich auf die Namenskonventionen geachtet werden (siehe *Kapitel 12: Datenaustausch).*

EPSF & TIFF FÜR PIXELBILDER

	EPSF	TIFF
Bildschirmdarstellung	●	●
Freisteller durch Pfade	●	–
Alphakanäle	–	●
Rasterungseinstellungen	●	–
Druckkennlinie	●	–
Komprimierung	–	●
Vorseparation (DCS)	●	–
SW-Bilder transparent	●	●
Einfärben in Layoutprogrammen	–	●

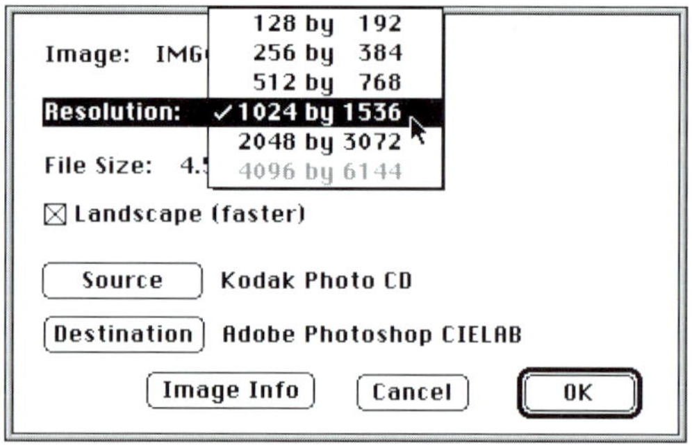

Abb. 4.10 *Der Dialog beim Öffnen von Photo CD-Dateien. Über „Resolution" wählen Sie die gewünschte Auflösung. Die höchste Auflösung von 4096 x 6144 Pixel ist nur auf einer Pro Photo CD Master verfügbar. Unter „Source" kann der verwendete Filmtyp des Dias angegeben werden. Mit „Destination" lässt sich die benötigte Auflösung wählen sowie RGB oder CIELab als Zielmodus einstellen.*

Ob das EPS- oder das TIF-Format eingesetzt wird, entscheiden die Anforderungen, die an das Bild gestellt werden. Pixelbilder, die ohne Freisteller, Alphakanäle, Komprimierung und Vorseparierung auskommen, sind natürlich im EPS- wie auch im TIF-Format gleichermaßen gut aufgehoben. Die Tabelle *EPSF und TIFF für Pixelbilder* verschafft einen klaren Überblick der verschiedenen Formateigenschaften.

Einen kleinen Vorteil bietet jedoch das EPS-Format in Bezug auf die Farbwiedergabe der Bildschirmdarstellung. Die Farben erscheinen hier besser, kommen dem Original näher.

Die EPS-, TIF- und JPEG-Formate für Bilder und Grafiken sind natürlich nicht die einzigen, jedoch die am häufigsten verwendeten im DTP-Bereich und deshalb hier so ausführlich wie möglich und nötig beschrieben.

DAS PDF-FORMAT

Das PDF-Format (PDF steht für Portable Document File) wurde von Adobe entwickelt und dient zur Erstellung unabhängiger Dokumente. Dabei werden Schriften, Grafiken, Bilder und sämtliche Textformatierungen mit in die Datei eingebunden. So erstellte Dokumente können weitergegeben werden, ohne dass man externe Dateien wie Bilder oder Schriften zusätzlich kopieren muss.
Das PDF-Format beruht auf *PostScript* und ist ihm im Dateiaufbau auch sehr ähnlich.

Um PDF-Dokumente verwenden zu können, steht Ihnen die folgende Software aus der *Adobe Acrobat-Reihe* zur Verfügung:

PDF-Druckertreiber

Aus Illustrator heraus kann eine Zeichnung direkt im PDF-Format gesichert werden *(Abbildung 4.11)*. Um aus QuarkXPress-Dokumenten PDF-Dateien zu erstellen, benötigen Sie den PDF-Druckertreiber.

Acrobat Reader

Der Acrobat Reader ermöglicht Ihnen die Anzeige und den Druck von PDF-Dokumenten. Sie können des Weiteren Notizen, Verknüpfungen, Lesezeichen und Thumbnails in PDF-Dokumente einfügen. Der PDF-Druckertreiber gehört nicht zum Lieferumfang des Acrobat Reader.

Acrobat Exchange

Die Software Acrobat Exchange ermöglicht den Austausch von PDF-Dokumenten mit anderen Anwendern. Über die Funktionen des Acrobat Reader hinaus bietet Exchange die Möglichkeit, PDF-Dateien zu sichern und sie zu neuen Dokumenten zusammenzustellen.

Acrobat Distiller

Der Acrobat Distiller ermöglicht das Umsetzen einer PostScript-Datei in das PDF-Format. Wenn eine qualitativ hochwertige Wiedergabe von 24-Bit-Bildern oder EPS-Dateien in PDF-Dokumenten gewünscht wird, empfiehlt es sich, eine PostScript-Datei zu erzeugen, anstatt den PDF-Drucktreiber zu verwenden. Mit dem Acrobat Distiller erzeugen Sie dann von der PostScript-Datei ein PDF-Dokument.

Das PDF-Format hat sich mittlerweile durchgesetzt und wird vor allem für Dokumentationen häufig eingesetzt. Sein unabhängiges Format in Bezug auf Bilder und Schriften machen es zu einem Universalformat für typografisch anspruchsvolle Dokumente, die einfach zu transportieren sind und jederzeit auch gedruckt werden können.

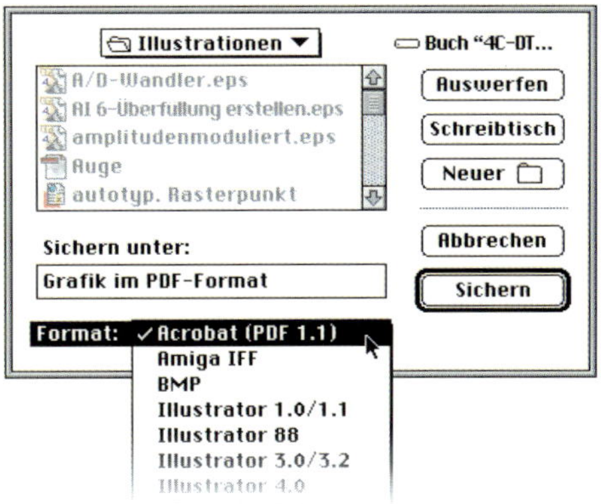

Abb. 4.11 *Der Dialog beim Sichern im PDF-Format in Illustrator. Zusätzliche Optionen sind nicht verfügbar.*

Die neue Adobe-Technologie *Supra* nutzt eine Form des PDF, die alle für den Druck notwendigen Informationen enthält. Supra ist eine neue, hochwertige und auf Adobe-PostScript basierende Architektur, die eine Reihe von Funktionen für die grafische Industrie und schnelle digitale Drucksysteme umfasst.
Die neue Version 1.2 des Portable Document File Formats (nicht zu verwechseln mit der Versionsnummer der Acrobat-Software, die zur Zeit bei 3.0 liegt), wurde Hand in Hand mit Supra entwickelt, richtet sich aber auch an PDF-basierte Abläufe. Diese neue PDF-Version unterstützt

den High-End-Druck, in dem Informationen für Farbseparation, Überfüllungen, OPI-Kommentare und weitere Parameter in die PDF-Datei eingebunden werden.

Da PostScript eine geräteunabhängige Programmiersprache ist, stellt sie so theoretisch (!) sicher, dass eine Seite im Druck immer gleich erscheint, egal, ob sie auf einem Bürodrucker, einem Plotter oder einem Belichter ausgegeben wird (natürlich innerhalb der Grenzen des jeweiligen Gerätes). Allerdings bereiten PostScript-Codes mitunter Probleme, da jedes Programm seinen *eigenen* Code für seine Dokumente erzeugt. Unstimmigkeiten treten oft bei komplexen Dateien oder in Dokumenten auf, die PostScript in einer Weise einsetzen, die von den Entwicklern nicht vorgesehen war. Außerdem sind fehlende Schriften und Grafiken ein häufiges Problem bei PostScript-Prozessen.

PDF basiert zwar auf PostScript, ist jedoch keine Programmiersprache, sondern ein Dateiformat. Außerdem ist PDF im Gegensatz zu PostScript *seitenunabhängig.* PDF-Dateien behandeln jedes Element eines Dokuments als einzelnes Objekt und speichern so seine individuellen Eigenschaften. Egal, ob die Daten auf dem Bildschirm oder dem Drucker ausgegeben werden, die Objekteigenschaften werden so nah wie möglich am Original erzeugt.

Ursprünglich wurde PDF zum Austausch digitaler Dokumente mit aufwendigem Layout entwickelt. Es enthielt seinerzeit keine Mechanismen, um komplexe Informationen, beispielsweise über Farbe, an hochauflösende PostScript-RIPs zu übertragen, wie sie bei Belichtern eingesetzt werden. PDF in der Version 1.2 eignet sich nunmehr nicht nur zum Dokumentenaustausch, sondern kann auch Druckinformationen für High-End-Systeme beinhalten.

PDF-Dateien verursachen, verglichen mit PostScript-Dateien, wesentlich seltener Druckprobleme. Sie benötigen durch Komprimierung der Daten weniger Speicherplatz, sind für die Print- und Bildschirmausgabe optimiert und lassen sich plattformübergreifend verarbeiten.
Ein weiterer Vorteil des PDF ist der, dass kurzfristig noch Korrekturen an den Dokumenten vorgenommen werden können. In einer konventionellen PostScript-Umgebung können Dokumente nur im Originalprogramm bearbeitet werden, sobald sie jedoch in PostScript umgesetzt wurden, lassen sich Änderungen – wenn überhaupt – nur mit viel Aufwand durchführen.
PDF verfügt über mehr Potential für kurzfristige Korrekturen. Sie können jede Seite einer PDF-Datei in Illustrator 6.0 oder höher öffnen und bearbeiten. Für Acrobat Exchange 3.0 gibt es ein PlugIn, mit dem sich einzelne Textzeilen ändern lassen.
Obwohl Exchange zur Zeit keine umfangreichen Korrekturen in PDF-Dokumenten erlaubt, sind diese Dateien so angelegt (einzelne Elemente werden als individuelle Objekte behandelt), dass künftig Änderungen wie beispielsweise die Farbkorrektur von Bildern möglich sein werden.

Der Industrie-Analyst und PostScript-Experte Paul Beyer fasst sehr treffend zusammen: *„Diese Technologie nimmt uns die Angst, ob Dateien überhaupt gedruckt werden können, ob Schriften fehlen, ob die PPD-Datei stimmt und ob Hoch- oder Querformat gewählt wurde. Sie wird den PostScript-Druck beinahe sorgenfrei machen.“*

Wer mehr über die hier beschriebenen und andere Dateiformate wissen möchte, sollte sich an die Bücher **Referenzhandbuch Dateiformate** (Günter Born, erschienen bei Addison-Wesley, ISBN 3-89319-446-0) und **Handbuch der Grafikformate** (Klaus Holtorf, erschienen im Franzis-Verlag, ISBN 3-7723-6392-X) halten. Eine Übersicht der gebräuchlichsten Dateiformate und deren Kürzel finden Sie im *Anhang I: Tabelle der Extensions.*

Kapitel 5: Kalibrierung

Damit die am Bildschirm angezeigten Farben mit den später gedruckten soweit wie möglich übereinstimmen, ist es unbedingt erforderlich, alle Komponenten des Systems sehr genau zu kalibrieren. Wird dies nicht getan (was immer noch häufig vorkommt), sind Farbungenauigkeiten im Druck und mangelnde Qualität der Druckerzeugnisse vorprogrammiert. Selbst beim einfachen Auswählen von Farben oder Grautönen an einem nicht kalibrierten Bildschirm kann die Enttäuschung nachher groß sein. Zudem sollte der Bildschirm Echtfarben zeigen, d. h., dass Farben nicht gerastert dargestellt werden, sondern als echte Töne.

Die Kalibrierung von Komponenten, wie Scanner, Bildschirm, Proofgeräte etc., ist eine mühselige und unter Umständen auch teure Sache. Kann eine Kalibrierung nicht durchgeführt werden, aus welchem Grund auch immer, sollte zur Grau- und Farbtonwahl auf keinen Fall der Bildschirm, sondern ein Farbfächer oder Druckmuster eingesetzt werden. Diese gibt es für die verschiedensten Papierarten. Im Allgemeinen ist es jedoch immer besser, wenn Farben schon am Bildschirm korrekt angezeigt werden, denn dadurch kann auch die Farbwahl besser beurteilt werden.

Abb. 5.1 *Links sehen Sie das Original und in der Mitte die Darstellung auf einem unkalibrierten Bildschirm. Beim rechten Bild ist der Bildschirm korrekt kalibriert worden, die Farben entsprechen dem Original.*

Das Kalibrieren ist gerade bei der Farbbildbearbeitung am Bildschirm unerlässlich. Doch auch bei einfachen Illustrationen, mehrfarbigen Entwürfen oder Ähnlichem ist es sehr empfehlenswert.

Richtig kalibrieren

Die Kalibrierung ist ein Verfahren, bei dem alle in der Produktion eingesetzten Geräte wie Scanner, Monitor, Drucker und Belichter sowie die Separationssoftware so justiert und eingestellt werden, dass man davon ausgehen kann, dass alles, was man auf dem Monitor bzw. Ausdruck oder Proof sieht, mit dem späteren Druckerzeugnis so weit wie möglich übereinstimmt. Zur Überprüfung sind evtl. mehrere Proofs und Andrucke notwendig, was erhebliche Kosten mit sich bringen kann.

In einem exakt kalibrierten System ist die Reproduktion nicht mehr von der Vorlage zu unterscheiden *(Abbildung 5.1)*.

Die Belichter- und Druckerkalibrierung

Um Farbproofs herzustellen, sei es über die Belichtung von Vierfarbauszügen oder über einen Sublimationsdrucker, muss das verwendete Gerät kalibriert werden.

Dazu wird auf dem Ausgabegerät ein Graukeil ausgegeben, üblicherweise in 10er-Schritten von 10 bis 100 Prozent. Seine Tonwerte werden mit einem Densitometer gemessen und die Densität des Gerätes so eingestellt, dass die ausgegebenen Tonwerte mit den am Computer eingegebenen übereinstimmen.
Ebenso müssen die Tonwerte der Belichtung mit denen auf der Druckplatte übereinstimmen.

DENSITOMETER

Mit Densitometern kann der Helligkeitsgrad von Druckfarbenschichten oder gerasterten Flächen gemessen werden. Die Dichte gibt an, wie viel weniger Licht gegenüber einer weißen Fläche reflektiert wird. Dabei wird das reflektierte Licht in elektrische Impulse umgewandelt und auf einem Display, wahlweise die Dichte oder die Prozentzahl des Tonwertes, angezeigt.
Je dicker die Farbschicht ist, desto weniger Licht wird reflektiert und desto größer ist die Dichte.
Beim Kauf eines Farbdensitometers ist darauf zu achten, dass es Farben automatisch erkennt und sich für den direkten Anschluss an den verwendeten Computer eignet.

MONITORKALIBRIERUNG

Die Farbdarstellung des Monitors muss so verändert werden, dass die Farben so genau wie möglich denen des künftigen Druckerzeugnisses entsprechen. Dabei sollten CRT-Monitore mindestens 20 bis 30 Minuten vor der Kalibrierung eingeschaltet werden, damit die maximale Bildstabilität erreicht wird.

Der Abgleich der Farben sollte in vier Stufen erfolgen. Der erste Schritt ist die Korrektur der vom Monitor verursachten Fehler. Alle Monitore verfügen über einen Satz von Intensitäts-Kennwerten (Gamma-Werte). Sie charakterisieren das Verhältnis zwischen Eingabewerten des Bildes und den Ausgabewerten auf dem Bildschirm. Jeder Monitor hat zusätzliche individuelle Abweichungen in der Farbdarstellung, die so ausgeglichen werden müssen, dass Bilder möglichst einheitlich und ohne Farbstich wiedergegeben werden.

Der zweite Schritt des Kalibrierungsprozesses besteht in der Aufrechterhaltung konstanter Lichtverhältnisse im Bereich des Monitors. Kunstlicht mit gleichbleibender Helligkeit gewährleistet dabei am ehesten konstante Bedingungen. Tageslicht ist aufgrund von Helligkeitsschwankungen nicht geeignet.

Im dritten Schritt wird die Umwandlung vom RGB- ins CMYK-System kalibriert. Hier werden Wahrnehmungsunterschiede und unterschiedliche Farbumwandlungsschemata ausgeglichen. Dabei vergleicht man eine gescannte Vorlage mit mehreren Farbproofs des gleichen Motivs und vom gleichen Scanner und Monitor. Jeder Proof wird mit einer unterschiedlichen Einstellung für Gamma und Transferfunktion hergestellt. Beim Vergleich der Proofs mit dem Bild am Monitor kann man nun die Version auswählen, die dem Monitorbild am nächsten kommt. Eventuelle Abweichungen können dann am Bildschirm und in der Separations-Software korrigiert werden. In Photoshop lassen sich über die Grundeinstellungen auch die Farbdefinitionen der Primär- und Sekundärfarben innerhalb des CIE-Farbraumes verändern. Die Graubalance lässt sich einstellen, indem man für CMYK getrennte Gammawerte angibt.

Der vierte und letzte Schritt der Kalibrierung wird vom Drucker vorgenommen. Dabei wird die gedruckte Reproduktion an den elektronisch separierten Farb-Proof angepasst.

FARBMANAGEMENT-SYSTEME

Die Aufgabe der Farbmanagement-Systeme besteht darin, Farben bei der Bearbeitung in den verwendeten Geräten konstant zu halten. Darüber hinaus müssen im Druck nicht reproduzierbare Farben so korrigiert werden, dass sie den gewünschten Farben möglichst nahe kommen.
Eine Farbmanagement-Software besteht im Wesentlichen aus einem Programm, das die Umrechnungen und Korrekturen übernimmt und das eine Anzahl von Geräteprofilen (siehe nächste Seite) enthält oder deren Erzeugung ermöglicht.

Bei der Wahl des Farbmanagement-Systems ist es wichtig, darauf zu achten, dass die Separation über das CIELab-System erfolgt. Der CIELab-Standard hilft dabei, Verluste bei der Umrechnung in ein anderes Farbsystem so gering wie möglich zu halten (siehe *Kapitel 1: Farbe).*

Die Informationen des Geräteprofiles sollten nicht direkt in die Bilddaten eingerechnet werden, sondern nur mit einem Datei-Anhänger (Tag) mitgeliefert werden. Ansonsten werden die Farbinformationen für ein spezielles Ausgabegerät festgelegt und eine Ausgabe auf einem anderen Gerät würde eventuell zu völlig anderen Ergebnissen führen.

Im Idealfall erlaubt es das Farbmanagement-System, Geräteprofile für Ein- und Ausgabegeräte selbst zu erstellen. Bei Scannern ist das in der Regel üblich, so liefern die meisten Systeme Referenzvorlagen zur Generierung von eigenen Scannerprofilen mit. Dagegen sind Monitor- und Druckerprofile meistens nur als fertige Module erhältlich, da zu ihrer Erstellung teure Messgeräte, wie Densitometer und Colorimeter, erforderlich sind. Achten Sie also beim Kauf eines Farbmanagement-Systems darauf, dass es Ihre vorhandenen Geräte unterstützt.

Sehr hilfreich sind Proof-Optionen einiger Systeme, die das Druckergebnis einer Offsetdruckmaschine am Monitor (Soft-Proofing) oder auf einem Sublimationsdrucker simulieren.

Leider existiert bei den Farbmanagement-Systemen noch keine einheitliche Schnittstelle zu Anwendungsprogrammen, die Farbe einsetzen. Ein Versuch, einen solchen Standard einzuführen, ist das Color-Sync-System von Apple. Es verwendet das standardisierte CIE-1931-Farbmodell als Bezugssystem. So werden jedem Pixel entsprechende Werte auf den Koordinaten des CIE-Farbraums zugewiesen. Allerdings muss dann die Software dieses System auch unterstützen.

GERÄTEPROFILE

Die meisten Hersteller von Farbmanagement-Systemen greifen zur Erstellung von Geräteprofilen auf Referenzvorlagen, wie den Industriestandard ANSI IT8, zurück. Diese farbmetrisch ausgemessenen Farbreferenzen sind als unterschiedliche Materialien, als Auf- oder Durchsichtsversion erhältlich.

Für Scanner muss mit Hilfe solcher Referenzvorlagen das Profil des Gerätes häufig selbst erstellt werden.

Bei Farbbildschirmen ist dieses Vorgehen problematischer, da man nicht von bestimmten Lichtverhältnissen oder Einstellungen der Helligkeits- und Kontrastregler ausgehen kann. Daher wird bei der Erstellung eines Monitorprofils meistens ein aufwendiges Verfahren unter Einsatz eines teuren Spektralphotometers verwendet.

Bei Druckern oder Belichtern kann man die Einflussfaktoren gut trennen. Man unterscheidet beispielsweise die eingesetzten Filmsorten bei Belichtern oder die verwendeten Farbfolien bei Sublimationsdruckern. Außerdem werden noch weitere Parameter, wie die Auflösung und der Punktzuwachs im Druck, berücksichtigt.

Kapitel 6: Bildbearbeitung

Die Bildbearbeitung mit Photoshop ist im DTP-Bereich heute Standard. Um wirklich gute Ergebnisse im Druck zu erzielen, erfordert es jedoch immer noch das Know-how des Profis. Der Umgang mit diesem sehr umfangreichen und komplexen Programm ist keinesfalls so leicht zu erlernen wie der mit Illustrator oder QuarkXPress. Spezielles Wissen über Farbmodi und -aufbau, Separation, Auflösung, Raster und Grafikformate wird hier benötigt: kurz, alles was in diesem Buch beschrieben wird. Allerdings ist dieses Kapitel kein Photoshop-Lehrgang, sondern es soll lediglich zur Erklärung bestimmter allgemeiner Techniken dienen. Weiterführende Literatur ist – neben viel Übung – auf jeden Fall anzuraten.

Um Bilder in Farbe, Helligkeit und Kontrast originalgetreu wiederzugeben, sind in der Regel die Arbeitsschritte *Tonwertkorrektur, Scharfzeichnen* und evtl. *Farbkorrektur* notwendig.
Ein *Rohscan* (gescanntes Bild, an dem noch keine Korrekturen vorgenommen wurden) sollte selbstverständlich so gut wie mit dem verwendeten Gerät möglich erstellt werden (siehe auch *Kapitel 8: Scanner, Richtig scannen).*
Viele High-end-Scanner bieten die Möglichkeit, Einstellungen wie Tonwertkorrektur, Farbbalance, Scharfzeichnen und sogar die Separationsart direkt im Scanprogramm festzulegen. Derartige Scans benötigen dann nur noch selten eine Bearbeitung und sind praktisch druckreif. Doch auch sehr gute Flachbettscanner wie der Agfa Horizon und der Linotype Saphir Ultra oder kleinere Trommelscanner von Scanview beispielsweise liefern meist Bilddaten, die schon nach kleineren Korrekturen zur Weiterverarbeitung geeignet sind. Dies trifft auch auf Farbbilder zu.

Unter dem Begriff *Bildbearbeitung* versteht man keineswegs nur das Überarbeiten von Bildern, sondern auch das Freistellen von Bildteilen und spezielle Effekte, angefangen vom einfachen Formen eines Bildes bis zu ganzen Bildmontagen mit fließenden Übergängen.

Tonwertkorrektur

Als *Tonwertkorrektur* wird das Einstellen der *Tiefen, Mitteltöne* und *Lichter* in Bildern bezeichnet. Je nach Klassifikation des Bildes (beschrieben in *Kapitel 8: Scanner)* sind für *Mitteltonbilder* und *Nachtbilder* mit viel Tiefenzeichnung fast immer Tonwertkorrekturen notwendig.
Im Tonwertkorrekturdialog von Photoshop *(Abbildung 6.1)* sind dazu die Bereiche *Tonwertspreizung* und *Tonwertumfang* vorgesehen.

Tonwertspreizung

Die *Tonwertspreizung* umfasst eine Spanne zwischen den Werten 0 und 255. Sie unterteilt sich in die Bereiche *Tiefen* (¾-Töne, schwarzer Regler) und *Lichter* (¼-Töne, weißer Regler) und erlaubt das Einstellen des *Gamma-Wertes* bzw. der *Mitteltöne* (grauer Regler). Über dem Bereich Tonwertspreizung wird ein Histogramm gezeigt, das die Häufigkeit von Tonwerten wiedergibt, wie sie im Bild auftreten.

Tonwertumfang

Mit dem *Tonwertumfang* bestimmen Sie die Intensität der dunkelsten Stelle *(*D_{max}*,* schwarzer Regler) und der hellsten Stelle *(*D_{min}*,* weißer Regler) eines Bildes *(Abbildung 6.3).*

Bei eingeblendeter Informationspalette zeigt Ihnen Photoshop eine Vorher- und Nachher-Darstellung der Tonwerte in Prozent.

Halb- und vollautomatische Tonwertkorrektur

Sie können auch durch Anwählen der *Pipetten* die Tiefen- und Lichterwerte sowie die Graubalance festlegen. Mit einem Doppelklick auf das Pipetten-Symbol werden die Zielwerte vorzugsweise über das CMYK-Modell festgelegt. Für Tiefen sollten Sie keinen Wert über 96 Prozent wählen, damit die Zeichnung im Druck nicht

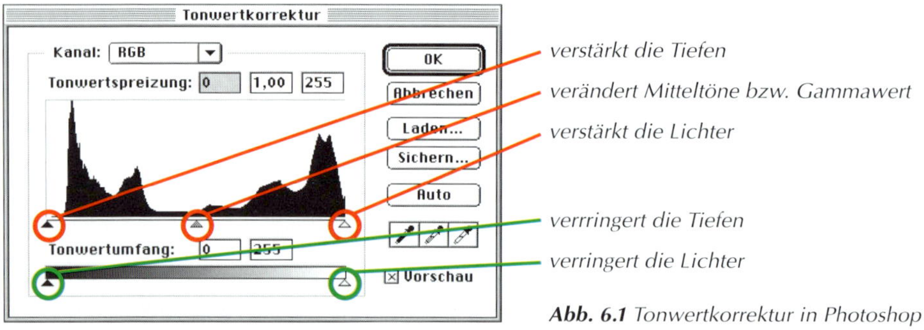

Abb. 6.1 *Tonwertkorrektur in Photoshop*

verloren geht. Für die Lichterwerte sind 2 bis 5 Prozent empfehlenswert, es sei denn, es handelt sich um echte Glanzlichter, beispielsweise um Sonnenstrahlen oder extreme Spiegelreflexe auf Metallgegenständen. Mit der mittleren Pipette steuern Sie die Graubalance des Bildes. Über die Farbwertangaben können Sie so auch die *Unterfarbenzugabe* festlegen. Gut einsetzen lässt sich diese Funktion bei Farbverschiebungen innerhalb des Bildes bzw. bei Farbstichen. Im Gegensatz zu den Tiefen- und Lichterpipetten kann man die Graubalance nur im RGB-Modus festlegen.

Über den *Auto-Button* können Sie eine automatische Tonwertkorrektur ausführen lassen. Dabei verwendet Photoshop die Zielwerte der Pipetten, sucht sich selbständig die Tiefen und Lichter des Bildes und korrigiert die Tonwerte danach. Besonders Bilder, die eine gute Graubalance aufweisen, in den Mitteltönen und Tiefen jedoch zu dunkel wirken, lassen sich durch die automatische Korrektur schnell bearbeiten. Tonwertkorrekturen können Sie auch gezielt auf einen *Farbkanal* anwenden, indem Sie ihn aus dem *Kanal-Menü* auswählen. So lassen sich über den *Mittelton-Regler* oft leichte Farbstiche korrigieren.

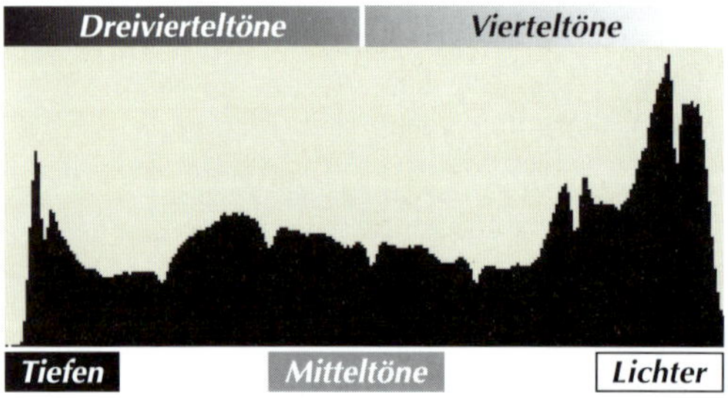

Abb. 6.2 *Das Histogramm zeigt die Tonwertverteilung eines Bildes nach der Häufigkeit der Tonwerte, wie sie im Bild auftreten.*
Der Bereich zwischen den Tiefen und Mitteltönen enthält die Dreivierteltöne und der Bereich zwischen den Mitteltönen und Lichtern die Vierteltöne.

Sollten Sie die Einstellungen von Tonwertspreizung und Tonwertumfang zu sehr „verdreht" haben, müssen Sie den *Tonwertkorrektur-Dialog* nicht verlassen. Halten Sie die Wahl- bzw. Alt-Taste gedrückt und der Button *Abbrechen* verwandelt sich in *Zurück.* Durch Klicken auf ihn stellen Sie alle Ausgangswerte wieder her. Trotz eingeschalteter Vorschau sollten Sie zusätzlich zur visuellen Überprüfung des Bildes die Werte in der *Informationspalette* im Auge behalten. Gerade beim Bearbeiten von RGB-Bildern können aufgrund des größeren Farbraumes durch die Tonwertkorrektur Farben entstehen, die nicht mehr im druckbaren Bereich des CMYK-Farbraums liegen. Sehen Sie in der Informationspalette hinter einer Farbangabe ein Ausrufezeichen, bedeutet dies, dass der angezeigte Farbton nicht druckbar ist. Die Werte in der Informationspalette geben den nächstmöglichen Farbton an. Verwenden Sie im RGB-Modus nach oder bei umfangreichen Tonwertkorrekturen *CMYK-Vorschau* und *Farbumfangwarnung,* um sicherzugehen, dass Sie den CMYK-Farbraum nicht überschreiten.

Abb. 6.3

Abb. 6.5 *Mit Einstellungsebenen können Sie Tonwert- und Farbkorrekturen vornehmen, ohne die Bilddaten entgültig zu verändern. Erst beim Reduzieren auf eine Ebene werden die Einstellungen auf die Feindaten des Bildes angewendet.*

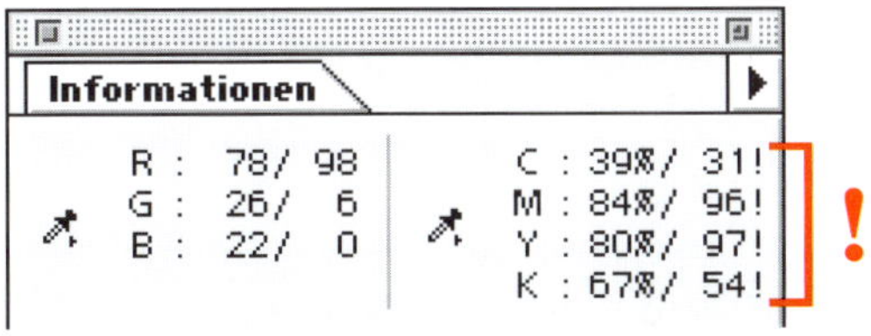

Abb. 6.4 *Sehen Sie in der Informationspalette ein Ausrufezeichen hinter Prozentwerten, liegt die gewählte Farbe außerhalb des CMYK-Farbraumes. Die angezeigten Werte geben den nächstmöglichen Tonwert an.*

Gerade bei großen Bildern können umfangreiche Tonwertkorrekturen schon mal einige Zeit in Anspruch nehmen. Die Tonwerte werden dabei dauerhaft geändert. Eine Widerrufen-Funktion ist nach dem Speichern oder Aufrufen einer anderen Funktion nicht mehr möglich. Dann hilft nur noch das Schließen des Bildes, ohne es zu sichern, und erneutes Öffnen, wodurch alle übrigen Veränderungen ebenfalls neu vorgenommen werden müssen. Photoshop bietet ab der Version 4.0 sogenannte *Einstellungsebenen.*

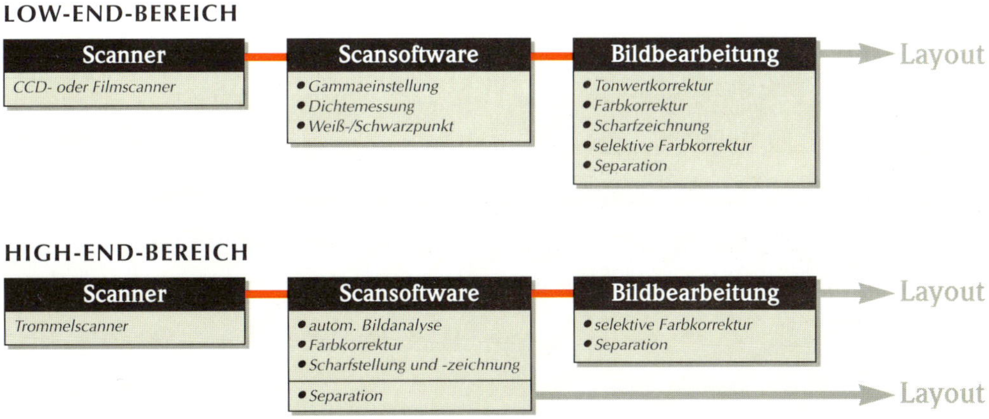

Abb. 6.6 *Die Arbeitsabläufe in der Bildbearbeitung sind abhängig vom verwendeten Scanner.*

Mit ihnen lassen sich nunmehr Tonwert- und Farbkorrekturen im Bild oder in ausgewählten Ebenen vornehmen und jederzeit ändern. Sie wirken sich zunächst nur auf die Bildschirmdarstellung aus. Erst beim Sichern in einem anderen Format (EPS, TIFF etc.) oder durch den Befehl *Auf Hintergrundebene reduzieren* werden die Einstellungsebenen dann auf die *Feindaten* des Bildes angewendet. Speziell bei Bildern mit hohen Datenmengen wird so die Arbeit wesentlich beschleunigt, da die wirkliche Rechenarbeit mit den Feindaten erst nach Fertigstellung des Bildes von der Software ausgeführt wird.

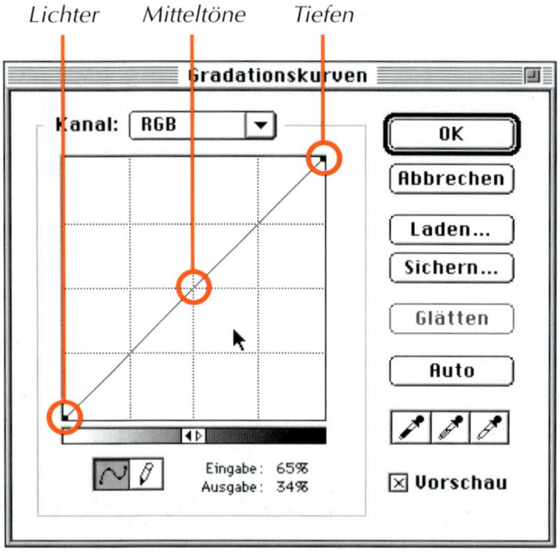

Abb. 6.7 *Über die Gradationskurven können Sie ebenso wie über die Tonwertkorrektur ein Bild korrigieren. Die X-Achse stellt dabei die ursprünglichen Helligkeitswerte (Eingabewerte) dar. Die Y-Achse gibt dagegen die neuen Helligkeitswerte (Ausgabewerte) wieder. Die diagonale Linie zeigt das Verhältnis zwischen Ein- und Ausgabewerten an. Steigt sie wie hier linear an, heißt das, dass die Ausgabe- den Eingabewerten entsprechen und noch keine Modifizierung stattgefunden hat.*
Sie können hier ebenfalls die Farbkanäle einzeln bearbeiten sowie eine automatische Korrektur ausführen lassen.
Wenn Sie CMYK-Bilder bearbeiten, werden standardmäßig die Prozentwerte von 0 bis 100 angezeigt. Die Lichter befinden sich links. Im RGB-Modus werden Werte von 0 bis 255 angezeigt. Dann befinden sich links die Tiefen.

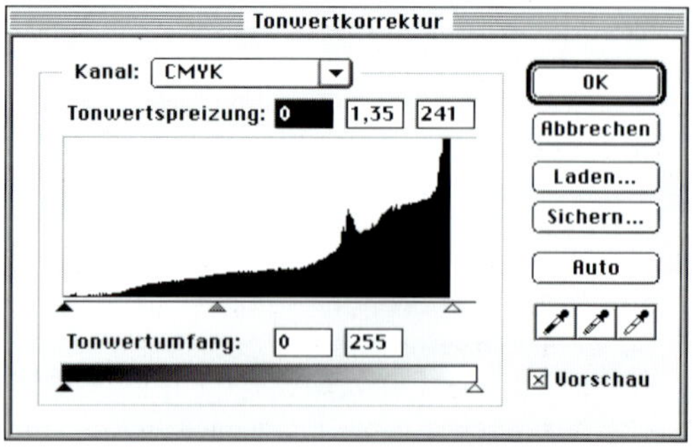

Abb. 6.8 *Das obere Bild ist zu dunkel gescannt. Über die Tonwertkorrektur wurden die Mitteltöner heller gezogen und die Lichter heraufgesetzt. Das Ergebnis sehen Sie unten.*

FARBKORREKTUR

Unter einer *Farbkorrektur* versteht man grundsätzlich eine Optimierung der Farbzusammensetzung im Bild, damit dessen Farbwiedergabe im Druck weitestgehend dem Original entspricht.

Es muss zwischen zwei Arten der Farbkorrektur unterschieden werden:
Wenn beim Scannen eines Bildes keine genauen Einstellungen, wie *Weiß- und Schwarzpunkt, Farbbalance* etc. (siehe auch *Kapitel 8: Scanner),* vorgenommen werden, wird eine Farbkorrektur notwendig, um evtl. *Farbstiche* zu entfernen, die *Graubalance* einzustellen oder die *Farbsättigung* zu erhöhen. Da die meisten Scanner RGB-Daten liefern, sind derartige Korrekturen möglichst in diesem Farbmodus auszuführen, also vor der Separation in den CMYK-Modus. Dasselbe gilt auch für die Tonwertkorrektur. Der Grund ist einfach: Im RGB-Modus ist der verfügbare *Farbraum* erheblich größer als im CMYK-Modus, was eine genauere, differenziertere Korrektur der Farben und Tonwerte ermöglicht.
Zudem ist man nicht an einen bestimmten *Schwarzaufbau* gebunden und die Farben sind empfänglicher für Änderungen.

Die zweite Art der Farbkorrektur wird evtl. durch die Separation notwendig. Besonders stark gesättigte Farben, wie intensive Blau- und Brauntöne, können nach der Separation in druckbare Farben stark verschmutzt bzw. blässlich wirken. Zum einen geschieht dies durch den im Gegensatz zum RGB-System sehr begrenzten Farbraum, jedoch auch durch nicht optimale Separationseinstellungen. Wenn Sie Farbkorrekturen im RGB- oder CIELab-Modus ausführen, sollten Sie darauf achten, dass die Farbtöne möglichst nahe am CMYK-Farbraum liegen. Benutzen Sie dazu die *Informationspalette* oder die *CMYK-Vorschau* und *Farbumfangwarnung* in Photoshop (siehe dazu auch *Kapitel 7: Separation).*

Bei der Farbwiedergabe spielt immer auch das Druckpapier eine wichtige Rolle. Stark saugende

Abb. 6.9 *Dieses Bild hat einen deutlichen Grünstich und bedarf deshalb einer globalen Farbkorrektur.*

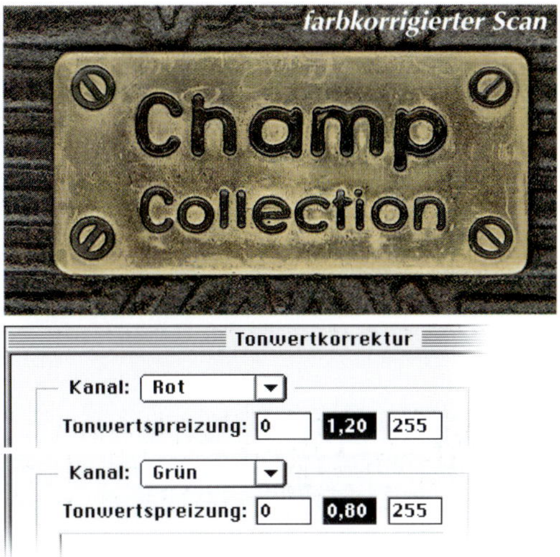

Abb. 6.10 *Bei der Tonwertkorrektur lässt sich der Grünstich über die Rot- und Grünkanäle sehr gut entfernen. Im Rotbereich werden die Mitteltöne 20 Prozent heller und im Grünbereich 20 Prozent dunkler gestellt. Tiefen und Lichter sowie der gesamte Blaukanal bleiben dabei unverändert.*
Wann immer möglich, sollten hier globale Farbstichkorrekturen im RGB-Modus vorgenommen werden, da die Farbtöne dann noch nicht an einen Schwarzaufbau gebunden sind.

Papiere wie Zeitungspapier erlauben keine so „knackigen“ Farben wie gestrichenes Papier, z. B. Bilderdruckpapier.

Abb. 6.11 *Nachdem der Farbstich entfernt worden ist, erscheint das Motiv sehr blass. Deshalb wird die Farbsättigung insgesamt stark erhöht. Hier ebenfalls wieder im RGB-Modus.*

Bei der Farbkorrektur ist grundsätzlich darauf zu achten, dass gerade *Referenzfarben* genau wiedergegeben werden. An ihnen erkennt man in der Regel auf den ersten Blick Farbstiche und mangelhafte Farbbalance. Voraussetzung für die Farbkorrektur am Bildschirm ist die genaue Kalibrierung des Systems (siehe *Kapitel 5: Kalibrierung*).

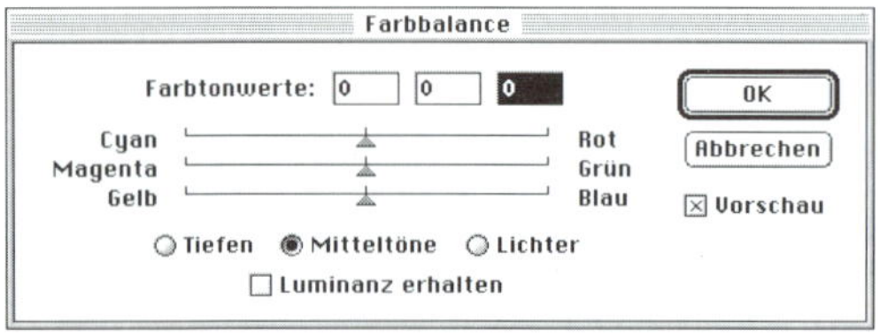

Abb. 6.12 *Über die Farbbalance lassen sich Farbstiche leicht entfernen. Die Einstellungen sind separat für die Tiefen, Mitteltöne und Lichter vorzunehmen. Aktivieren Sie die Option „Luminanz erhalten", wenn die Bildhelligkeit unverändert bleiben soll.*

Selektive Farbkorrektur

Eine andere Art der Farbkorrektur ist die *selektive Farbkorrektur.* Durch sie werden, wie der Name schon sagt, nur bestimmte (selektive) Farben oder Bildbereiche verändert. Sie kann zum Beispiel dazu verwendet werden, um dem Himmel in einem Urlaubsmotiv ein freundliches „Schönwetterblau" zu verleihen, ohne dass andere Bildbereiche verändert werden. Ein weiteres Beispiel wäre eine Werbeanzeige für Erdbeeren, in denen die in einem schöneren Rot erscheinen, so dass sie frischer und leckerer aussehen um den Kaufreiz anzuregen.
Diese beiden Schönungsbeispiele sind übrigens keine Ausnahmen, sondern in der Werbung schon eher die Regel.

Die selektive Farbkorrektur lässt sich auch nach der Separation von Bildern einsetzen, die besonders schwierige Farben enthalten. Sie lassen sich dann nachträglich noch korrigieren. In der *Abbildung 6.13* sehen Sie ein Beispiele für die selektive Farbkorrektur in Photoshop.

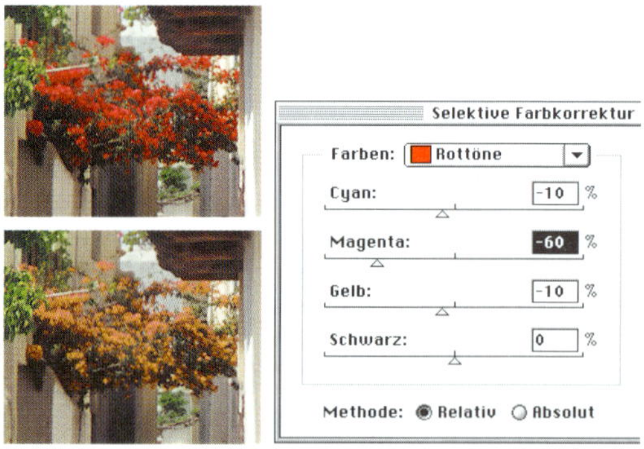

Abb. 6.13 *Über die Einstellungen „Selektive Farbkorrektur" lassen sich Farbbereiche anwählen und ändern. Alle anderen Farbtöne bleiben dabei unverändert. In diesem Fall lässt sich die Korrektur auch gänzlich ohne Maske vornehmen.*
Die Methode bestimmt dabei, ob sich die Einstellungen auf die gegebenen Tonwerte beziehen, also relativ, oder ob sie sich absolut auswirken sollen.

SCHARFZEICHNUNGSFILTER

Falls die *Scharfzeichnung* nicht während des Scanvorgangs erfolgt, was in der Regel nur bei Geräten der höheren Preisklasse Sinn macht, müssen Bilder nachträglich geschärft werden. Aber auch Motiven, die aufgrund schlechter Linsenfokussierung unscharf aufgenommen wurden, kann die elektronische Scharfzeichnung künstlich zu mehr Schärfe verhelfen.

Durch Interpolation, z. B. durch Drehen in nicht festen Winkeln, wird häufig (nochmaliges) Scharfzeichnen notwendig. Darunter leidet allerdings immer die Bildqualität, wenn auch nicht deutlich sichtbar. Deshalb sollten Sie Bilder grundsätzlich von vornherein so scannen, wie Sie sie letztlich benötigen.

Wie stark die Scharfzeichnung angewendet werdern muss oder ob sie überhaupt notwendig ist bzw. zu einem besseren Bildeindruck führt, entscheidet nicht zuletzt das Motiv. Ein Himmel mit Wolken erfordert in der Regel keine Scharfzeichnung. Im Gegenteil, ein zu hoher Wert ließe das Bild schnell körnig aussehen. Dies macht sich besonders in den Tiefen des Bildes bemerkbar.

Einen guten Eindruck von der Bildschärfe erhalten Sie am Bildschirm, wenn Sie in Imaging-Programmen eine 1:2-Darstellung (200 %) wählen.
Bilder, die mit einem relativ groben Raster gedruckt werden (z. B. Zeitungsbilder), sollten am Bildschirm etwas zu scharf wirken. Dadurch wird die Unschärfe kompensiert, die durch die grobe Rasterung entsteht.

Eine Abbildung von einer Platine hingegen verträgt eine Scharfzeichnung gut, da hier viele Details vorhanden sind und diese so hervorgehoben werden. Je besser die Schärfe, gleichzusetzen mit dem Kontrast, desto besser ist der visuelle Eindruck.

Photoshop bietet mehrere Filter zur Scharfzeichnung von Bildern an:

Scharfzeichnen und Stark scharfzeichnen

Diese beiden Filter sollen die Klarheit verbessern. Dabei greift der Filter *Stark scharfzeichnen* etwas mehr als *Scharfzeichnen.* Beide führen jedoch in der Regel zu keinen deutlich besseren Ergebnissen.

Konturen scharfzeichnen

Dieser Filter, wie auch *Unscharf maskieren,* ermittelt die Bereiche im Bild, in denen deutliche Farbänderungen auftreten und stellt sie „scharf". Dabei werden nur die Konturen geschärft. Die allgemeine Weichheit des Bildes bleibt jedoch erhalten, was lediglich zu einer höheren Konturschärfe führt.

Unscharf maskieren (USM)

In der Regel erzielt man mit der Unscharfmaskierung die besten Resultate. Sie erhöht den Kontrast in den Details von Konturen. So entsteht dann der Eindruck von mehr Bildschärfe. Die USM hat dieselbe Wirkungsweise wie die herkömmliche Methode, um Bilder auf Filmen zu schärfen, und funktioniert relativ einfach: Das unscharfe Positiv wird passgenau auf das scharfe Negativ gelegt und auf ein kontrastreiches Fotomaterial projiziert. Dabei entstehen eine hellere und eine dunklere Linie auf jeder Seite einer Kontur, die dadurch stärker betont wird.

In Photoshop lässt sich bislang nur der Wert für die Stärke der Konturschärfe eingeben, jedoch keine getrennten Werte für die hellere und die dunklere Kontur. Noch bessere Ergebnisse wären mit separaten Einstellungen zu erzielen.

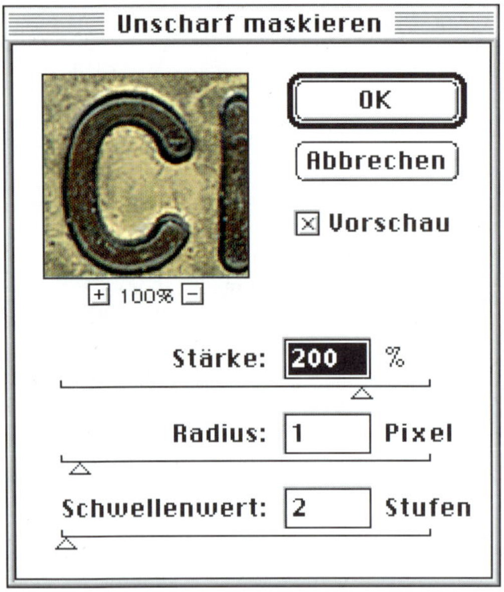

Stärke
Sie können einen Wert zwischen 1 und 500 Prozent angeben. Je höher der Wert, desto „schärfer" wird das Bild.
Radius
Der Radius wird in Pixeln angegeben und bestimmt die Tiefe der Pixel, die entlang der Kontur beeinflusst werden. Der Wert darf zwischen 0,1 und 250,0 liegen. Wird ein hoher Wert angegeben, werden mehr Pixel im Umkreis der Kontur scharfgestellt. Ein niedriger Wert schärft nur die Kontur.
In der Regel erzeugt ein Radius zwischen 1,0 und 2,0 die besten Ergebnisse.
Schwellenwert
Der Schwellenwert bestimmt den Toleranzbereich zwischen Tonwerten bzw. Kontrastunterschieden benachbarter Pixel. Dadurch wird eine allgemeine Scharfstellung vermieden, wodurch Störungen gering gehalten werden können. Der Wert darf zwischen 0 und 255 liegen.

Abb. 6.14 *USM-Dialog in Photoshop.*

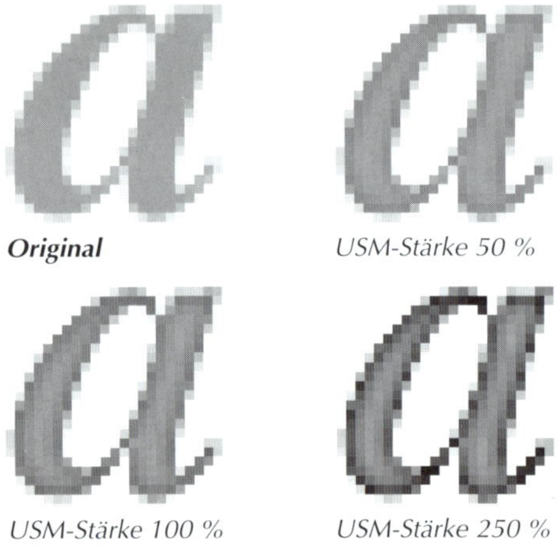

Wie schon erwähnt, liefert die USM normalerweise die besten Ergebnisse. Auch mehrmaliges Schärfen mit unterschiedlichen Einstellungen kann bei einigen Motiven durchaus Sinn machen.
Selbstverständlich lassen sich alle Filter auch auf Auswahlen anwenden.

Abb. 6.15 *Hier sehen Sie, stark vergrößert, die Anwendung verschiedener Stärken der USM bei gleichem Radius von 1 Pixel und einem Schwellenwert von 0 Stufen.*

Original *ohne Scharfzeichnung* | *Konturen scharfzeichnen* | *Scharfzeichnen* | *Stark scharfzeichnen* | *USM mit Stärke 245 %, Radius 1,5 Pixel und Schwellenwert 2 Stufen*

Abb. 6.16 *Die verschiedenen Scharfzeichnungsfilter stark vergrößert im Vergleich.*

Abb. 6.17 *Der Rohscan. Das Motiv wirkt sehr verschwommen.*

Abb. 6.18 *Hier wurden ein zu hoher Wert und ein zu großer Radius für die USM gewählt. Deutlich erkennt man im Himmel eine Körnung.*

WIE FUNKTIONIEREN FILTER?

Eine Bilddatei besteht aus Zahlen. Für jeden Pixel steht in dem jeweiligen *Farbkanal* eine Zahl, die angibt, welchen Farbwert (von 0 bis 255) die Farbe an dieser Stelle im Bild aufweist. Es ergibt sich so eine Matrix, eine rechteckige Anordnung von Zahlen.

Alle Filteroperationen sind mathematische Verfahren, die eine Bildmatrix in eine andere umwandeln. Dadurch entsteht ein verändertes Bild. Viele wichtige Filteroperationen, wie *Scharf-* und *Weichzeichen,* beruhen auf folgendem Prinzip:

Aus jedem Ausgangspunkt im Bild, angefangen links oben bis nach rechts unten, wird jeweils ein neuer Bildpunkt berechnet. Bei jedem Rechenvorgang werden die Nachbarpixel mit in die Berechnung einbezogen. Filteroperationen arbeiten so immer mit einem festgelegten Radius, der bestimmt, wie viele der benachbarten Pixel in die Berechnung einfließen.

Der Unterschied zwischen Operationen wie *Scharfzeichen* und *Stark scharfzeichenen* besteht lediglich in der Größe des Kerns. Bei *Stark scharfzeichnen* werden mehr Nachbarpixel berücksichtigt. Somit ist leicht zu erkennen, dass zweimaliges *Scharfzeichnen* nicht identisch ist mit *Stark scharfzeichnen.*

Abb. 6.19 *Die USM mit richtigen Einstellungen bewirkt deutlich mehr Schärfe, ohne das Motiv körnig wirken zu lassen. Die Konturen erscheinen realistisch scharf und die Details kommen gut heraus.*

Abb. 6.20 *Hier wurde ein hoher Wert für die Stärke der USM und ein viel zu hoher Schwellenwert gewählt. Das Motiv wirkt zwar schärfer als der Rohscan, jedoch trotzdem sehr „matschig".*

FREISTELLER

Um nur bestimmte Bildbereiche in Layouts einzusetzen, müssen sie freigestellt werden. Photoshop bietet Ihnen hierzu das *Pfadwerkzeug* an. Mit ihm lassen sich über *Beziérkurven* und *Geraden* bestimmte Bildteile sehr genau freistellen. Der *Pfad* muss dabei nicht aus einer Beschreibung bestehen, sondern kann weitere Begrenzungen enthalten. Wie mit Pfaden gearbeitet wird, soll hier nicht beschrieben werden. Ausführliche Informationen dazu finden Sie in Ihrem Photoshop-Handbuch.
Um beispielsweise eine Schallplatte freizustellen, wird eine äußere Begrenzung für die eigentliche Platte und eine für das Loch in der Mitte angelegt. Beide können dann als *ein* Pfad gesichert werden. So scheint der Hintergrund bei der späteren Ausgabe in der Mitte der Platte durch.

Um ein Bild durch einen Pfad freizustellen, muss es im *EPS-Format* gesichert werden, wobei der entsprechende Pfad im Sichern-Dialog unter *Beschneidungspfad* angegeben wird (siehe *Kapitel 4: Grafik- und Bildformate).* Wenn Sie ein Bild im *TIF-Format* speichern, werden angelegte Pfade zwar mitgesichert, doch werden sie bei der Platzierung in Layoutprogrammen nicht berücksichtigt.
Der Wert für die *Kurvennäherung* entscheidet über die Genauigkeit, mit der das Bild bei der Ausgabe beschnitten wird. Je kleiner der Wert ist, desto genauer werden die Kurven des Pfades berechnet und desto umfangreicher wird auch

> Oberstes Gebot beim Erstellen von Pfaden ist so wenig Ankerpunkte wie möglich; jedoch sollen andererseits auch keine übermäßig langen Liniensegmente erzeugt werden.

Abb. 6.21 *Mit dem Freistellungswerkzeug erzeugen Sie durch Beziérkurven und Geraden einen oder mehrere Pfade. Wenn Sie im EPS-Format sichern, können Sie einen Pfad als Freisteller angeben. Das Ergebnis sehen Sie rechts.*

die Arbeit des RIPs. In der Regel verursacht ein Wert für die Kurvennäherung zwischen 2 und 2,5 keine Probleme und führt zu guten Ergebnissen. Falls Sie jedoch durch sehr viele Ankerpunkte komplizierte Pfade erzeugt haben und noch einen RIP besitzen, der mit *PostScript Level 1* arbeitet, können höhere Werte für die Kurvennäherung Probleme beim RIP-Vorgang beseitigen (siehe *Kapitel 15: Ausgabe).*
Wenn Sie Bildteile mit dem Pfadwerkzeug freistellen, werden Sie schnell merken, dass es bei feinen Details nicht zu gebrauchen ist. Zum einen ist es oft eine mühselige Arbeit und zum anderen erzeugt ein Beschneidungspfad immer harte, scharfe Konturen. Besonders Haare, Gräser o. ä. lassen sich durch Pfade nur schlecht oder gar nicht beschreiben. In diesem Fall wird, wie im folgenden beschrieben, mit *Auswahlen* und *Masken* gearbeitet.

AUSWAHL UND MASKE

Oft ist es erforderlich, nur bestimmte Bereiche eines Bildes zu bearbeiten oder einen Ausschnitt zu kopieren und ihn in einem anderen Bild einzusetzen. Dazu bietet Ihnen jedes professionelle Imaging-Programm mehrere Werkzeuge an, um eine oder mehrere Auswahlen zu erstellen. In Photoshop stehen Ihnen Auswahlwerkzeuge in Form von Rechteck, Oval, Lasso (Freihand) und der sogenannte Zauberstab zur Verfügung. Mit dem Rechteck und Oval erstellen Sie einfache Auswahlen. Das Lasso erlaubt Ihnen, freihändig eine Auswahl festzulegen. Der Zauberstab wählt ähnliche Pixel, basierend auf einem Tonwert, aus. Die Toleranz bestimmt dabei, wie ähnlich die weiteren Pixel dem ausgewählten sein müssen, um in die Auswahl mit einbezogen zu werden.

Die Auswahlen lassen sich auch mit dem Bild zusammen sichern (siehe hierzu den Kasten *Was sind Auswahlen, Masken und Alpha-Kanäle* auf der nächsten Seite).

Wenn Sie einen Bildausschnitt kopieren möchten, der keine geraden und glatten Kanten aufweist, z.B. Haare oder einen Baum mit Blättern, schalten Sie in den Maskierungsmodus. Sie können so eine Maske erstellen, mit der Sie den gewünschten Bildbereich freistellen. Die Maske lässt sich in Photoshop mit allen Zeichenwerkzeugen bearbeiten. Sogar die Auswahlwerkzeuge können Sie innerhalb einer Maske einsetzen, z.B. zum Füllen von großen Flächen. Sie sollten immer eine Werkzeugspitze mit einer Kantenschärfe nicht über 92 Prozent verwenden. Dadurch vermeiden Sie störende, harte Kanten beim späteren Montieren mit anderen Bildern.

Mit kleinen Werkzeugspitzen können Sie dann auch feinste Details erfassen, die sich mit dem Pfadwerkzeug nur schwer oder gar nicht erreichen lassen.

Durch Doppelklicken auf das Maskierungssymbol in der Werkzeugleiste können Sie die Maskenfarbe definieren und einstellen, ob die maskierten oder die ausgewählten Bereiche des Bildes bearbeitet werden. Hilfreich ist die Option zur Transparenz der Maske. Als Maskenfarbe wählen Sie möglichst einen Farbton, der sich deutlich von den Farben des Motivs abhebt. Das erleichtert die Arbeit beim Erstellen der Maske erheblich, da sich gut erkennen lässt, wo die Grenzen liegen.

Da im Maskierungsmodus erstellte Masken temporär sind, müssen Sie in den Auswahlmodus wechseln und diese dann als Auswahl sichern. Dabei wird ein neuer Alphakanal angelegt, den Sie beliebig benennen können. Der Vorteil des Maskierungsmodus liegt allein darin, dass Sie schnell eine Auswahl verfeinern können und dabei gleichzeitig das Bild im Hintergrund sehen.

Wenn Sie beim Erstellen einer Auswahl die (meist unerwünschten) harten, pixeligen Kanten vermeiden wollen, schalten Sie immer die Option *Glätten* ein.

Wenn Sie bereits erzeugte Pfade haben, können Sie über das Pfad-Menü daraus eine Auswahl erstellen. So ist es auch möglich, Pfade oder ganze Figuren aus Illustrator über die Zwischenablage oder per *Drag-and-Drop* in Photoshop-Bilder einzufügen, und zwar wahlweise als Pfade oder gleich als Auswahl, die dann weiterbearbeitet werden kann. Der Abschnitt *Effekte* in diesem Kapitel zeigt einige Beispiele, die ohne Auswahlen bzw. Masken überhaupt nicht zu realisieren wären.

Eine weitere wichtige Funktion zum Kombinieren von Bildteilen ist die *Weiche Auswahlkante.* Durch sie wird ein halbtransparenter Bereich angelegt, dessen Stärke in Pixeln angegeben wird und der sich, zentriert vom Auswahlrand, aufbaut. So werden weiche, fließende Übergänge zwischen den unterschiedlichen Motiven möglich.
Sie können aus Auswahlen über das Pfad-Menü auch Pfade erzeugen lassen und Photoshop so zur Vektorisierung einsetzen.

WAS SIND AUSWAHLEN, MASKEN UND ALPHA-KANÄLE?

Als *Auswahl* bezeichnet man mit *Auswahlwerkzeugen* zur expliziten Bearbeitung ausgewählte Bildbereiche.
Wenn Sie eine Auswahl sichern, wird ein zusätzlicher *Kanal* in Form eines Graustufenbildes angelegt. Dies ist ein 8-Bit-Kanal, der *Alpha-Kanal* genannt wird. In ihm werden die nicht ausgewählten Bereiche als schwarze Pixel dargestellt. Wenn Sie diesen Kanal dann zur Bearbeitung auswählen, können Sie die vorher angelegte Auswahl wie eine *Maske* mit den Zeichenwerkzeugen bearbeiten. Durch Zeichnen mit einem weichen Pinsel legen Sie weiche Auswahlkanten an. Über die Tonwertkorrektur können Sie der Auswahl die gewünschte Transparenz bzw. Deckkraft verleihen
Nach dem Bearbeiten des Alpha-Kanals können Sie ihn über den Befehl *Auswahl laden* aus dem *Auswahl-Menü* erneut aktivieren.

Wenn Sie eine *Ebenenmaske* anlegen, wird die gleiche Technik angewendet, nur dass Sie die Maske über die *Ebenenpalette* anwählen müssen.

Schalten Sie vom *Auswahlmodus* in den *Maskierungsmodus,* wird ein temporärer Alpha-Kanal angelegt, der beim erneuten Wechsel in den Auswahlmodus wieder gelöscht wird.

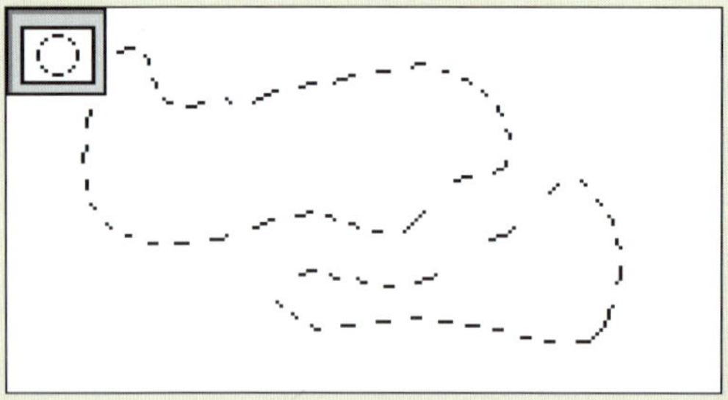

Der Auswahlmodus. Sie sehen eine mit dem Lasso erstellte Auswahl.

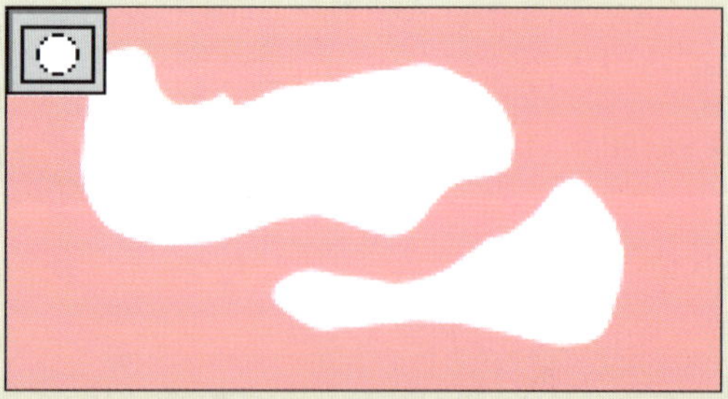

Nach Umschalten in den Maskierungsmodus können Sie die Auswahl mit den üblichen Zeichenwerkzeugen bearbeiten. Sie malen eine Maske.

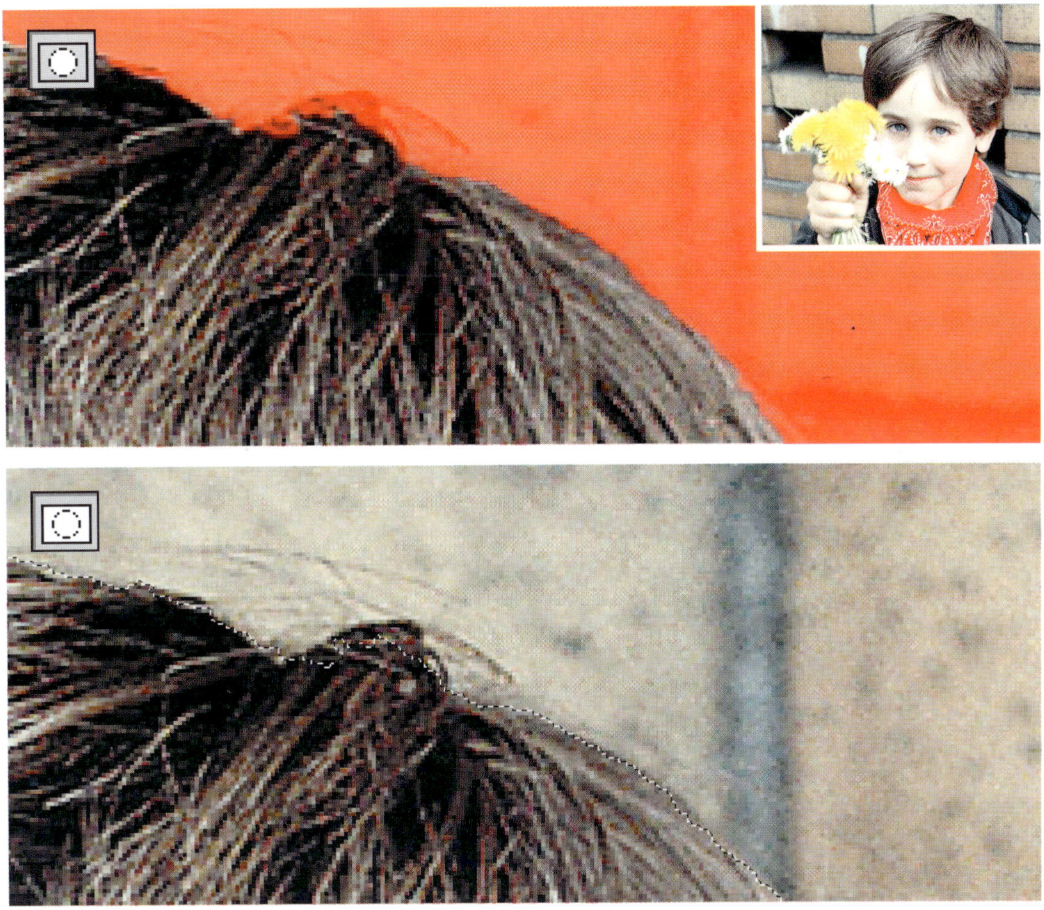

Abb. 6.22 *Oben sehen Sie den Maskierungsmodus. Mit dem Pinsel und den entsprechenden Werkzeugspitzen lassen sich feine Details wie Haare maskieren. Unruhige Kanten sind mit dem Pfadwerkzeug nicht zu erfassen.*

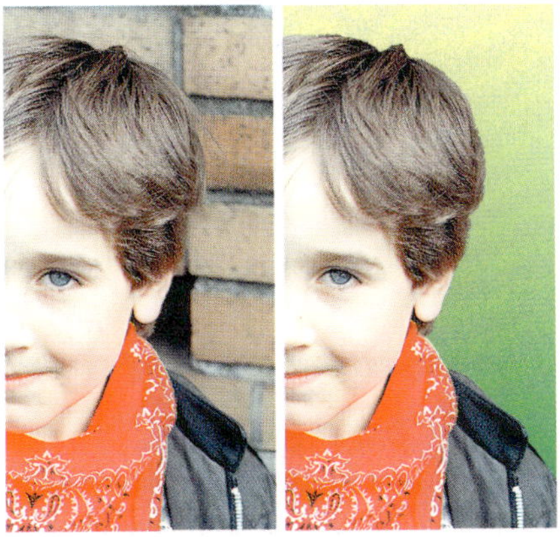

Abb. 6.23 *Realistische Freisteller sind bei natürlichen Motiven nur durch Maskieren erzielbar.*
Dieses Ergebnis wäre mit Pfaden undenkbar.

DUPLEX

Monochrome (einfarbige) Bilder können nur mit einem sehr begrenzten Tonwertumfang gedruckt werden. Sie bestehen aus einem Kanal (Graustufenbilder) und ermöglichen eine Wiedergabe von bis zu 256 Graustufen. Im Druck ist es jedoch nur möglich, etwa 50 bis 60 Tonwertabstufungen pro Druckfarbe wiederzugeben. So pflegt ein Graustufenbild, das nur mit der Farbe Schwarz gedruckt wird, sehr viel grober und plumper zu wirken, als wenn es mit zwei, drei oder vier Farben reproduziert wird. Dabei erhöht sich die Anzahl möglicher Tonwerte um ca. 50 Stufen pro zusätzlicher Druckfarbe.

Um den Tonwertumfang zu erhöhen und damit die Lichter- und Tiefenzeichnung im Druck zu verbessern, ist es in Photoshop möglich, bis zu drei Zusatzfarben zur Grundfarbe (meistens Schwarz) anzugeben.

Graustufenbilder mit einer Zusatzfarbe werden als *Duplex-,* Bilder mit zwei Zusatzfarben als *Triplex-* und solche mit drei Zusatzfarben als *Quadruplex-Bilder* bezeichnet. Dabei werden die vom Vierfarbendruck bekannten Rasterwinkelungen eingesetzt.

Eine früher viel genutzte Möglichkeit, SW-Bilder mit erhöhtem Tonwertumfang wiederzugeben, besteht darin, sie mit einer schwarzen und einer grauen Druckfarbe zu drucken. Dabei wird die schwarze Druckfarbe hauptsächlich für die Tiefenzeichnung und die graue Druckfarbe für die Wiedergabe der Mitteltöne und Lichter eingesetzt. In der Regel werden Duplex-Bilder jedoch mit einer zusätzlichen Buntfarbe gedruckt, was eine mehr oder weniger starke Farbtönung des Motivs ergibt.

Wird *eine* zusätzliche Druckfarbe gewählt, spricht man auch vom *Duotone-Verfahren.* Gerade bei Druckerzeugnissen, die nicht im Vierfarbendruck produziert werden, ist dies eine einfache und preiswerte Möglichkeit, um Bilder attraktiver zu machen.

Da sich Duplex-Bilder nur aus Graustufenbildern, also mit einem Kanal für die Helligkeitsinformationen erstellen lassen, werden in Photoshop die Zusatzfarben sowie deren Gradationskurven über den *Duplex-Optionen-Dialog* eingestellt. Daher haben Sie keinen Zugriff auf einzelne Farbkanäle, wie dies im RGB-, CMYK- und Lab-Modus der Fall ist.

Duplex-Bilder müssen im EPS-Format gesichert werden. Die in Photoshop ausgewählten Duplex-Farben werden beim Bild-Import in QuarkXPress automatisch als Schmuckfarbe in die Farbpalette übernommen.

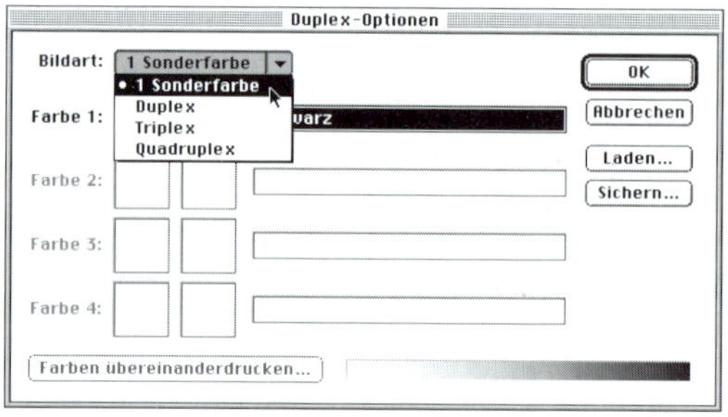

Abb. 6.24 *Über den „Duplex-Optionen"-Dialog in Photoshop wird gewählt, mit wie vielen und welchen Sonderfarben das Bild wiedergegeben werden soll. Unter „Farben übereinanderdrucken" legen Sie die Reihenfolge fest, in der Photoshop die verschiedenen Rasterwinkelungen anwendet (gilt nur für den direkten Druck aus Photoshop heraus). Sie können auch vordefinierte Duplex-Varianten laden und eigene sichern.*

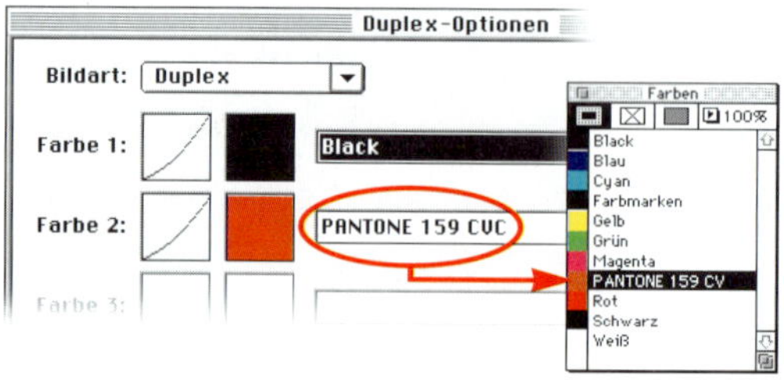

Abb 6.25 *Beim Import von Duplex-Bildern in QuarkXPress werden die in Photoshop definierten Farben übernommen.*

Sie sehen hier die Modi Duplex, Triplex und Quadruplex im Vergleich zum Original-Graustufenbild, das nur mit der unbunten Farbe Schwarz gedruckt wurde. Rechts unten im Bild sind die zugehörigen Gradationskurven der verwendeten Buntfarben abgebildet.

Abb. 6.26 *Das Originalbild. Es wurde nur mit schwarzer Farbe gedruckt.*

Abb. 6.27 *Das Original-Graustufenbild mit Cyan erweitert zum Duplex-Bild. Das Motiv wirkt kalt.*

Abb. 6.28 *Der Triplex-Modus mit den Zusatzfarben Magenta und Gelb. Das Motiv wirkt sehr warm.*

Abb. 6.29 *Hier wurde der Quadruplex-Modus mit den Zusatzfarben Cyan, Magenta und Gelb gewählt.*

EFFEKTE

Mit den Möglichkeiten, die uns Software wie Adobe Photoshop und Adobe Illustrator heute bieten, sind der Gestaltung kaum noch Grenzen gesetzt. Unter dem Begriff Effekte werden hier einige relativ einfache Anwendungen beschrieben, die sich mit diesen beiden Programmen ausführen lassen. Zusatzprogramme wie die Kais Power Tools (KPT) wurden bewusst weggelassen, da zu ihrer Nutzung kein weitergehendes Wissen notwendig ist.

Viele Anwender sind sich der Möglichkeiten gar nicht bewusst, die ihnen Photoshop allein oder in Verbindung mit Grafikprogrammen wie Illustrator, Freehand oder CorelDraw bietet. Es ist nämlich erheblich mehr als die Tonwert- und Farbkorrektur von Bildern möglich. Speziell das Bildcomposing, also die Montage von mehreren Bildern oder Bildbereichen, lässt sich in Photoshop mit seinen Ebenen und verschiedenen Ebenenmodi hervorragend lösen und ist längst nicht so kompliziert, wie es sich vielleicht anhört.
Gerade die Kombination von unterschiedlichen Filtern und die Verwendung von Alpha-Kanälen bieten eine Vielzahl von Anwendungsmöglichkeiten.

Die hier gezeigten Beispiele sind absichtlich nicht in allen Einzelschritten beschrieben, denn sie sollen nicht nur zum Nachahmen, sondern auch zum Experimentieren anregen.

Abb. 6.30 *Links sehen Sie einen technischen Verlauf aus QuarkXPress. So wie er heißt, wirkt er auch. Der rechte Verlauf ist in Photoshop erzeugt und wurde mit den Filtern „Störungen hinzufügen" und „Gaußscher Weichzeichner" behandelt. Er wirkt wesentlich homogener und somit natürlicher. Speziell bei sehr großflächigen Verläufen kann es bei geringen Auflösungen schnell zur Streifenbildung kommen. Mit der geschilderten Technik erhält man glatte Verläufe.*

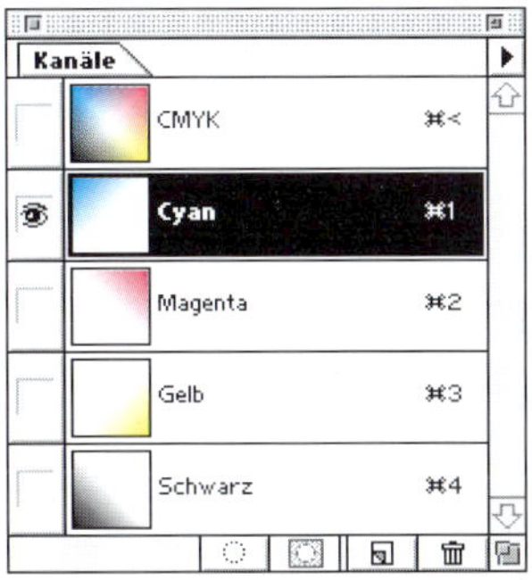

Abb. 6.31 *Konischer Verlauf der vier Prozessfarben.*

Die vier Kanäle wurden zur Bearbeitung ausgewählt und dann wurde jeweils ein anderer Verlauf erstellt. Dies klappt natürlich auch im RGB-Modus.

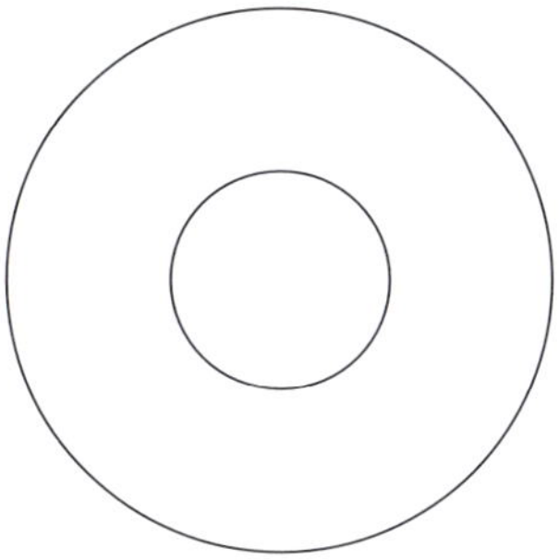

Abb. 6.32 *Verlauf in Scheibenform.*

Derartige Verläufe lassen sich in Illustrator allein nicht erstellen. Also ist ein Umweg über Photoshop notwendig.
Der Verlauf wird in Illustrator generiert. Dabei ist wichtig, dass die äußeren Kanten den gleichen Farbton erhalten. Die beiden Kreise wurden ebenfalls in Illustrator erstellt. Sie dienen später als Maske.
Über die Zwischenablage wird der Verlauf in Photoshop eingefügt. Dann kommt der Filter „Polarkoordinaten" zum Einsatz. Er erstellt einen konischen Verlauf. Beschnitten wird wahlweise direkt in Photoshop oder in Illustrator.

Abb. 6.33 *Mischen von Vierfarb- und echten Graustufenbildern.*

Wenn Sie Vierfarbbilder mit echten Graustufenbildern mischen möchten, gelingt dies in Photoshop nur mit einem kleinen Trick. Sie können Teilen eines CMYK-Bildes zwar durch die Befehlseingabe „Entfärben" die Farbe entziehen, jedoch werden diese weiterhin, je nach Separationsart, durch alle vier Prozessfarben wiedergegeben. Bei schwankender Farbbalance im Druck können dann sehr schnell Farbstiche auftreten.
In diesem Beispiel wird der Globus mittels einer Maske freigestellt und der restliche Bildausschnitt über den Befehl „Bearbeiten/Ausschneiden" entfernt. Dabei müssen Sie darauf achten, dass die Hintergrundfarbe auf „weiß" gestellt ist. Dann wird im Kanäle-Menü der Schwarz-Kanal zur Bearbeitung ausgewählt und der Bildausschnitt über „Bearbeiten/Einsetzen" wieder eingefügt. Die Bildinformationen für das Graustufenbild liegen dadurch nur im Schwarz-Kanal vor.
Diese Methode funktioniert übrigens nicht in zusätzlichen Ebenen, sondern nur in der „Hintergrundebene".

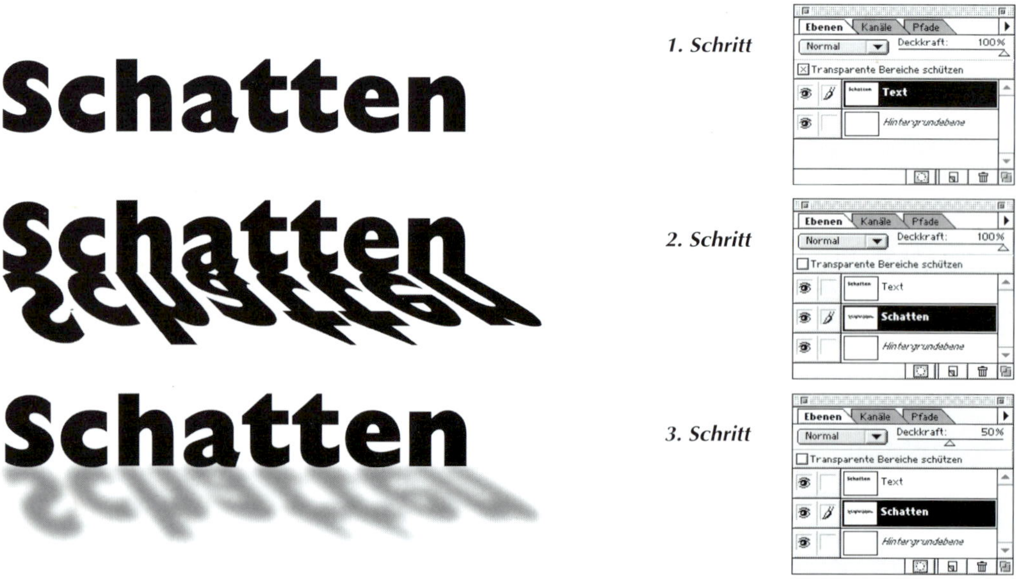

Abb. 6.34 *Durch den Einsatz von Ebenen, des Verzerrungswerkzeuges und des Gaußschen Weichzeichners lassen sich realistische Schattenwürfe erzeugen.*

Diese Fahne wurde im Grafikprogramm Illustrator erstellt und über „Kopieren/Einsetzen“ in Photoshop eingefügt.

Um die Fahne im Wind flattern zu lassen, werden nur zwei Filter und eine Graustufen-Textur benötigt.

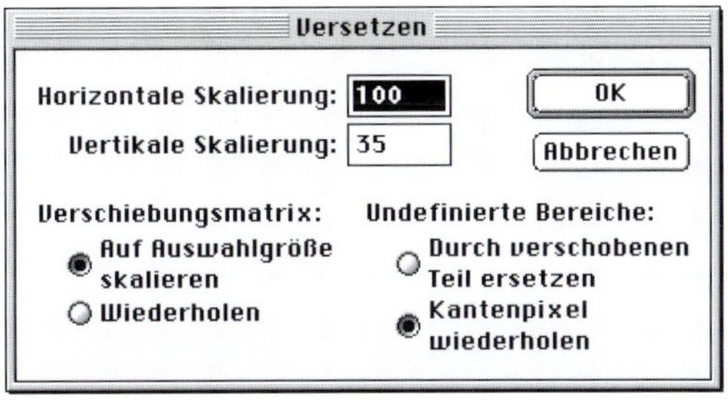

Der Photoshop-Filter „Versetzen“ verschiebt Bildteile auf der Basis von Tonwerten eines Graustufenbildes.

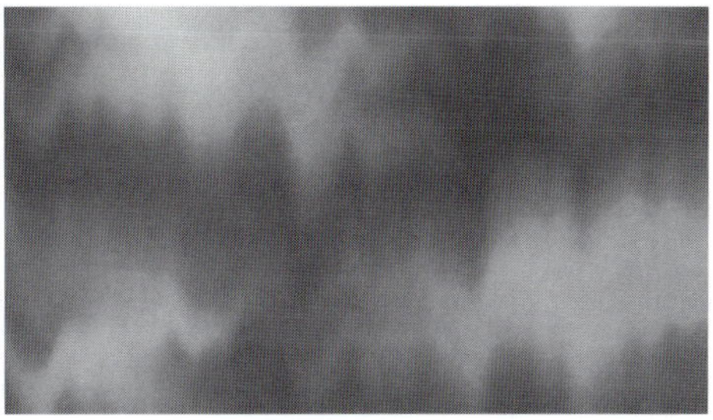

Diese Textur wurde in Photoshop im Graustufen-Modus „gemalt“, mit verschiedenen Filtern bearbeitet und im Photoshop-Format gesichert.

Nach Anwendung des „Versetzen“-Filters mit den obigen Werten erhalten Sie dieses Ergebnis.

Um die Schattierung zu generieren, wird die Textur in einen neuen Kanal eingefügt. Über den Renderingfilter „Beleuchtungseffekte“ wird er als Relief-Kanal angegeben und die Fahne so entsprechend schattiert ausgeleuchtet.

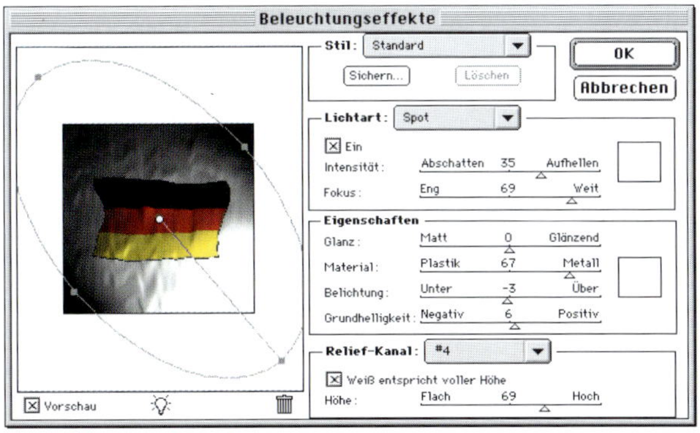

Abb. 6.35 *Durch Kombination der Filter „Versetzen“ und „Beleuchtungseffekte“ entsteht Bewegung.*

Im ersten Schritt werden drei verschiedene Bilder in Ebenen übereinandergelegt, wobei das mittlere Bild ganz oben steht. Sie müssen darauf achten, dass sich die Motive ausreichend überlappen.

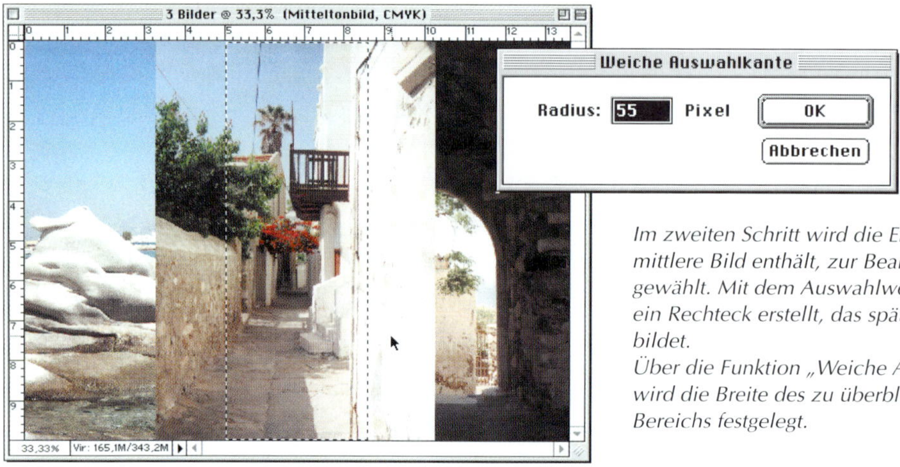

Im zweiten Schritt wird die Ebene, die das mittlere Bild enthält, zur Bearbeitung ausgewählt. Mit dem Auswahlwerkzeug wird ein Rechteck erstellt, das später die Maske bildet.
Über die Funktion „Weiche Auswahlkante“ wird die Breite des zu überblendenden Bereichs festgelegt.

Im dritten und letzten Schritt legen Sie Ebenenmaske durch Klicken auf das Ebenenmasken-Symbol fest.

Abb. 6.36 *Einfache Überblendungen zwischen Bildmotiven sind in Photoshop dank Ebenen und Ebenenmasken schnell erstellt.*

Kapitel 7: Separation

In der Reproduktionstechnik versteht man unter dem Begriff Separation den Vorgang, bei dem ein additives RGB- oder CIELab-Farbbild in das subtraktive CMYK-Farbsystem umgerechnet wird. Die Separation wird also nur dann angewendet, wenn Bilder gedruckt werden sollen.

Aufgrund der unterschiedlichen Farbräume der RGB-, CIELab- und CMYK-Farbsysteme lässt sich eine Vielzahl von Einstellungen vornehmen, die bei der Trennung der Farbtöne in Anteile von Cyan, Magenta, Gelb und Schwarz dazu beitragen, dass im Druck eine optimale Wiedergabequalität erreicht wird.
Da alle Scanner im RGB-Farbraum einlesen, ist die Separation immer notwendig. Oft bietet die verwendete Scansoftware die Möglichkeit, direkt CMYK-Bilder zu liefern. Da jedoch nicht immer die nötigen Separations-Einstellungen anzugeben sind, sollte man hier vorsichtig sein. Außerdem sind Farb- und Tonwertkorrekturen besser im RGB- oder CIELab-System auszuführen, da der Farbraum hier größer ist.

Bei der Separation in das CMYK-System muss beachtet werden, dass dieser Prozess nicht ohne Verluste wieder rückgängig zu machen ist. Der Grund dafür liegt in den unterschiedlichen Farbräumen der Farbsysteme. Wenn Sie dennoch in den vorherigen Modus wechseln möchten, benutzen Sie entweder den Befehl *Bearbeiten/ Widerrufen* oder Sie schließen das Bild, ohne es zu sichern, und öffnen es erneut.

Wie Farben im CMYK-System für den Druck wiedergegeben werden, entscheidet die Art der Separation.

Buntaufbau

Beim Buntaufbau setzen sich alle Farbtöne eines Bildes aus den Primärfarben Cyan, Magenta und Gelb zusammen. Schwarz dient nur zur Verstärkung der Tiefen. Deshalb wird der Schwarzauszug auch als Skelettschwarz bezeichnet *(Abbildung 7.7)*.

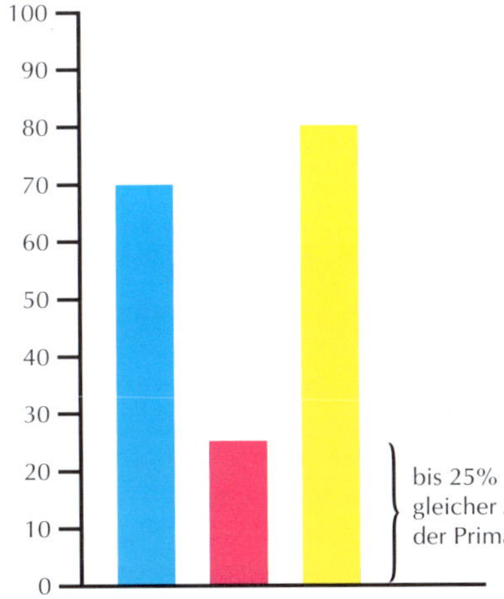

Abb. 7.1 *Tertiärfarben werden im Buntaufbau ohne Schwarz wiedergegeben.*

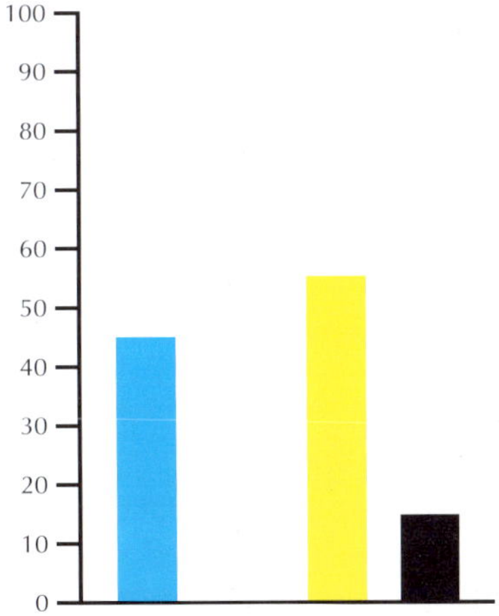

Abb. 7.2 *Derselbe Farbton wie in Abb. 7.1 im Unbuntaufbau. Der Anteil aller Primärfarben wurde durch Schwarz ersetzt. Magenta fällt so ganz weg.*

UNTERFARBENENTFERNUNG (UCR)

Bei der Unterfarbenentfernung (Under Color Removal, UCR) werden gleiche Anteile der drei Primärfarben Cyan, Magenta und Gelb teilweise oder vollständig durch die Unbuntfarbe Schwarz ersetzt. Dies führt dazu, dass ein wesentlich geringerer Farbauftrag erfolgt und der Druck schneller trocknet.

Neutrale Bildbereiche, die aus den drei Primärfarben Cyan, Magenta und Gelb bestehen, sind besonders anfällig für Farbschwankungen im Druck. Zur Stabilisierung der Grautöne werden sie durch Schwarz ersetzt. Dadurch wird eine farbstichfreie Wiedergabe der neutralen Töne gewährleistet.

Farbauftrag

70%	Cyan
25%	Magenta
80%	Gelb
0%	Schwarz
175%	Gesamtfarbauftrag

Abb. 7.3 *Tertiärfarben werden beim Buntaufbau ohne Schwarz wiedergegeben. Dadurch entsteht ein relativ hoher Farbauftrag .*

UNBUNTAUFBAU (GCR)

Beim Unbuntaufbau (Gray Component Replacement, GCR) werden alle Anteile der Primärfarben, die im Zusammendruck eine Unbuntfarbe ergeben, durch Schwarz ersetzt *(Abbildungen 7.1 und 7.2)*. Dies gilt sowohl für den Farb- als auch den Schwarzbereich. Genau wie bei der Unterfarbenentfernung ist auch hierbei der Farbauftrag geringer. Da Cyan, Magenta und Gelb im Zusammendruck bekanntlich kein zufriedenstellendes Schwarz ergeben, kann der Unbuntaufbau, wie er in Abbildung 7.2 dargestellt ist, auch nicht überzeugen *(Abbildungen 7.3 und 7.4)*.

BUNTFARBENADDITION
UNTERFARBENZUGABE (UCA)

Um die verfälschten Farben, die durch den Unbuntaufbau entstehen, dem Original (Buntaufbau) möglichst anzugleichen, wird die Buntfarbenaddition eingesetzt, auch Unterfarbenzugabe (Under Color Addition, UCA) genannt. Dabei wird jeder der drei Primärfarben ein bestimmter Anteil zugefügt (addiert). Mit den richtigen Zugabewerten wird so eine optisch gleiche Wirkung erzeugt wie beim Buntaufbau *(Abb.7.5)*. Durch die Buntfarbenaddition nimmt auch der Farbauftrag wieder zu.

Farbauftrag

45%	Cyan
0%	Magenta
55%	Gelb
25%	Schwarz
125%	Gesamtfarbauftrag

Abb. 7.4 *Der Farbton aus Abb. 7.3 im theoretischen Unbuntaufbau. Die Farben stimmen so nicht überein.*

Farbauftrag — Buntfarben-addition

55%	Cyan	+ 10%
10%	Magenta	+ 10%
65%	Gelb	+ 10%
25%	Schwarz	
155%	Gesamtfarbauftrag	

Abb. 7.5 *Der Farbton aus Abb. 7.3 im Unbuntaufbau, wie er in der Praxis durchgeführt wird. Durch die Buntfarbenaddition kommt der Farbton dem Original näher.*

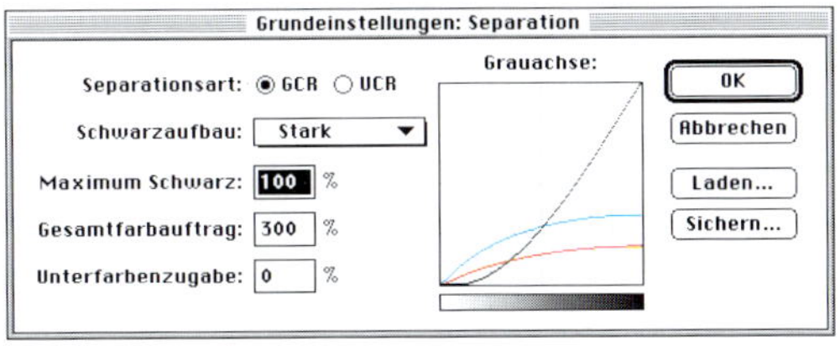

Abb. 7.6 *Der Dialog zu den Separations-Einstellungen in Photoshop. Hier lassen sich alle Einstellungen vornehmen.*

In Photoshop lassen sich die Einstellungen für die Separation frei wählen. Sowohl UCR wie auch GCR und UCA sind möglich. *Abbildung 7.7* zeigt den Buntaufbau ohne Schwarz. In den *Abbildungen 7.8 bis 7.10* sehen Sie Beispiele für den Untbuntaufbau eines Bildes mit unterschiedlichem Schwarzaufbau.

Abb. 7.7 *Buntaufbau. Das Bild wird völlig ohne Schwarz aufgebaut. Einstellung „kein" Schwarzaufbau in Photoshop.*

Abb. 7.8 *Separation mit der Einstellung „wenig" Schwarzaufbau in Photoshop.*

Abb. 7.9 *Separation mit der Einstellung „mittel" Schwarzaufbau in Photoshop.*

Abb. 7.10 *Separation mit der Einstellung „stark" Schwarzaufbau in Photoshop.*

Kapitel 8: Scanner

Bei der Wahl des richtigen Scanners müssen einige Dinge beachtet werden, denn kein Gerät ist für jede Art von Einsatz optimal geeignet. Man muss sich deshalb die Fragen stellen: Welche Art Vorlagen soll vorwiegend gescannt werden? Sind es Aufsichts- oder Durchsichtsvorlagen und in welchem Format? Werden Strich-, Halbton- oder Farbvorlagen eingelesen? Darüber hinaus spielen Bedienungsfreundlichkeit, Vielseitigkeit, Zuverlässigkeit, Geschwindigkeit und Serviceleistungen eine entscheidende Rolle. Das Gleiche gilt auch für die mitgelieferte Software. Oft wird ein einfaches Plug-In für Photoshop oder andere Imaging-Programme mitgeliefert, welches in der Regel aber eher als Zugabe, nicht jedoch als professionelle Scan-Software gedacht ist. Wie überall, gibt es jedoch auch hier Ausnahmen, z. B. bei Agfa und Heidelberg.

Gerade bei Scannern spielt neben der Scan-Qualität auch der Preis eine entscheidende Rolle. Angefangen bei ca. 250,– DM bis zu 100 000,– DM und mehr, ist hier die Spanne groß. Damit Ihr Scanner aber auch Ihren Anforderungen genügt, müssen Sie schon genau wissen, was Sie brauchen. Bei den „größeren" Geräten sollten Sie aber auch die Anforderungen des Gerätes erfüllen. Trommelscanner beispielsweise sind oft nicht leicht zu bedienen und erfordern daher geschultes Personal.

Gute Scan-Software erlaubt bereits während des Scannens, die Bildqualität zu optimieren. Eine korrekte Farbbalance, die richtige Gamma-Einstellung und elektronisches Scharfzeichnen ergeben einen guten Rohscan, der relativ wenig Nachbearbeitung erfordert.

Universell einsetzbare und auch im Preis-/ Leistungsverhältnis die günstigsten Geräte sind die Flachbettscanner. Sie sind für Auf- und Durchsichtsvorlagen geeignet. Die professionellen Flachbettscanner reichen schon fast an die Qualität der Trommelscanner heran. Letztere sind aufgrund der eingesetzten Technik auch heute noch sehr teuer. Zudem erfordern sie flexible Scanvorlagen, denn wie vom Namen her schon zu erkennen ist, arbeiten sie mit einer Trommel, die die Vorlage aufnimmt.

Als drittes wären die Filmscanner zu nennen, die neben den Flachbett- und Trommelscannern zu den am häufigsten eingesetzten Geräten gehören. Sie werden oft zum Einlesen von Dias verwendet. Ein typisches Einsatzgebiet sind z. B. Scans, die für die Photo CD zu erstellen sind. Hier wird im *Batch-Verfahren* gescannt. Die Bedienung von Filmscannern ist einfach und oft sogar automatisiert.

Neben diesen drei wichtigsten Scannertypen für die Druckvorstufe seien noch die Handscanner, die Videokameras und die digitalen Kameras genannt. In der Tabelle auf der nächsten Seite sind die Eigenschaften dieser Gerätetypen beschrieben.

Tabelle der Scannertypen

FLACHBETTSCANNER	TROMMELSCANNER	FILMSCANNER	HANDSCANNER	VIDEOKAMERAS	DIGITALE KAMERAS
HAUPTANWENDUNG					
Büro, OCR, Layout-Platzhalter, SW- und Farbdruck	digitale Bildbearbeitung, SW- und Farbdruck	digitale Bildbearbeitung, SW- und Farbdruck	Büro, OCR, Layout-Platzhalter	audiovisuelle Kommunikation	audiovisuelle Kommunikation, SW- und Farbdruck
QUALITÄT					
kann hoch sein	hoch	mittel bis hoch	niedrig	niedrig bis mittel	mittel
VORLAGEN					
Aufsicht, Durchsicht, Positiv, Negativ, flexibel, starr	Aufsicht, Durchsicht, Positiv, Negativ, flexibel	Durchsicht, Positiv, Negativ, flexibel	Aufsicht, Positiv, flexibel, starr	Aufsicht, Positiv, flexibel, starr, 3D-Motive	Aufsicht, Durchsicht, Positiv, flexibel, starr, unbewegliche 3D-Motive
PRODUKTIVITÄT*					
mittel bis hoch	mittel bis hoch	hoch	mittel	mittel	mittel bis hoch
BEDIENUNG*					
einfach, oft automatisiert	komplex, Know-how erforderlich	einfach, oft automatisiert	einfach, nicht einheitlich	einfach	einfach, oft automatisiert
KOSTEN					
mittel bis hoch	hoch	hoch	niedrig	niedrig bis mittel	mittel bis hoch

Die verschiedenen Scannertypen eignen sich für die unterschiedlichsten Anwendungen. Generell gilt jedoch: Je hochwertiger und originalgetreuer die Reproduktion der Vorlage sein soll, desto teurer ist das Eingabegerät. Das heißt aber auch, dass zum Einlesen von Texten keine kostspieligen Trommelscanner benötigt werden. Für solche Anwendungen reicht ein SW-Flachbettscanner mit mittlerer Auflösung völlig aus.

** Diese Faktoren werden von den Leistungsdaten bzw. der Bauweise des jeweiligen Gerätes bestimmt, doch Qualität und Vielseitigkeit der Scan-Software haben gleichfalls großen Einfluss auf die Gesamtleistung.*

UNTERSCHIEDLICHE TECHNOLOGIEN

Grundsätzlich kann man bei Scannern entsprechend dem Sensortyp zwei Technologien unterscheiden. Da sind einerseits die Photomultiplier-Röhren (PMTs) und andererseits die Charged Coupled Devices (CCDs). Beide Systeme setzen die unterschiedlichen Helligkeitswerte der Vorlage in elektrische Impulse um. Diese werden schließlich von einem Analog-Digital-Umsetzer im sogenannten Samplingverfahren in digitale Signale gewandelt *(Abbildung 8.1)*. Die Reinheit eines schwachen analogen Signals kann durch elektrische Störungen leicht beeinträchtigt werden, wodurch *Rauschen* oder ungenaue Messwerte entstehen. Ein guter Signalrauschabstand ist wichtig, um optimale Bildqualität zu erzielen.

Damit die empfindlichen Teile im Innern der Scanner einwandfrei arbeiten können, müssen sie eine gewisse Betriebstemperatur erreichen. Deshalb sollte man nach dem Anschalten des Gerätes einige Minuten warten, bis man den ersten Scan erstellt.

CCD-SENSOREN

Flachbettscanner enthalten eine aus mehreren tausend CCD-Elementen bestehende lineare CCD-Zeile. Die CCD-Elemente sind in einer Reihe auf einem Silizium-Chip angeordnet. Die Anzahl der Elemente pro Längeneinheit, normalerweise in inch (Zoll) angegeben, bestimmt die physikalische Scannerauflösung. Wenn pro Zoll 1200 Fotodioden vorhanden sind, hat der Scanner eine optische Auflösung von 1200 dpi. Wie gut Schärfe und Farbwiedergabe sind, entscheidet die optische Präzision des Scanners. Je besser diese ist, desto zufriedenstellender ist die Schärfe und desto reiner werden Farben wiedergegeben. Bei geringer optischer Präzision dagegen können nebeneinanderliegende CCD-Elemente teilweise dieselben Daten registrieren, was bei starkem Lichteinfall auftritt. Diesen Mangel nennt man *Blooming-Effekt,* der zu mangelnder Schärfe und unreinen Farben im Scan führt. Eine weitere typische CCD-Eigenschaft ist das *Grundrauschen,* bei dem gleiche Helligkeitsabstufungen zu unterschiedlichen digitalen Informationen führen. Bei der PMT-Technologie sind derartige Mängel nicht zu erwarten. Ein guter Vergleich lässt sich am Bildschirm bei starker Vergrößerung anstellen, wenn die einzelnen Pixel deutlich zu erkennen sind.

CCD-Scanner stoßen gerade bei Durchsichtsvorlagen, die einen Dichteumfang von weit über D 3.0 haben können, schnell an ihre Grenzen. Feine Zeichnungen in den Lichtern und Tiefen werden nicht mehr erfasst. Nur gut konzipierte CCD-Sensoren können einen Bilddichteumfang erfassen, der mit dem von PMT-Sensoren vergleichbar ist. Dies sind jedoch speziell und exakt kalibrierte High-end-Geräte, die Trommelscannern im Preis daher kaum nachstehen.

Ebenso wie die optische muss auch die mechanische Präzision des Scanners stimmen. Bei Farbvorlagen verursacht mangelnde mechanische Genauigkeit unter Umständen Streifen und Farbabweichungen.

Die Scan-Vorlagen legt man auf eine Glasscheibe. Aufsichtsvorlagen werden gleichmäßig von unten, Durchsichtsvorlagen von oben mit einer Fluoreszenz- oder Halogenlichtquelle ausgeleuchtet. Durch die Bewegung der Lampe am Bild entlang werden mit Spiegeln und Linsen aufeinanderfolgende Bildzeilen auf die feststehende CCD-Zeile gelenkt. Die volle Bildbreite wird als eine Zeile erfasst. Die elektrische Ladung, die auf dem CCD-Element erzeugt wird, ist von der Farbe und Intensität des Lichtes abhängig. Anschließend wird sie an einen A/D-Umsetzer weitergegeben.

Graustufen-Scanner erfassen nur *eine* Menge von Lichtintensitätswerten. Bei Farbscannern sind es drei Messwerte, die von den rot, grün und blau gefiltertem Licht stammen (RGB-System). Scanner mit nur einer CCD-Zeile verfügen in der Regel über ein RGB-Filterrad. Man spricht hier von *Three-Pass-Scannern.* Vor jedem der drei Scandurchgänge wird das Filterrad in den jeweiligen Lichtweg gedreht. *Single-Pass-Scanner* erfassen dagegen alle drei Farben in einem Durchgang. Sie haben sich heute durchgesetzt. Die drei linearen CCD-Zeilen (Triple-Color-CCD) sind speziell beschichtet, um rotes, grünes oder blaues Licht auszufiltern.

Das Scannen in drei Durchgängen bietet, obwohl es langsamer ist, eine Reihe von Vorteilen, die sich aus der Funktionsweise ergeben. CCD-Sensoren haben für grünes Licht eine höhere Empfindlichkeit als für blaues, und für rotes Licht sind sie noch empfindlicher. Zudem weisen rote, grüne und blaue Lichtstrahlen keinen gemeinsamen Fokus (Brennpunkt) auf. Three-Pass-Scanner lassen sich gut an diese Gegebenheiten anpassen und dadurch in der Leistung optimieren.

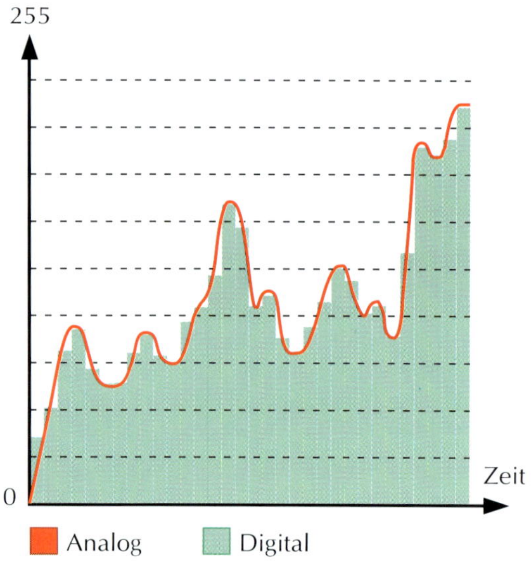

Abb. 8.1 *Kontinuierlich variierende analoge Spannungen werden in eine Folge von Stufen mit jeweils einem bestimmten numerischen Wert (Binärzahl) umgesetzt. Die Anzahl der Stufen richtet sich nach der Ausführung des A/D-Umsetzers. Ein 8-Bit A/D-Umsetzer erfasst 256 Stufen bzw. Werte, mit 10 Bit erhält man 1024 Stufen, mit 12 Bit 4096 Stufen und ein 14-Bit-Wandler erfasst 16384 unterschiedliche Stufen. Je mehr Bits zur Verfügung stehen, desto besser können Interferenzen schon während des Scannens herausgefiltert werden und desto besser lassen sich Tonwerte verteilen.*
Bei einem schlechten Signalrauschabstand tragen zusätzliche kleine Samples nicht unbedingt zur Verbesserung der Bildqualität bei.

PMT-SENSOREN

Trommelscanner enthalten eine Xenon- oder Wolfram-Halogenlichtquelle, die mit einer Glasfaseroptik und Kondensorlinsen auf einen kleinen Bereich der Vorlage fokussiert wird.

Durchsichtsvorlagen werden vom Innern der Trommel aus beleuchtet, Aufsichtsvorlagen von außen. Das von einem winzigen Bereich durchgelassene (Dia) oder reflektierte (Aufsicht) Licht tritt in die Sensoreinheit ein, die an der Außenseite der schnell rotierenden Trommel entlangläuft. Das Licht wird dabei auf halbtransparente (dichroitische) Spiegel gelenkt, die jeweils nur einen Teil des Lichtes reflektieren, während der Rest zum nächsten Spiegel durchgelassen wird.

Das reflektierte Licht passiert einen Rot-, Grün- oder Blaufilter und gelangt dann in einen der drei optischen Verstärker, die Photomultiplier-Röhren. Anschließend wird es von dem A/D-Umsetzer in digitale Signale verwandelt. Ein großer Vorteil der PMT-Technologie besteht darin, dass sie einen breiten Dichteumfang erfassen kann. High-End-Scanner, wie der S3400 von Heidelberg (vormals Linotype-Hell) beispielsweise, erfassen einen Dichteumfang bis D 4.2. Die PMT-Technologie ist aber aufgrund ihrer Komplexität bereits in der Herstellung, aber auch bei den Wartungskosten teurer als die Technik der CCD-Scanner. Darüber hinaus ist für die umfassenden manuellen Regelungsmöglichkeiten ein spezielles Know-how und viel Erfahrung vonnöten. Es wird dann aber auch eine deutlich bessere Qualität erzielt, als sie mit CDD-Geräten möglich ist.

Die CCD-Technologie

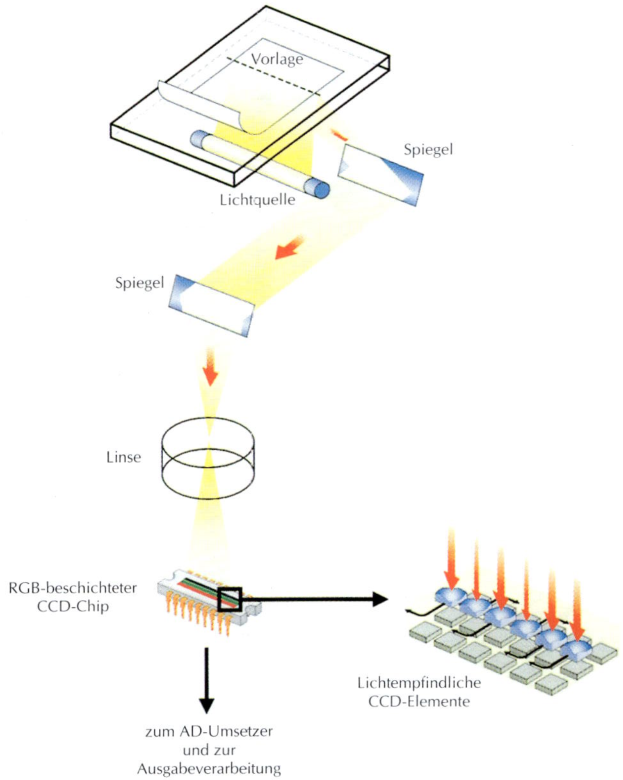

Abb. 8.2 *Funktionsweise eines Flachbettscanners im Aufsichtbetrieb.*

Die PMT-Technologie

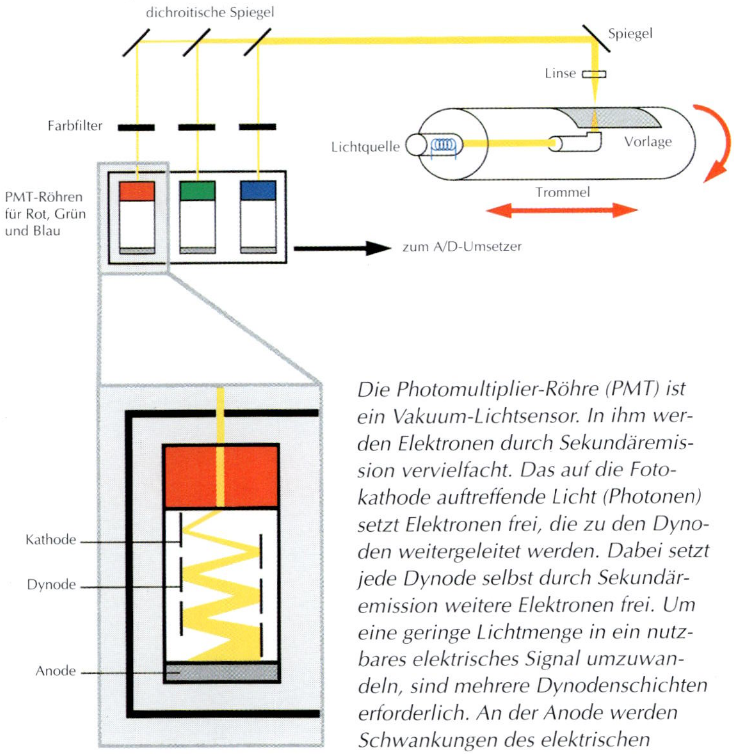

Die Photomultiplier-Röhre (PMT) ist ein Vakuum-Lichtsensor. In ihm werden Elektronen durch Sekundäremission vervielfacht. Das auf die Fotokathode auftreffende Licht (Photonen) setzt Elektronen frei, die zu den Dynoden weitergeleitet werden. Dabei setzt jede Dynode selbst durch Sekundäremission weitere Elektronen frei. Um eine geringe Lichtmenge in ein nutzbares elektrisches Signal umzuwandeln, sind mehrere Dynodenschichten erforderlich. An der Anode werden Schwankungen des elektrischen Stroms registriert. Diese werden verstärkt und der A/D-Umsetzer erzeugt daraus digitale Signale.

Abb. 8.3 *Funktionsweise eines Trommelscanners im Durchlichtbetrieb.*

VORLAGENTYPEN

Für die weitere Bildbearbeitung sollte das gescannte Bild, der Rohscan, so gut wie möglich sein. Es ist leichter, ein gut gescanntes Bild zu bearbeiten und zu korrigieren, ein schlechtes Bild zu verbessern dagegen ist fast unmöglich.

Beim Scannen findet zwangsläufig eine Tonwertkomprimierung statt, denn ein Graustufenbild oder der Kanal eines Farbbildes wird im Computer mit acht Bit dargestellt, was 256 mögliche Helligkeitswerte erlaubt. Der Vorteil bei Scannern, die mit mehr als acht Bit einlesen, liegt darin, dass sie Tonwerte besser differenzieren können. Dies schafft einen größeren dynamischen Umfang. Sie liefern daher eine bessere Tonwertverteilung bei der Komprimierung auf acht Bit.

Aufgrund der Tonwertkomprimierung sollten die Scan-Parameter so eingestellt sein, dass die Details in den wichtigsten Bereichen der Vorlage gut wiedergegeben werden. Dabei können weniger wichtige Details schon mal verschwinden. Legt man z. B. mehr Wert auf die dunklen Töne, so kann es sein, dass dabei die Hochlicht-Töne wegbrechen.

Aus diesem Grund ist es wichtig, Bilder vor dem Scannen nach ihrer Tonwertverteilung zu klassifizieren. Im Allgemeinen lassen sich Vorlagen in die drei nachfolgend erläuterten Bildklassen unterteilen:

Abb. 8.4 *Links sehen Sie einen Bildausschnitt mit einer Auflösung von 300 dpi. Rechts das gleiche Motiv, jedoch durch Interpolation höher aufgelöst. Das Bild wirkt insgesamt „matschig".*

Schneebilder

Schneebild heißt nun keineswegs, dass das Motiv Schnee zeigt, sondern dass die Details vorwiegend in den hellen Bereichen zu finden sind. Diese hellen Bereiche nennt man auch *diffuse Hochlichter* oder einfach *Lichter.* Völlig weiße Stellen im Bild heißen *Glanzlichter.* In den dunklen Bereichen sind keine wichtigen Details vorhanden.

WAS IST INTERPOLATION?

Viele preisgünstige Scanner werden mit einer Auflösung von 2400 dpi oder höher angeboten. Das kleine Wörtchen „interpoliert" wird dabei gerne übersehen. Dabei lässt es doch auf eine physikalisch weit niedrigere Auflösung des Gerätes schließen.

Interpolation bedeutet nichts anderes als Zwischenwertberechnung. Es wird also nicht mit „echten" 2400 dpi eingelesen, sondern beispielsweise nur mit 300 dpi. Daraus ergibt sich bei vier Pixeln eine Zwischenwertberechnung für drei Pixel.

Es gibt drei gebräuchliche Methoden, um festzulegen, welche Farbe die neuen Pixel erhalten sollen. Die **Nachbar-Interpolation** ist die schnellste, aber auch die ungenaueste Methode, bei der jeder neue Pixel die Farbe des ihm am nächsten gelegenen Pixels annimmt. Die **bilineare Interpolation** mittelt die Farben der beiden Pixel auf jeder Seite des neuen Pixels und liefert so ein genaueres Ergebnis. Die genaueste und zugleich zeitaufwendigste Methode ist die sogenannte **bikubische Interpolation.** Hierbei werden alle den neuen Pixel umgebenden Pixel gemittelt, um seine Farbe zu bestimmen. Bei den preiswerten Scannern findet in der Regel die erste, die Nachbar-Interpolation, Verwendung.

Interpolation macht z. B. bei Strichvorlagen oftmals durchaus Sinn. Dadurch können störende Treppcheneffekte vermieden werden. Sie führt aber bei Halbton- und Farbvorlagen meistens zu einem verschwommenen, unscharfen Bildeindruck, der durch Unscharfmaskierung wieder aufgehoben werden muss.

Abb. 8.5 *Ein typisches Schneebild. Der größte Teil der Zeichnung liegt in den hellen Bereichen.*

Abb. 8.6 *Ein typisches Mitteltonbild mit der Zeichnung überwiegend in mittleren Tonwertbereichen.*

Abb. 8.7 *Ein typisches Nachtbild. Der größte Teil der Zeichnung liegt in den dunklen Bereichen.*

Mitteltonbilder

In Mitteltonbildern findet man zahlreiche Details mit relativ hohem Kontrast. Die Unterschiede zwischen hellen und dunklen Tönen sind groß. Häufig fehlen Details in den hellen und dunklen Stellen des Bildes.

Nachtbilder

Hier liegen die Details vorwiegend in den dunklen Bereichen; sie müssen möglichst gut herausgebracht werden. Die dunklen Bereiche nennt man auch Schatten oder Tiefen. In den hellen Bereichen finden sich kaum Details, sie können teilweise sogar überbelichtet wirken.

Die Klassifizierung der Vorlage dient also weniger dazu, die Helligkeit des Bildes zu bestimmen, als vielmehr die reprowichtigen Tonwertbereiche zu ermitteln.

Mit dem Gammawert lässt sich recht gut kontrollieren, welche Tonbereiche im Bild am besten reproduziert werden. Dunkle Vorlagen verlangen einen höheren Gammawert, der es möglich macht, dass die verfügbaren dunklen Töne deutlich die Tiefenzeichnung wiedergeben.

Am einfachsten lassen sich Schnee- und Mitteltonbilder reproduzieren. Man muss bei ihnen nur darauf achten, sie nicht zu hell zu scannen, damit die Details in den Lichtern erhalten bleiben. Hingegen sind Nachtbilder wesentlich schwieriger wiederzugeben. Hier ist die CCD-Technologie gegenüber den Trommelscannern mit ihren PMTs deutlich im Nachteil, was besonders für preiswerte Geräte gilt. CCD-Scanner haben Schwierigkeiten, gerade in den dunklen Bereichen ähnliche Töne zu unterscheiden. Nachtbilder sind auch im Druck am schwierigsten wiederzugeben.

Um zu lernen, Vorlagen zu klassifizieren und geeignete Scan-Einstellungen zu finden, sollte man sich ruhig etwas Zeit lassen. Einmal vorgenommene Einstellungen, die zu einem guten Scan führen, lassen sich speichern und man braucht sie bei der nächsten Vorlage nur wieder

Abb. 8.8 *In diesem Bild sind die Tiefen- und Lichterwerte mangelhaft. In den hellen Bereichen bricht die Zeichnung weg und die dunklen Bildstellen laufen zu.*

Abb. 8.9 *Durch eine mangelhafte Farbbalance hat der untere Bereich des Bildes einen Farbstich.*

aufzurufen, was das Scannen effizienter und einfacher macht. Lesen Sie dazu bitte auch das *Kapitel 5: Kalibrierung.*

Manche Vorlagen lassen sich mit Standardeinstellungen scannen, andere überhaupt nicht. Es ist immer sinnvoll, mit Parametern anzufangen, die dem gewünschten Ergebnis nahe kommen.

Mit der Zeit entwickelt man ein Gefühl für Vorlagentypen und erkennt mit einem Blick deren eventuelle Problematik. Erfahrungsgemäß kann man dann Parameter ausprobieren und sich so an die optimale Einstellung herantasten.

Es ist zu empfehlen, Anpassungen so früh wie möglich vorzunehmen. So sollten der korrekte Gamma-Wert, die Farb- und Graubalance und die richtige Auflösung schon im Scan-Programm festgelegt werden. Dies sind dann auch die Einstellungen, die einer guten Scan-Software entsprechen.

Abb. 8.10 *Der untere Teil des Bildes hat eine mangelhafte Graubalance. So werden Farben verfälscht wiedergegeben.*

RICHTIG SCANNEN

Die wichtigste Grundlage für gute Scans ist, dass der Scanner seine richtige Betriebstemperatur erreicht hat und kalibriert ist. Nachdem die Vorlage nach ihrem Bildtyp klassifiziert wurde, sind weitere wichtige Einstellungen beim Scannen zu beachten, denn je besser der Rohscan, desto weniger Nachbearbeitung erfordert er.

Bevor man mit dem Scannen beginnt, sollte man prüfen, ob die Vorlage einen begrenzten Tonwertumfang oder eine ungewöhnliche Farbbalance aufweist. Zunächst lokalisiert man auf jeden Fall den dunkelsten Bereich, die maximale Dichte (D_{max}). Hat das Bild gar keine richtigen Schatten, könnte es sein, dass es entweder überbelichtet ist oder dass es sich um eine High-Key-Aufnahme ohne Schattenpartien handelt. Dagegen sind Fotos ohne helle Bildpartien (Lichter) entweder bewusste Low-Key-Aufnahmen oder unterbelichtet. Ist die hellste Fläche im Bild (D_{min}) ein hell reflektierendes Spitzlicht, enthält sie wahrscheinlich keinerlei Details. Ein Bild mit hellen Lichtern und dunklen Schatten, das wenig Mitteltöne aufweist, hat einen hohen Kontrast. Ein Bild mit einem geringen Tonwertumfang (Differenz D_{max} bis D_{min}), dem es an extremen Lichtern und Schatten fehlt, hat einen niedrigen Kontrast. Dies alles gilt es zu berücksichtigen, will man gute Rohscans erhalten.

Manche Scan-Software analysiert die Vorlage aufgrund des Vorschau-Scans, auch Preview-Scan genannt, automatisch. D_{min} und D_{max} werden so von der Software ermittelt. Ebenso kann die Farbbalance automatisch eingestellt werden. Sind obige Merkmale in der Vorlage jedoch beabsichtigt, muss die automatische Analyse abgestellt werden, um unerwünschte Veränderungen des Motivs zu vermeiden.

Zu beachten ist insbesondere, dass sich z. B. dunkle Rottöne wesentlich schwieriger scannen lassen als andere. Farbnegative weisen eine starke Orange-Maske auf. Einige Scan-Programme bieten die Option, den Vorlagentyp auf „Dia-Negativ“ festzulegen und entfernen die Orange-Maske selbständig vor der Umkehrung ins Positiv.

Will man eine schon gerasterte Vorlage scannen, z. B. ein Bild aus einer Zeitschrift, muss während des Scannens mit einem Schleierfilter in der Software oder durch Defokussierung der Scanner-Optik *entrastert* werden, um Moiré-Effekte und Farbverschiebungen zu vermeiden. Gute Scan-Software bietet hier die Möglichkeit, die Rasterweite der Vorlage in lpi anzugeben oder erkennt sie automatisch. Ist eine solche Option nicht verfügbar, muss ein so entstandenes Moiré oder die Rasterung im Bildbearbeitungsprogramm mit Filtern entfernt werden (siehe *Kapitel 6: Bildbearbeitung*).

Bietet die Scan-Software die Option, Vorlagen gleich zu separieren, also in das CMYK-System umzuwandeln, sollte das Ergebnis auf jeden Fall anhand von unterschiedlichen Vorlagen, getestet werden. Oftmals führt eine Separation der RGB-Daten in Photoshop zu besseren Ergebnissen, denn hier lassen sich GCR, UCR und Tonwertzuwachs genau bestimmen. Diese Einstellungen wirken sich nämlich erst bei der Separation aus. Je nach Software, die die Separation übernimmt, können die Ergebnisse selbst bei gleichen Einstellungen noch erheblich von einander abweichen. Selbst die Profisoftware Photoshop separiert im Gegensatz zu High-end-Separationsprogrammen in nur befriedigender Qualität. Lino-Color von Heidelberg liefert schon bessere Ergebnisse. In der Regel führen jedoch Separationen aus Photoshop zu durchaus brauchbaren Ergebnissen.

Oft stellt sich die Frage: Mit welcher Auflösung muss gescannt werden? Vorurteilen zum Trotz ist deren Berechnung recht einfach. Es muss nur feststehen, auf welchem Gerät die endgültige Ausgabe erfolgt. Für den Offsetdruck wird in der Regel auf einem Laserbelichter mit einer Auflösung ab 2400 dpi und 60 lpc ausgegeben, was 150 lpi entspricht. Da zur optimalen Berechnung eines Rasterpunktes 2 x 2 Pixel benötigt werden, muss bei einer 1:1-Wiedergabe von Graustufen- oder Farbvorlagen mit einer Auflösung von 300 dpi gescannt werden. Es wird also maximal mit der doppelten Rasterweite gescannt, vorausgesetzt, der Scan wird bei der Ausgabe nicht vergrößert. Strichzeichnungen sollte man mit einer Auflösung nicht unter 800 dpi einlesen.

Wird die Vorlage im Druck vergrößert wiedergegeben, muss mit entsprechend höherer Auflösung gescannt werden, die sich folgendermaßen errechnet:

$$\left(\frac{\text{gewünschte Größe}}{\text{Originalgröße}}\right) \cdot \text{Samplingfaktor} \cdot \text{Rasterweite} = \text{Scanauflösung}$$

RECHENBEISPIELE

Hier sehen Sie einige Rechenbeispiele zur Ermittlung der richtigen Scanauflösung.

Unabhängig von der Ausgabe empfiehlt es sich, die Scanauflösung, z. B. bei Vorlagen mit feinen Details, hochzusetzen. Nur unter Berücksichtigung solcher Eigenheiten können wirklich gute Scanergebnisse erzielt werden, die wiederum Voraussetzung für die optimale Reproduktion der Vorlage sind.

$$\left(\frac{297}{36}\right) \cdot \mathbf{2} \cdot 150 \text{ lpi} = \mathbf{2475} \text{ dpi}$$

Vergrößerung vom Kleinbilddia (36x24 mm) auf DIN-A4-Größe. Der Qualitätsfaktor beträgt 2 und die Rasterweite 150 lpi.

$$\left(\frac{210}{130}\right) \cdot \mathbf{1{,}5} \cdot 133 \text{ lpi} = \mathbf{323} \text{ dpi}$$

Vergrößerung vom Foto (130 x 90 mm) auf 210 mm Breite. Der Qualitätsfaktor (Sampling-Faktor) beträgt 1,5 und die Rasterweite 133 lpi.

$$\left(\frac{130}{130}\right) \cdot \mathbf{2} \cdot 150 \text{ lpi} = \mathbf{300} \text{ dpi}$$

Ein Foto (130 x 90 mm) soll 1:1 wiedergegeben werden. Der Qualitätsfaktor beträgt 2 und die Rasterweite 150 lpi.

$$\left(\frac{594}{36}\right) \cdot \mathbf{2} \cdot 133 \text{ lpi} = \mathbf{4389} \text{ dpi}$$

Vergrößerung vom Kleinbilddia (36x24 mm) auf DIN-A2-Größe. Der Qualitätsfaktor beträgt 2 und die Rasterweite 133 lpi.

$$\left(\frac{210}{297}\right) \cdot \mathbf{2} \cdot 150 \text{ lpi} = \mathbf{212} \text{ dpi}$$

Verkleinerte Reproduktion einer DIN-A4-Vorlage auf DIN-A5. Der Qualitätsfaktor beträgt 2 und die Rasterweite 150 lpi.

$$\left(\frac{2000}{36}\right) \cdot \mathbf{1{,}5} \cdot 85 \text{ lpi} = \mathbf{7084} \text{ dpi}$$

Vergrößerung vom Kleinbilddia (36x24 mm) auf 2 m Höhe. Der Qualitätsfaktor beträgt 1,5 und die Rasterweite 85 lpi.

Kapitel 9: Überfüllung

Beim Mehrfarbendruck, insbesondere im Vierfarbendruck, ist es wichtig, dass die Passergenauigkeit stimmt. Dazu müssen die jeweiligen Farbauszüge nach den Passermarken genau übereinander montiert und gedruckt werden. Tritt nur eine leichte Verschiebung der Farbformen auf, entstehen im Druck bei Farbbildern und -grafiken Farbverschiebungen. Ebenso werden direkt aneinander stoßende Farben nicht genau aneinander gedruckt, und so scheint an diesen Stellen das Weiß des Papiers durch. Diese weißen Stellen nennt man *Blitzer.* Da Papier jedoch ein „arbeitendes" Material ist, tritt durch den Auftrag von nasser Farbe ein nicht zu vermeidender Verzug des Papiers auf, während es durch die Druckmaschine läuft. Die dadurch entstehenden Ungenauigkeiten sind von Druckverfahren zu Druckverfahren unterschiedlich groß. Der für Zeitungen und Formulare eingesetzte Rollenoffsetdruck ist dafür am empfindlichsten. Im Bogenoffsetdruck mit Bilderdruckpapier sind derartige Ungenauigkeiten am geringsten.

Abb. 9.1 *Die Magenta-Form steht nicht passgenau, was zu Blitzern führt.*

Oft werden geringe Passerungenauigkeiten vom Normalbetrachter gar nicht wahrgenommen. Sind sie allerdings zu auffällig, werden beispielsweise Bildschärfe und Wiedergabe von Details erheblich beeinträchtigt. Demnach sind gerasterte Flächen, feine Linien und auch Buchstaben auf einem farbigen Hintergrund sehr anfällig für Blitzer.

Um die Gefahr von Blitzern zu verringern, wurde die Überfüllung entwickelt. Das Überfüllen ist bei einfachen Flächen eine recht simple Angelegenheit. Dabei werden aneinander stoßende Farbflächen durch eine Kontur etwas vergrößert, so dass sie sich leicht überlappen. Diese Technik ist natürlich bei Bildern nicht anwendbar, weil dabei sowohl Tonwerte als auch Farben verändert würden.

Verschiedene Techniken

Zunächst sind zwei grundlegende Begriffe zum Verständnis der Überfüllung zu klären:

Aussparen

Steht das Vordergrundobjekt auf *Aussparen,* wird dessen Fläche im Hintergrundobjekt ausgeschnitten.

Überdrucken

Steht das Vordergrundobjekt auf *Überdrucken,* wird es über das Hintergrundobjekt gedruckt. Schwarz steht in der Regel als einzige Farbe auf *Überdrucken.*

Bei der herkömmlichen Überfüllung wird das Vordergrundobjekt um einen bestimmten Wert gedehnt, wobei die Aussparung entsprechend schrumpft. Bei heutigen Layout-Programmen, wie z. B. QuarkXPress, wird einfach um das Vordergrundobjekt eine Kontur in einer Stärke nach dem Überfüllungswert angelegt. Bei feiner Zeichnung wie kleinen Buchstaben oder Linien darf allerdings nicht überfüllt werden, da sonst deutlich deren Form verändert wird. Um jedoch auch hier Blitzer zu vermeiden, werden feine Vordergrundobjekte unterfüllt, d. h. deren Aussparung im Hintergrundobjekt schrumpft. Schwarze Flächen werden generell überdruckt. In QuarkXPress sind im Menü *Bearbeiten/ Vorgaben/Überfüllung* grundsätzliche Vorgaben zur Überfüllung anzugeben *(Abbildung 9.2).*

Zudem lassen sich im *Farbe-bearbeiten*-Dialog die Art der Überfüllung und deren Wert für jede Farbe exakt angeben *(Abbildung 9.3)*. Diese Vorgaben können aber auch über das Überfüllungs-Fenster für einzelne Objekte individuell eingestellt werden *(Abbildung 9.4)*. Im Programm Illustrator können Sie für kompliziertere Objekte über den Filter *Überfüllen* exakte Überfüllungen erstellen lassen *(Abbildung 9.5)*. Jedoch sind diese Überfüllungen fest, d. h. sie lassen sich in ihrer Stärke nicht ändern. Außerdem wächst oder schrumpft die Überfüllung beim Skalieren der Grafik.

Simple Überfüllungen sind leicht anzulegen. Dazu wird einem Vordergrundobjekt eine Kontur zugewiesen, die dann denselben Farbton erhält wie die Objektfläche und auf *Überdrucken* gestellt wird *(Abbildung 9.6)*.

Bei Objekten, die komplett auf einem Hintergrund liegen, ist dieses Verfahren gut anwendbar. Ragt das Vordergrundobjekt jedoch über den Hintergrund hinaus, so dass dort keine Überfüllung notwendig ist (Papier), dann ist auch die Kontur an diesen Stellen überflüssig.

Mit spezieller Software, wie z. B. *Adobe Trapwise,* lassen sich Überfüllungen in PostScript-Dateien nachträglich noch bearbeiten bzw. erstellen.

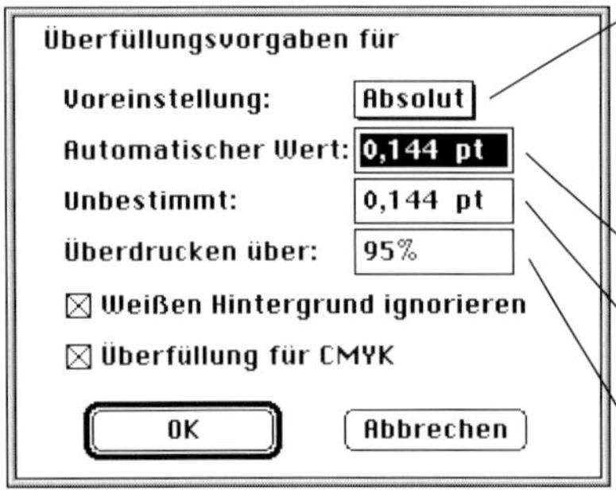

Abb. 9.2

Voreinstellung: Absolut
Die Angabe von „Absolut" sorgt für eine Überfüllung nach „Automatischer Wert". Dabei wird die Vordergrundfarbe überfüllt, wenn sie heller als die Hintergrundfarbe ist. Die Aussparung wird unterfüllt, wenn die Hintergrundfarbe heller als die Vordergrundfarbe ist.

Proportional *führt dazu, dass mit einem Bruchteil des Wertes von „Automatischer Wert" überfüllt wird. Die Stärke lässt sich nach folgender Formel errechnen: Wert · (Vordergrundhelligkeit – Hintergrundhelligkeit)*

Automatischer Wert
Der Wert bestimmt die Stärke der Überfüllung.

Unbestimmter Hintergrund
Dieser Wert bestimmt die Überfüllungsstärke für ein Objekt, das über einem Hintergrund aus mehreren Farben oder Tonwerten steht.

Überdrucken über
Gibt den Tonwert an, ab dem Flächen überdruckt werden.

Weißen Hintergrund ignorieren
Verhindert das Überfüllen von Objekten, die auf weiße Flächen gedruckt werden.

Überfüllung für CMYK
Markiert man diese Funktion, wird nach der Separationüberfüllt, sonst vor der Separation. Die Überfüllung für CMYK bringt in der Regel die besseren Ergebnisse. Da hierbei aber die Überfüllungswerte automatisch verändert werden, kann es jedoch zu unerwarteten Ergebnissen kommen.

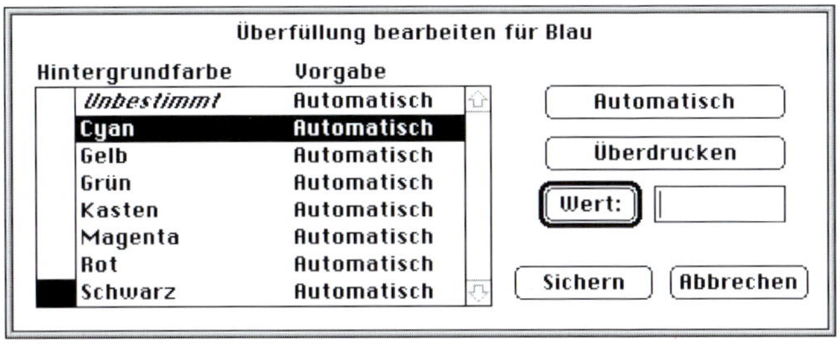

Abb. 9.3 Hier lassen sich die Überfüllungs-Vorgaben für jede Farbe getrennt exakt festlegen.

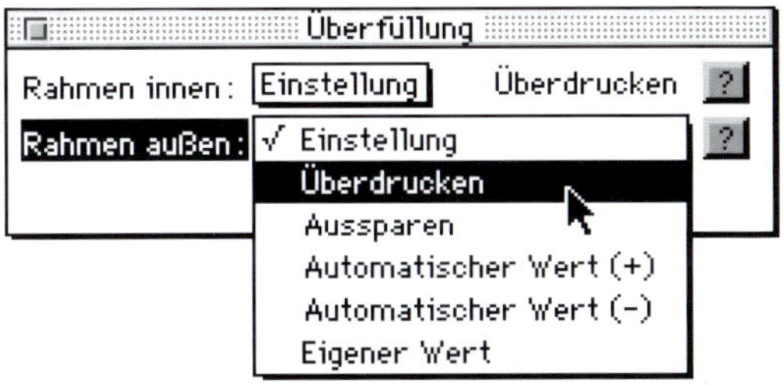

Abb. 9.4 Für einzelne Objekte lassen sich hier die Überfüllungs-Einstellungen extra angeben. Wählt man „Einstellung", wird nach den vorher angegebenen allgemeinen oder der Farbe entsprechenden Einstellungen überfüllt. „Überdrucken" und „Aussparen" spricht für sich selbst. „Automatischer Wert (+)" und „Automatischer Wert (–)" bewirken, dass entweder über- oder unterfüllt wird. Mit „Eigener Wert" lassen sich eigene Über- und Unterfüllungswerte einstellen.
Durch Klicken auf das Fragezeichen erscheint eine kurze Erläuterung der jeweiligen Überfüllung.

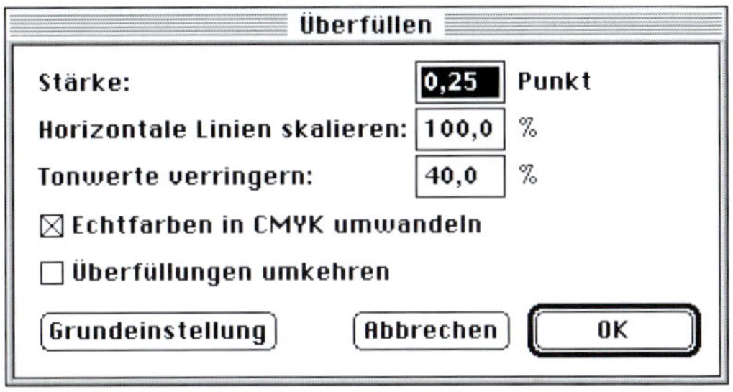

Abb. 9.5 Im Illustrator lassen sich über den Filter „Überfüllen" exakte Überfüllungen erstellen.

ÜBERFÜLLUNG IN QUARKXPRESS

Für EPS-Dateien erstellt QuarkXPress keine Überfüllung, diese muss in dem entsprechenden Grafikprogramm selbst angelegt werden! Die Grundeinstellungen zur Überfüllung speichert QuarkXPress ab der Version 3.2 in der Präferenzdatei, den allgemeinen Programmvorgaben, und nicht im Dokument selbst. Deshalb muss bei der Weitergabe von Dateien zur Belichtung diese Datei evtl. mit übergeben werden.
Beim Mac und auch beim PC befindet sich die Präferenzdatei im QuarkXPress-Ordner.

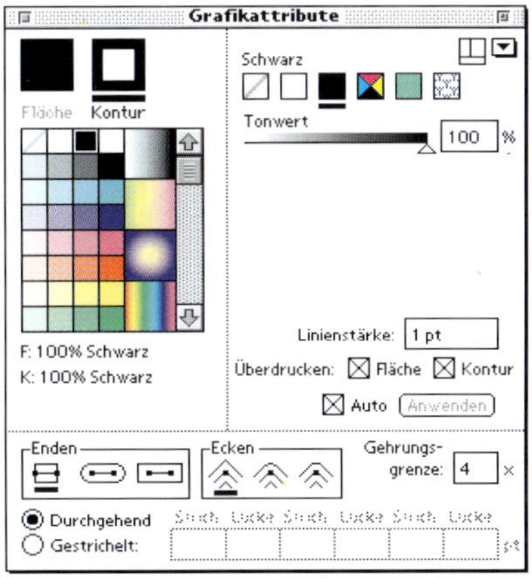

Abb. 9.6 Im Fenster „Grafikattribute" von Illustrator wird angegeben, ob Fläche oder Kontur überdrucken sollen.
Durch überdruckende Konturen können einfache Überfüllungen erstellt werden. Da sich die Kontur jedoch immer um das ganze Objekt zieht, ist diese Methode nur bei Objekten sinnvoll, die komplett über einem anderen liegen.

Kapitel 10: PostScript

Die Programmiersprache *PostScript* wurde von der Firma Adobe speziell für die geräteunabhängige Beschreibung von Text und Grafik auf einer Seite entwickelt. Sie verfügt über eine große Anzahl von Grafik-Operationen, die auf vielfältige Weise miteinander kombiniert werden können. Auch die Verwendung von Variablen und die Definition von Prozeduren und Funktionen ist erlaubt. PostScript enthält somit alle Kontrollstrukturen einer richtigen Programmiersprache.

Normalerweise werden PostScript-Programme nicht von Anwendern geschrieben, sondern sind in den jeweiligen Layout- oder Grafikprogrammen enthalten. Deshalb muss auch kein Setzer, Grafiker oder EBV-Spezialist in der Sprache PostScript programmieren können. Da jedoch in der Praxis nicht immer alles so läuft, wie das theoretisch der Fall sein sollte, ist es nur von Vorteil, wenn man weiß, was PostScript ist und wie es arbeitet.
Nur etwa ein Drittel des PostScript-Sprachumfangs hat direkt etwas mit Grafik zu tun. Die restlichen Befehle machen aus PostScript eine universell verwendbare Programmiersprache.

Das PostScript-Modell

Der PostScript-Sprache liegt ein grafisches Modell zugrunde, das dem Zeichnen mit Farbe auf Papier nachempfunden ist. Mit schwarzer oder farbiger Tinte können Buchstaben, Linien oder Flächen auf ein zunächst weißes Blatt Papier aufgetragen werden. Auch Fotografien können durch die Verwendung von Graustufen abgebildet werden. Beim Zeichnen kann eine Schablone (Pfad) beliebiger Form verwendet werden. Nachdem alle gewünschten Elemente auf die Seite aufgetragen sind, können sie über das jeweilige Ausgabegerät gedruckt werden (Befehl *showpage,* am Ende des PostScript-Programms).

Für das Verständnis des PostScript-Modells sind die folgenden drei Begriffe grundlegend:

Aktuelle Seite

Die *Aktuelle Seite* (current page) ist die *ideale* PostScript-Seite, unabhängig von Größe und Auflösung des tatsächlich verwendeten Ausgabegeräts. Nachdem die Seite vollständig beschrieben wurde, wird sie von dem jeweiligen Gerät entsprechend seinen physikalischen Möglichkeiten ausgegeben.

Aktueller Pfad

Der *aktuelle Pfad* (current path) besteht aus Punkten, Geraden und Kurven, die zusammen die Form und die Position auf der Seite beschreiben. Das Aussehen solcher Formen unterliegt keinen Beschränkungen. Der Pfad darf sich sogar selbst überschneiden. Die Auflösung des Ausgabegeräts hat keinen Einfluss auf seine Definition. Der aktuelle Pfad selbst ist auf der Seite nicht zu sehen. Die Pfad-Befehle erlauben es vielmehr, entlang des Pfades Linien oder Buchstaben zu zeichnen oder die durch den Pfad beschriebene Fläche zu füllen.

Aktueller Clipping-Pfad

Durch den aktuellen *Clipping-Pfad* (current clipping path) wird festgelegt, welche Ausschnitte der aktuellen Seite beschrieben werden dürfen. Standardmäßig entspricht er den Ausmaßen der aktuellen Seite, kann aber durch entsprechende Befehle jede beliebige Form annehmen. Zeichenbefehle, die über den Clipping-Pfad hinausgehen, sind an diesen Stellen nicht aktiv.

Die Arbeitsweise von PostScript

Für den größten Teil seiner Arbeit verwendet PostScript einen sogenannten *Stack,* der sich übrigens in der gesamten Computer-Technik wiederfinden lässt. Ein Stack ist eine Datenstruktur, deren Organisation man sich wie einen

Bücherstapel vorstellen kann: Das Buch, das zuletzt auf den Stapel gelegt wurde, wird als erstes wieder heruntergenommen. Der Zugriff auf einen Stack erfolgt in der *LIFO-Manier,* LIFO steht für Last In, First Out. PostScript legt jede Art von Daten, wie Zahlen, Zeichenketten und andere, auf einem solchen Stack ab. Es arbeitet zudem noch mit der *Postfixnotation.* Im Gegensatz zu der üblichen *Infixnotation,* bei der der Operator zwischen den Operanden steht (z. B. 2 + 3), werden hier erst die Operanden 2 und 3 auf den Stack gelegt. Dann folgt der Operator (z. B. 2 3 add). Nach der Berechnung findet man das Ergebnis auf dem Stack wieder. Bei der Postfixnotation sind daher keine mehrdeutigen Ausdrücke möglich, die bei der Infixnotation durch Punkt-vor-Strich-Regeln oder Klammern beseitigt werden müssen. Von dieser Rechenweise kommt auch das *Post* in dem Namen PostScript.

Da PostScript eine sehr flexible Programmiersprache ist, können die vorhandenen Funktionen und Befehle durch selbstdefinierte Prozeduren ergänzt werden. So passt sich PostScript den Erfordernissen der Anwendung an und nicht umgekehrt!

PostScript-Programme bestehen ausschließlich aus den druckbaren Zeichen des ASCII-Zeichensatzes. So können sie mit allen üblichen Editoren oder Textverarbeitungsprogrammen erstellt oder geändert werden.

DIE DICTIONARIES

PostScript speichert Objektpaare in einer Tabelle, dem *Dictionary.* Es erfüllt seine Funktion beispielsweise wie ein Wörterbuch. Ein PostScript-Dictionary verknüpft jeweils einen Schlüssel (Key) mit einem Wert (Value). Der PostScript-Interpreter schaut im Dictionary nach einem bestimmten Schlüssel und holt sich den dazugehörigen Wert.

Zwei Dictionaries sind immer im Einsatz: das *System-* und das *Benutzer-Dictionary.* Wobei im System-Dictionary die vordefinierten PostScript-Befehle und im Benutzer-Dictionary die Prozeduren und Variablen stehen, die im Programm definiert werden.
Ein weiteres Dictionary ist das *Font-Dictionary.* Es enthält Angaben über die Art des Fonts, über die Laufweite der Zeichen, über deren Codierung, über das Aussehen und über ihre Skalierung. Jedem Zeichen einer Schrift wird eine Codierung zwischen 0 und 255 zugeordnet. Die Gesamtheit dieser Nummern bilden den Zeichen-Code. Der am weitesten verbreitete Zeichen-Code ist der *8-Bit-ASCII-Code.* Manche Fonts enthalten Zeichen, für die es in der Standard-Codierung keine Nummer gibt. Diesen Zeichen muss erst ein Code zugeordnet werden. Die Dictionaries werden auf dem Dictionary-Stack aufbewahrt. Ein Programm kann auch neue Dictionaries erzeugen und auf dem Stack ablegen.

POSTSCRIPT LEVEL 2

Die aktuelle Version von PostScript nennt sich *Level 2.* Während dieses Buch entsteht, befindet sich *Level 3* noch in der Entwicklung. Es wird unter anderem den RIP-Vorgang beschleunigen und die Erzeugung von Farbgradationen und Füllungen verbessern (lesen Sie dazu auch *Kapitel 4: Grafik- und Bildformate, PDF-Format).* PostScript Level 2 ist inzwischen weit verbreitet. Viele RIPs und Laserdrucker arbeiten jedoch auch heute noch mit Level 1. Level 2 beseitigt gegenüber Level 1 viele Probleme, die besonders die Farbverarbeitung und das damit zusammenhängende Halbtonraster betreffen. Bei der Farbverarbeitung unter PostScript Level 1 sind nur zwei Farbsysteme implementiert, das RGB- und das HSB-System, nicht aber das für den Vierfarbdruck notwendige CMYK-System. Zudem ist die Screen-Funktion nicht auf Farbverarbeitung eingestellt, erst unter Level 2 gibt es die Möglichkeit, die einzelnen Farbebenen mit optimalen Winkeln und somit ohne Moirébildung zu rastern.

Auch die Einhaltung und Umsetzung der Farbdefinitionen ist im Level 2 durch das CIELab-System stark verbessert. Dabei wird nicht von der physikalischen Definition, sondern von der physiologischen Empfindung der Farbe ausgegangen. Dadurch werden Farbverfälschungen kompensiert, die bei der Umrechnung der Farbsysteme bisher zwangsläufig auftraten.

Die Speicherverwaltung in Level 2 verfügt über eine *Garbage Collection,* die frei werdenden Speicher dem System wieder zugänglich macht. Somit gibt es auch Befehle, um Einträge in Dictionaries zu löschen oder Dictionaries zu erweitern.
Der leidige *Limitcheck*-Fehler beim Überlauf des Pfades gehört unter Level 2 der Vergangenheit an, da PostScript jetzt über eine dynamische Speicherverwaltung verfügt. Die maximale Länge des Pfades ist nicht mehr auf ein festes Limit beschränkt, sondern ist vom verfügbaren Speicher abhängig. Beispielsweise macht sich dies bei Belichtern aufgrund der hohen Auflösung bemerkbar.

PostScript Level 2 bietet die Möglichkeit, neben dem aktuellen Pfad auch einen Benutzerpfad anzulegen, in dem Vektorgrafikbefehle gespeichert werden können. Er verfügt über einen eigenen Cache, so dass die Abarbeitung sich wiederholender Objekte schneller abläuft.
PostScript Level 2 erlaubt auch die Übertragung von Bilddaten in komprimierter Form, was gerade bei Farbbildern zu erheblichen Geschwindigkeitsvorteilen bei der Datenübertragung zum Ausgabegerät führt.

POSTSCRIPT-SCHRIFTEN

Schriften, zu englisch Fonts, sind in PostScript aus Pfaden aufgebaut und werden genau wie andere Objekte gezeichnet. Man nennt sie auch *Vektorschriften.*
Da das Druckwerk selbst im Ausgabegerät *pixelorientiert* arbeitet, muss PostScript intern diese Vektorschriften in ein der Ausgabeauflösung angepasstes Pixelmuster umwandeln. Diesen Vorgang nennt man *pixeln.* Die Zeichen werden bei der Ausgabe zum aktuellen Pfad und können dann beliebig gefüllt werden. Aufgrund ihres Aufbaus sind PostScript-Schriften geräte- und auflösungsunabhängig und können so auch ohne Qualitätsverlust gedreht und gestaucht werden.
Unter den PostScript-Schriften existieren verschiedene Typen von Schriften. Bei den sogenannten *Type-1-Schriften* handelt es sich um Fonts im Adobe-Format, deren Aufbau ziemlich komplex ist. Sie waren bis Ende 1989 geschützt und sind erst seit 1990 dokumentiert.
Type-1-Schriften können zusätzliche Informationen enthalten, die deren Darstellung durch sogenannte *Hints,* insbesondere in kleinen Größen, stark verbessert.
Die *Type-3-Schriften* sind benutzerdefinierte Fonts und lassen sich relativ einfach in Form eines PostScript-Programms realisieren.
Zur Ausgabe am Bildschirm werden dieselben PostScript-Schriften verwendet, wie sie auch der Drucker und Belichter benötigen. Da sie jedoch bei Macs oder PCs nicht vom Betriebssystem unterstützt werden, muss dafür eine Erweiterung namens *ATM* (Adobe Type Manager) installiert werden. Der ATM pixelt die durch Pfade beschriebenen Zeichen nach ihrer benötigten Größe. Die Bitmaps werden dann am Bildschirm angezeigt. Ebenso wie beim Drucker oder RIP (Raster Image Processor), lässt sich eine Größe für den Font-Cache angeben. Für jeden Zeichensatz muss auch noch eine Bitmapschrift existieren, damit der ATM den dazugehörigen PostScript-Font finden kann (mehr dazu im *Kapitel 11: Schriften).*
In allen RIPs oder Druckern sind bestimmte Schriften fest installiert. In der Regel sind dies Helvetica, Times und Courier. Andere Schriften müssen zuvor *heruntergeladen* werden (Font Downloading).

DER FONT-CACHE

Der *Font-Cache* ist ein im Drucker oder RIP reservierter Teil des Arbeits- und/oder Festplattenspeichers, der für eine höhere Ausgabegeschwindigkeit von Zeichen sorgt. Das Pixeln von Fonts ist ein ziemlich rechenintensiver Vorgang. Deshalb werden einmal gepixelte Zeichen in dem sogenannten *Font-Cache* gespeichert, so dass bei der nächsten Verwendung des Zeichens sein Pixelmuster nicht neu berechnet werden muss, sondern nur aus dem Font-Cache geladen wird. Dieses Verfahren sorgt für erheblichen Geschwindigkeitszuwachs bei der Ausgabe von Schriftzeichen. Ändert sich allerdings die Schriftart oder die Schriftgröße, dann müssen die Zeichen von neuem gepixelt und im Font-Cache abgelegt werden. Jedoch werden nicht alle verwendeten Zeichen eines Fonts in den Font-Cache geschrieben. Ab einer bestimmten Größe würden die meist viel häufiger verwendeten kleineren Zeichen verdrängen, was nicht sinnvoll wäre.
Der Font-Cache füllt sich schnell und kann schon mal eine beachtliche Größe erreichen. Neuere Geräte löschen den Font-Cache in bestimmten Abständen automatisch, z. B. nach dem Hochfahren. Mit entsprechenden Programmen lässt sich der Font-Cache auch von Hand löschen.
Während das Ausgabegerät keine Daten empfängt, pixelt es nach einer vorgegebenen Strategie selbständig Fonts (Idle-Time-Font-Conversion). Diese Strategie ist durch Befehle beeinflussbar.

POSTSCRIPT-DATEIEN

Die meisten Programme bieten die Möglichkeit, PostScript-Daten nicht nur direkt an das Ausgabegerät zu senden, sondern sie in eine *Datei* zu schreiben. Dies lässt sich normalerweise im *Druck-Dialog* einstellen oder, wie unter Windows, im *Drucker-Installieren-Dialog* selbst. Dabei besteht in den Daten selbst kein Unterschied, egal, ob direkt zum Ausgabegerät geschickt oder in Form einer Datei.

PostScript-Dateien werden häufig genutzt, wenn das Ausgabegerät nicht direkt zur Verfügung steht. Beispielsweise werden zur Belichtung die Dateien dann in dieser Form an ein Belichtungsstudio weitergegeben. Befinden sich auf der Seite jedoch noch Fehler oder muss aus irgend einem anderen Grund noch eine Änderung vorgenommen werden, ist dies mit PostScript-Dateien in der Regel nicht möglich. Sie sind also endgültig und auch nur für einen bestimmten Belichter oder Drucker geeignet.
Mit dem entsprechenden Programm lassen sich die Dateien dann an das Ausgabegerät schicken.

```
%!PS-Adobe-3.0
%%Title: (Auflösung)
%%Creator: (QuarkXPress 3.3: LaserWriter 8 D2-8.1.1)
%%CreationDate: (18:12 Uhr Dienstag, 14. Januar 1997)
%%For: (Carsten)
%%Pages: 1

%%DocumentFonts: Weidemann-Medium Weidemann-MediumItalic
Optima-Bold Optima-BoldOblique Optima-Oblique Courier

%%DocumentNeededFonts: Weidemann-Medium Weidemann-
MediumItalic Optima-Bold Optima-BoldOblique Optima-
Oblique Courier
%%DocumentSuppliedFonts:

%%DocumentData: Binary

%%PageOrder: Ascend

%%LanguageLevel: 2

%%Orientation: Portrait

%ADO_PaperArea: 0 0 717 864
%ADO_ImageableArea: 0 0 717 864

%%EndComments
/md 143 dict def md begin
/currentpacking where {pop /sc_oldpacking currentpacking
def true setpacking}if
%%BeginFile: adobe_psp_basic
%%Copyright: Copyright 1990-1993 Adobe Systems
```

Abb. 10.1 *Auszug aus einer PostScript-Datei. Der Code besteht ausschließlich aus 8-Bit-ASCII-Zeichen und lässt sich mit jedem beliebigen Textprogramm betrachten und editieren.*
Es werden eine Menge Informationen gespeichert: der Dokument-Titel, das Erzeugerprogramm, über welchen Druckertreiber die PostScript-Datei erzeugt wurde etc. Die Informationen in den farbig hinterlegten Feldern können besonders hilfreich bei der Suche nach Fehlern sein. Es werden die verwendeten Schriften, das Speicherformat (Binär oder ASCII), der PostScript-Level sowie das Papierformat und die tatsächliche Größe aller Elemente auf der Seite (Satzspiegel) angegeben.

DER POSTSCRIPT-INTERPRETER

Um PostScript-Daten zu verarbeiten, wird ein *PostScript-Interpreter* benötigt. Der Interpreter ist ein Programm, welches ein Programm einer anderen Programmiersprache (in diesem Fall PostScript) nach den notwendigen syntaktischen Überprüfungen (der Interpretation) sofort ausführt. Der Interpreter analysiert nacheinander jede Anweisung und Deklaration des *Quellprogramms* und führt diese unmittelbar aus. Der Vorteil von Interpretern ist der, dass einzelne Anweisungen im Quellprogramm geändert werden können und das Programm mit diesen Änderungen direkt ausführbar ist. Der Nachteil zeigt sich durch hohe Rechenzeiten bei der Ausführung von Programmen. Da PostScript-Programme bei einem Seitenaufbau mit farbigen Grafiken und vor allem Bildern sehr komplex werden können, erfordert ein PostScript-Interpreter einen schnellen Prozessor und genügend Arbeitsspeicher, um die Seite möglichst flott zu rastern.

Der Original-PostScript-Interpreter ist der *CPSI* von Adobe. Er ist konfigurierbar und somit auf unterschiedlichen Plattformen lauffähig. CPSI ist der Original-Adobe-Quellcode, mit dem Lizenznehmer ihre eigenen RIPs ausstatten können. Aufgrund der Lizenzgebühren und der leistungsfähigeren Hardware sind PostScript-Drucker auch teurer als Nicht-PostScript-Drucker.

Neben dem Original gibt es aber auch, wie in vielen Bereichen, die sogenannten *Klones.* Sie ahmen den CPSI nach (Emulation). Bekannte Klones sind die von Chelgraph, Birmy, Harlequin und Hyphen. Ob in einem RIP oder Drucker nun ein Original- oder ein Klone-Interpreter arbeitet, ist nie leicht zu beantworten, da die Hersteller diese Informationen sehr gut hüten.

Der PostScript-Interpreter kommuniziert bei der Datenübertragung über den *Reversekanal* (Rückmeldekanal) mit dem Computer. Er teilt dem übertragenden Programm so seinen Zustand (Status) mit, ob die Daten verarbeitet werden, ob gerade gedruckt wird oder ob ein Fehler bei der Datenverarbeitung aufgetreten ist. Beim Mac funktioniert diese Kommunikation zwischen Computer und Ausgabegerät in der Regel einwandfrei. Einige Windows-Konfigurationen unterstützen den Reversekanal jedoch nicht, wodurch es oft gerade bei aufwendigen Belichtungen zu unbekannten Abbrüchen kommt. Windows erhält keine Nachrichten des Ausgabegerätes und kann keine Informationen über dessen Zustand anzeigen, was gerade bei Fehlern besonders hinderlich ist. Die einzige Möglichkeit, dem Fehler auf die Spur zu kommen, bietet eine mitgedruckte Fehlermeldung.

Mit speziellen Prorammen, wie *LaserTalk* von Adobe, kann man direkt mit dem PostScript-Interpreter des Ausgabegerätes kommunizieren, was allerdings genauere Kenntnisse über PostScript voraussetzt.

POSTSCRIPT-FEHLER BEHEBEN

Bei der Belichtung von PostScript-Dateien treten oft Fehlermeldungen auf, deren Grund auf den ersten Blick nicht zu erkennen ist. Dabei sind viele Probleme, die bei der Ausgabe von Seiten auftreten, bereits in den verwendeten Applikationen zu beheben.

Melden Geräte wie der RIP oder der Laserdrucker einen PostScript-Fehler, dann wird die Sache schon etwas schwieriger. Hier hilft häufig der Einblick in die manchmal etwas esoterische Welt der Informatiker weiter.
Während die Ausgabe auf einem PostScript-Laserdrucker ohne Probleme funktioniert, tritt ein PostScript-Fehler oftmals erst bei der Belichtung auf. Die Ursache liegt dann meistens in der unterschiedlichen Art, wie die beiden Ausgabegeräte die Daten verarbeiten (siehe *Kapitel 15: Ausgabegeräte)*.

Bei Übertragungsproblemen zwischen Computer und Drucker bzw. RIP erhält der Anwender über den Reversekanal Mitteilungen vom Ausgabegerät, z. B. Statusinformationen. Über diesen Kanal wird es möglich, mit dem PostScript-Interpreter zu kommunizieren.

Da heutzutage die Integration von Text, Bild und Grafik am Computer eher die Regel als die Ausnahme ist, werden die vom Ausgabegerät zu verarbeitenden Daten immer komplexer. Diese Entwicklung verlangt natürlich nach immer schnelleren Rechnern, Druckern und RIPs/Belichtern.

Wenn Ausgabegeräte Fehlermeldungen ausgeben, liegt dies nicht selten an völlig überzogenen Dateigrößen und der Unwissenheit des Anwenders. Gerade PostScript-Fehlermeldungen bringen dann garantiert so manchen Anwender zum Schwitzen, denn durch ihre eher technische Aussage lassen sie ohne Kenntnisse – oder besser Hintergrundwissen – nicht auf den Grund ihres Auftretens schließen.

POSTSCRIPT IOERROR, INPUT/OUTPUT ERROR

Ein *ioerror* tritt auf, wenn es zwischen der Software auf dem PC oder Mac und der Hardware im Belichter zu Kommunikationsproblemen kommt. Der *Band-Buffer* des Belichters nimmt nur eine begrenzte Menge an Informationen auf und schickt über den Reversekanal dem Computer die Mitteilung, dass dieser keine weiteren Daten senden soll. Wenn er die Meldung nicht erhält (weil er sie z. B. nicht erkennt), lässt sich die Datei zwar teilweise belichten, doch man erhält eine *ioerror*-Meldung. Einige Windows-Konfigurationen ignorieren leider den Reversekanal und geben dem Anwender keine Hinweise, warum es zu Druckproblemen kommt. In diesem Fall hilft die Ausgabe der Meldung des Belichters, sofern es sie gibt. Ob PostScript-Fehler ausgegeben werden, lässt sich in manchen Programmen einstellen.

Der Drucker bzw. RIP zeigt ebenfalls einen *ioerror,* wenn der Computer ein beschädigtes Dateipaket über das Netzwerk schickt. Bei einem fehlerhaften Paket fragt er nach den vollständigen Informationen. Wenn die Datei dann immer noch fehlerhaft ist, wirft er das Handtuch und gibt einen *ioerror* aus.

Beschädigungen der Pakete können unter anderem deshalb auftreten, weil das Netzwerkkabel wie eine Antenne reagiert und externe elektromagnetische Strahlungen aufnimmt, wie sie beispielsweise Neonlampen aussenden. Gut abgeschirmte Kabel schützen davor. Zusätzlich müssen Ethernet-Netzwerke an beiden Enden einen *Widerstandsabschluss* (Terminator) aufweisen, weil sonst Reflexionen auftreten können und dadurch Störungen bei anderen Netzinformationen verursachen.

JOB CONTROL LOOP

Drucker oder RIP laufen nach dem Startvorgang konstant eine kontrollierende Schleife (Loop) durch. Falls während des *Loopvorgangs* ein Fehler auftritt, meldet das System *Flushing rest of job.* Wenn der RIP nicht den belichtungsabschließenden Befehl *End of Job* erhält, beginnt er die nächsten Jobs zu *flushen,* also zu ignorieren, selbst wenn die Dateien in Ordnung sind.

Auf einem PC können Sie einen *End-of-Job-Befehl* mit *Control-D* an den RIP schicken. Auf dem Mac kümmert sich die Anwendung normalerweise selbst darum.
Der Flushing-Vorgang lässt sich auch durch ein manuelles *Downloading* des Befehls *End of Job* abbrechen.

WAIT TIMEOUT

Bei komplizierten Jobs muss der Drucker oder RIP möglicherweise zu lange auf die PostScript-Informationen warten, so dass er einen *timeout error* schickt. Das bedeutet dann, er ist nicht länger bereit zu warten.

Am häufigsten tritt dieser Fehler bei Belichtungen im *Hintergrund* auf, weil der Prozessor auch noch mit anderen Aufgaben beschäftigt ist. Gerade vom Kopieren von Daten oder größeren Berechnungen von Programmen sollte man während des Hintergrunddrucks die Finger lassen. Auch bei Windows-Konfigurationen, die über keinen Reversekanal verfügen, kann es des öfteren zu einem *timeout error* kommen. Der Rechner erkennt, dass der Buffer voll ist, schickt keine Informationen mehr und erhält keine Meldung, wann er fortfahren soll.

Eine Möglichkeit, dies zu vermeiden, besteht darin, eine PostScript-Datei zu erzeugen und diese mit Hilfe eines *Downloading-Programms* direkt zum Ausgabegerät zu schicken. Auf PCs ist dazu nicht einmal ein spezielles Programm notwendig. Sie geben in der Eingabeaufforderung von Windows bzw. unter DOS einfach COPY /B DATEINAME LPTx ein. Wobei */B* für binäre Daten steht, *DATEINAME* für den Namen der PostScript-Datei und *LPTx* für den verwendeten Ausgabe-Port, z. B. LPT1. Beispiel: COPY /B GRAFIK_1.PS LPT1.

JOBTIMEOUT

Jeder Belichter verfügt über eine Einstellung, in der sich der maximale Zeitraum festlegen lässt, nach dem der RIP den Belichtungsvorgang abbrechen soll. Dieser Wert steht normalerweise standardmäßig auf unendlich. Um ihn zu ändern, wenden Sie sich an Ihren Techniker.

VM ERROR

Dieser Fehler tritt auf, wenn der *Virtual-Memory* (VM, virtueller Speicher) des RIPs – nicht zu verwechseln mit der virtuellen Speicherverwaltung von Betriebssystemen oder der von Photoshop – nicht mehr für die Verarbeitung der Daten ausreicht. Er teilt sich in verschiedene Bereiche auf. Ein Teil ist direkt nach dem Einschalten mit eigenen Informationen des Geräts belegt. Dazu kommt der Font-Cache für die Bereithaltung von Schriften. Der Font-Cache ist nicht begrenzt, d. h. er wächst mit zunehmender Anzahl von heruntergeladenen Schriften. Der größte Teil des VM sollte jedoch für die Verarbeitung der PostScript-Daten und somit zum Seitenaufbau bereit stehen.

Da die Kapazität des Virtual Memory beschränkt ist, muss der RIP ihn während des Rastervorgangs immer wieder freigeben. Vor einer EPS-Datei sollte die Anwendung die Befehle *save* und *restore* erteilen. Sie geben den Speicher nach der Verarbeitung der EPS-Datei wieder frei. Steht jedoch nicht ausreichend Platz zur Verfügung, ist das Ergebnis die Meldung *VM error.*
Je mehr Schriften im VM stehen, desto weniger Platz bleibt dem RIP zur Berechnung. Deshalb sollte in regelmäßigen Abständen oder vor kom-

plizierteren Jobs über ein spezielles Programm der Font-Cache gelöscht werden. Einige neuere RIPs erledigen dies mittlerweile von selbst.

Um einen *VM error* zu umgehen, sollten verschachtelte EPS-Dateien vermieden werden. Sie treten dann oft auf, wenn z. B. in QuarkXPress von Seiten mit integrierten EPS-Dateien und Schriften wieder EPS Dateien erzeugt werden und diese dann nochmals in einem Layoutprogramm platziert und ausgegeben werden. Sollten sich darin auch noch Bilder mit Freistellern befinden, ist die Konfusion für den RIP perfekt. Belichter bearbeiten nur eine begrenzte Anzahl von verschachtelten EPS-Dateien. Es ist jedoch in keinem Fall ratsam, da EPS-Dateien nur Sicherungsroutinen durchführen, ohne den Speicher durch *restore* wieder freizugeben.

STACKOVERFLOW/ DICTSTACKOVERFLOW

Bei der Verarbeitung von PostScript-Befehlen werden verschiedene Stacks eingesetzt. Befehle wie *moveto,* welche die Durchführung bestimmter Operationen festlegen, heißen *Operands* und residieren auf dem *Operand Stack.*

Der *Dictionary Stack* beinhaltet Definitionen, um PostScript-Befehle zu verkürzen. Der Befehl *moveto i*st so als schlichtes *m* gespeichert. Die maximale Anzahl von Objekten, die sich im Dictionary Stack speichern lassen, hängt von dem verwendeten Ausgabegerät ab.
Ist ein Stack voll, so bekommen Sie die Meldung *stackoverflow.*
Jede EPS-Datei legt auf dem Dictionary Stack ein neues Dictionary an. Befindet sich dort eine zu große Anzahl von EPS-Dateien, entsteht die Meldung *dictstackoverflow.*

Unter Umständen kann ein Upgrade des RIPs auf PostScript Level 2 schon viele Probleme beheben, da die Verwaltung des Virtual Memory unter Level 2 viel effizienter arbeitet und einige Beschränkungen von Level 1 aufgehoben bzw. gemildert wurden.

LIMITCHECK ERROR

Dasselbe gilt auch für Pfade. Sie sollten sie immer so einfach wie möglich halten. Die Anzahl der Punkte sollte beschränkt sein. Ein RIP verarbeitet nur eine begrenzte Menge von Punkten, normalerweise 1500 in einem Pfad. Wenn Pixelbilder in Vektoren umgerechnet werden, dann muss eine möglichst hohe Toleranz eingestellt werden, oder der Pfad muss nachträglich von Hand auf eine minimale Anzahl von Punkten beschränkt werden. Bei zu vielen Punkten wird die Fehlermeldung *limitcheck error* ausgegeben.

Eine Kurve besteht in PostScript aus vielen kleinen geraden Linien. Um einen *limitcheck error* zu vermeiden, muss der Bereich zwischen Kurve und gerader Linie verkürzt werden, um so die Kurve zu vereinfachen. Dieses Vorgehen ist in Programmen wie Photoshop oder Illustrator mit dem Begriff *Toleranz* gemeint. Ein Vergröberungswert von drei Pixel bleibt bei einer Ausgabe mit 2400 dpi noch unsichtbar, kann jedoch einen *limitcheck error* umgehen. Einige Programme wie Illustrator oder Freehand lassen das automatische Trennen von langen Pfaden zu.
Freisteller, z. B. in Photoshop erzeugt, können durch komplizierte Pfade die Belichtungszeit stark erhöhen. Deshalb sollten Pfade, die über eine Auswahl erzeugt werden, mit einer möglichst hohen Toleranz umgerechnet und von Hand nachbearbeitet werden.

INVALID FONT

Diese Meldung tritt auf, wenn eine verwendete Schrift fehlerhaft ist. Gerade bei *billigen* Schriften kommt es häufiger vor, dass diese sich als Übeltäter herausstellen. Auch bei TrueType-Schriften ist dies oft der Fall. Es kann jedoch helfen, sie entweder z. B. im Illustrator in Pfade umzuwandeln oder sie mittels eines speziellen Programms in das PostScript-Type-1-Format zu konvertieren, wobei das Copyright beachtet werden muss.

DIE DATEI IST IN ORDNUNG, KANN ABER NICHT GEDRUCKT WERDEN.

ERROR: -8133
ERROR: -4100

Dies sind die mit Abstand lästigsten, weil nichtssagenden PostScript-Meldungen. Um genauere Informationen über solche Fehler zu erhalten, benötigt man ein spezielles Programm zur Kommunikation mit dem RIP und damit den PostScript-Interpreter. *LaserTalk* von Adobe hat hier schon gute Dienste geleistet.

UNDEFINED SYNTAXERROR NOCURRENTPOINT STACKUNDERFLOW RANGECHECK

Im Allgemeinen sind diese Fehlermeldungen für den PostScript-unerfahrenen Anwender wenig hilfreich. Die Praxis zeigt, dass diese Fehler oftmals durch übermäßig große Dateien, beschädigte Scans und Schriften sowie durch zu komplexe Pfade entstehen, selbst wenn dies der Meldung nach nicht sofort ersichtlich ist. Ein PostScript-Fehler darf lediglich als *Hinweis* auf einen Fehler gesehen werden. Sie werden nie eine genaue Fehlerbeschreibung in Form von *wo, wie und was tun* erhalten.

Um die Meldungen interpretieren zu können, ist es erforderlich, sich mit der Sprache PostScript zu beschäftigen. Nach Erfahrungen mit selbstgeschriebenen PostScript-Codes oder mit Fehlerbehebungsprogrammen lässt sich in der Regel ziemlich genau ermitteln, an welcher Stelle es bei der PostScript-Datenverarbeitung hapert.

KAPITEL 11: SCHRIFTEN

In den Anfangszeiten des DTP lagen Schriften nur als „starre“ Pixelmuster vor, als Bitmap-Schriften. Man konnte also nur Schriften in den Größen einsetzen, in denen ein Bitmap-Zeichensatz vorhanden war. Von Optionen, wie dem Dehnen und Stauchen von Zeichen, wie sie heute jede professionelle DTP-Software bietet, konnte man früher nur träumen. Als sich jedoch PostScript mehr und mehr durchsetzte und schließlich zum Standard wurde, kam auch eine neue Schriften-Technologie auf. Zeichen wurden als Vektoren definiert, d. h. ihr Umriss wurde durch Beziérkurven und Linien beschrieben, so dass sie beliebig gestaucht und skaliert werden konnten. Bitmap-Schriften werden aber auch heute noch verwendet. Hauptsächlich in oft genutzten Schriftgrößen, wie 10, 12, 14, 18 Punkt usw. Durch ihren Einsatz wird ein schnellerer Bildaufbau möglich, da keine Berechnung von Vektoren stattfindet. Zudem wird mit Bitmap-Schriften eine bessere Bildschirmdarstellung erreicht, weil sie für die Anzeige am Bildschirm und damit für eine niedrige Auflösung optimiert sind.

Heute werden im DTP-Bereich zwei Arten von Schriften-Technologien unterschieden: PostScript und TrueType. Beide sind Vektorschriften und damit geräte- und auflösungsunabhängig. Sie unterscheiden sich jedoch in ihrem Aufbau voneinander.

PostScript-Schriften sind nach dem Adobe Type-1-Format aufgebaut und lassen sich direkt mit der Sprache PostScript verarbeiten.
Type-1-Schriften werden jedoch nicht vom Betriebssystem unterstützt, sondern erfordern eine Systemerweiterung namens ATM (Adobe Type Manager), welche die Darstellung der Zeichen am Bildschirm übernimmt. Siehe dazu *Kapitel 10: PostScript, PostScript-Schriften.*
Beim Mac ist der ATM in Form eines Kontrollfeldes einzubinden, beim PC dagegen als Gerätetreiber.

TrueType-Schriften sind eine gemeinsame Entwicklung von Apple und Microsoft und stehen in direkter Konkurrenz zu der PostScript-Technologie. Um TrueType-Fonts zu verwenden, wird allerdings keine Erweiterung benötigt, da die Betriebssysteme MacOS und DOS/Windows sie direkt unterstützen.

SCHRIFTEN AUF DEM MAC

Auf dem Mac benötigt der ATM zusätzlich zu den PostScript-Fonts mindestens einen Bitmap-Zeichensatz im Schriften-Koffer. Erst durch ihn findet er den PostScript-Zeichensatz. Alle anderen Bitmap-Schriften kann man durchaus löschen. Dabei ist es gleich, welche Größe bestehen bleibt. QuarkXPress zeigt z. B. die installierten Bitmap-Schriften dadurch an, dass es sie im Schriftgrößen-Menü als Outline darstellt.

TrueType-Schriften benötigen keinen Bitmap-Zeichensatz, sie können auch alleine stehen.

Beide Schriftarten müssen im Zeichensatz-Ordner liegen, damit der Mac sie findet und zur Verfügung stellt, es sei denn, es werden Tools, wie z. B. *Suitcase* oder *ATM Deluxe* eingesetzt.

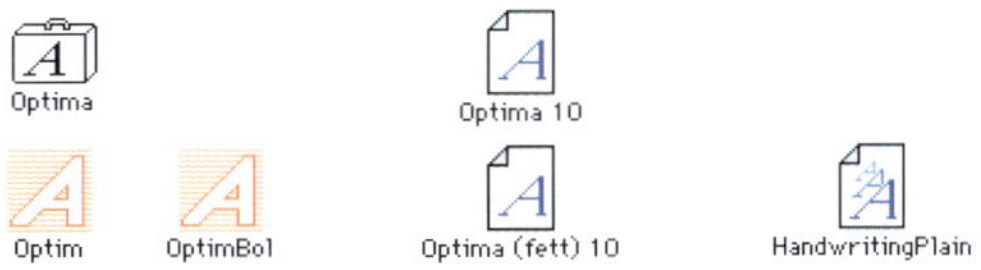

Abb. 11.1 *Links sehen Sie den Zeichensatzkoffer und die PostScript-Zeichensätze für die verschiedenen Schriftschnitte.*
In der Mitte stehen die Bitmap-Fonts. Für jeden Schriftschnitt muss mindestens einer in beliebiger Größe vorhanden sein.
Rechts sehen Sie eine TrueType-Schrift. TrueType-Schriften sind leicht an ihrem Symbol zu erkennen. Sie benötigen keine zusätzlichen Bitmap-Fonts.

Mit *Suitcase* oder dem *ATM Deluxe* sind Installieren und Deinstallieren von Schriften, egal, ob PostScript oder TrueType, während der Arbeit an Dokumenten möglich. In der Regel reagieren die Programme auf solche Schriftwechsel und aktualisieren daraufhin ihr Schriftenmenü. Sehr nützlich ist die Funktion zur Einrichtung projektbezogener Fontgruppen.

Ein weiteres Utility zur Schriftenverwaltung ist Adobes TypeReunion. Diese Systemerweiterung ordnet alle vorhandenen Schriftschnitte in einem Untermenü an, das beim Anwählen der Schnitte ausklappt und sie anzeigt. So entstehen Ordnung und bessere Übersicht im Schriftenmenü.

SCHRIFTEN UNTER WINDOWS

Windows tut sich bis zur Version 3.11 bei der Verwaltung von Schriften etwas schwerer als das MacOS. Der ATM ist hier ebenfalls verfügbar, jedoch benötigt er die PostScript-Schriften in einer etwas anderen Form als die Mac-Version. Bitmap-Schriften sind hier nicht notwendig, es werden ausschließlich die PostScript-Fonts verarbeitet. Diese bestehen normalerweise aus zwei Dateien, den AFM- und den PFM-Dateien, und befinden sich standardmäßig im Verzeichnis PSFONTS. Anders als beim Mac, müssen die Schriften über den ATM installiert werden.

Über die Systemsteuerung lassen sich benötigte TrueType-Schriften zwar schnell und einfach einbinden und nicht benötigte löschen, doch kann hier von Ordnung keine Rede sein. Für TrueType-Fonts sind ebenfalls keine Bitmap-Schriften notwendig. Sie stehen im System-Verzeichnis von Windows und tragen die Extension TTF. Beim Installieren erzeugt Windows eine zusätzliche Datei mit der Endung FOT und schreibt einen Verweis in die WIN.INI. Über diesen Verweis wird der Zugang zu der Schrift erst möglich. Einfaches Kopieren von TTF-Dateien in das SYSTEM-Verzeichnis führt also zu keinem Ergebnis. Deshalb müssen zur Weitergabe von Schriften die TTF-Dateien kopiert werden.

Nicht zuletzt wegen der kurzen, so gut wie nichtssagenden Dateinamen der Fonts ist es schwierig, diese zu kopieren und weiterzugeben.

Unter Windows 95 ist die Verwaltung von TrueType-Schriften erheblich verbessert worden und kommt der des Macs sehr nahe. PostScript-Schriften bleiben jedoch weiterhin unbekannt und erfordern die Installation über den ATM. Alle TrueType-Zeichensätze müssen sich im FONT-Ordner befinden. Öffnet man ihn, so sieht man nicht die kurzen Dateinamen, sondern Windows zeigt den vollen Namen zu jedem Font.
Zur Entlastung beider Systeme empfiehlt es sich, nur häufig benötigte Schriften in direktem Zugriff zu halten und weniger genutzte bei Bedarf nachzuladen.

Arbeiten Sie mit dem Mac und nutzen Schriftenverwaltungsprogramme, ist es durchaus empfehlenswert, Schriften nach ihrer Klassifikation, wie Grotesk, Serifen, Schmuck etc., in eigene Ordner zu legen. Dadurch erreichen Sie eine bessere Übersicht. Gerade bei umfangreicher Schriftensammlung können Sie sich so viel Zeit bei der Suche nach bestimmten Fonts ersparen.

Abb. 11.2 *Links sehen Sie das Symbol für TrueType-Fonts unter Windows 95.
Rechts steht das Symbol für eine verknüpfte Schrift, zu erkennen an dem kleinen Pfeil links unten.*

Unter Windows ist diese Art der Verwaltung von TrueType-Schriften mit einigen Einschränkungen ebenfalls möglich. Sie erstellen einfach für jeden benötigten Zeichensatz eine Verknüpfung und legen sie in den FONT-Ordner, so behält man immer noch eine gewisse Übersicht.

Abb. 11.3 *Nach Doppelklicken auf ein Font-Symbol zeigt Windows 95 ein Fenster mit Informationen zur Schrift und den gesamten Zeichensatz in verschiedenen Größen.*

PROBLEME BEHEBEN

Meistens treten erst bei der Belichtung von Dokumenten Fehler auf und oft liegt es an den verwendeten Schriften. Dazu ist zunächst einmal zu sagen, dass PostScript-Schriften in der Regel wesentlich „stabiler laufen“ als TrueType-Fonts.

Man muss sich darüber im Klaren sein, dass Schriften nicht ohne Grund in verschiedenen Schnitten wie Bold, Italic, Bold-Italic etc. geliefert werden.

Werden in QuarkXPress Zeichen über die Maßpalette auf *Bold* oder *Italic* gestellt, wird der entsprechende Schriftschnitt auch tatsächlich eingesetzt. Ist er jedoch nicht vorhanden, werden die Zeichen elektronisch fett- bzw. schräggestellt. Elektronisch heißt, dass die Zeichen von der Software modifiziert werden. Dieses Verfahren äußert sich beim Anklicken von *Bold* dadurch, dass die Laufweite der Normalschrift erhalten bleibt. Achten Sie also darauf, und wählen Sie Schriftschnitte sicherheitshalber aus dem Schriften-Menü aus.

Von allen DTP-Programmen werden beide Schriften-Technologien, PostScript und TrueType, gleichermaßen unterstützt. Selbst Grafikprogramme wie Illustrator, Freehand oder Corel Draw haben in der Regel keine Probleme mit PostScript- und TrueType-Fonts beim Umwandeln in Pfade. Da jedoch der RIP beim Pixeln der Zeichen mit einer wesentlich höheren Auflösung arbeitet, können gerade Schriften schlechter Qualität zu Problemen führen. Beim Digitalisieren von Schriften spielt die Nachbearbeitung der erzeugten Pfade eine entscheidende Rolle und zeichnet einen qualitativ guten Font aus. Sind die Pfade nämlich zu komplex, kann es zu Fehlermeldungen kommen. Von der schlechten Qualität sind erfahrungsgemäß zum größten Teil TrueType-Schriften betroffen.

Wenn der betroffene Font jedoch in dem anderen Format nicht zu haben ist, kann man ihn mit einem Konvertierungs-Programm in das benötigte umwandeln. Damit wird allerdings meistens das Copyright verletzt, wehalb dieses Verfahren nicht empfehlenswert ist.

Die bessere und einfachere Möglichkeit ist, die benutzten Zeichen des problembehaften Fonts in einem Grafikprogramm, wie Illustrator, in Pfade umzuwandeln und dann als EPS-Datei in das Layout einzusetzen. Diese Methode ist natürlich nur für Headlines oder einzelne Zeichen und nicht für Fließtext anwendbar. Von Nachteil dabei ist jedoch, dass die Farbe der Zeichen schon im Grafikprogramm festgelegt werden muss. Flexibler ist man mit folgendem Verfahren: Die Zeichen werden in Photoshop mit dem Textwerkzeug in der Farbe Schwarz eingegeben und als (komprimiertes) TIFF-Bild gespeichert. So kann man z. B. der Headline in

QuarkXPress nachträglich ihre Farbe zuordnen. Es empfiehlt sich, für derartige Grafiken eine Auflösung nicht unter 600 dpi zu verwenden, bei sehr feinen Schriften eine entsprechend höhere.

Ist ein Font in Illustrator oder in Photoshop nicht in Pfade umzuwandeln, dann ist entweder der Outline-Font (PostScript oder TrueType) unauffindbar oder er ist tatsächlich fehlerhaft.

Unter Windows werden Probleme mit PostScript-Schriften normalerweise sofort sichtbar. Da die meisten Satzhersteller auf dem Mac zur schnelleren Bildschirmdarstellung mehrere Bitmapschriften im „Köfferchen" haben, ist oft nicht sofort ersichtlich, dass man mit einem fehlerhaften Font arbeitet. Wenn Sie die Zeichen allerdings stark vergrößern (mit der „Lupe" auf 200% oder mehr), erkennen Sie schon am Bildschirm, ob der Outline-Font vorhanden ist. Prüfen Sie deshalb gerade bei größeren Dokumenten gleich zu Anfang, ob die zu verwendenden Schriften in Ordnung sind.

Preiswerte Schriftpakete, wie sie heute massenweise angeboten werden, sind für den professionellen Einsatz schon deshalb nicht zu empfehlen, weil sie aufgrund ihrer oft niedrigen Qualität zu Schriftproblemen führen.

Kapitel 12: Datenaustausch

Um Daten zu speichern, müssen sie in einem speziellen Format abgelegt werden, d. h. auf welche Weise und in welcher Reihenfolge sie auf den Datenträger geschrieben werden. Daten von Bildern, Texten, Datenbanken etc. erfordern unterschiedliche Speicherformate. Die Art der Speicherung wird als *Dateiformat* bezeichnet.

Programme, die auf den beiden Systemen, Apple Macintosh und PC, verfügbar sind, speichern ihre Daten in der Regel auf beiden im gleichen Format. Doch verlassen sollte man sich darauf nicht.

Die Dateiformate müssen zudem auch von den jeweiligen Programmen erkannt werden, um sie weiterverarbeiten zu können. Wie das Format einer Datei erkannt wird, ist auf beiden Systemen verschieden.

Apple Macintosh / Mac OS

Der Macintosh setzt dazu vor jede Datei einen für den Benutzer unsichtbaren Header (Dateikopf). In diesem stehen wichtige Daten zur Verwaltung:

- Dateiname
- Typ der Datei (Dateiformat)
- Erzeuger-Programm
- ob die Datei schreibgeschützt ist
- oder in Gebrauch ist
- Erstellungsdatum und -zeit
- Datum und Zeit der letzten Änderung
- und viele weitere Daten

Der Dateiname kann bis zu 31 Zeichen umfassen. Der Typ der Datei gibt das Dateiformat an und besteht in der Regel aus vier Zeichen. Ebenso wird das Erzeuger-Programm gespeichert. Die darauf folgenden Daten sprechen für sich und sind hier nebensächlich.

Der Header macht es möglich, dass eine Datei durch Doppelklicken auf sie das dazugehörige Erzeuger-Programm startet und sich scheinbar selbst öffnet. Dies wird natürlich vom *Finder* erledigt. Auf dem Mac lassen sich Programme nicht mehrfach starten, sondern es kann immer nur eine Kopie laufen.

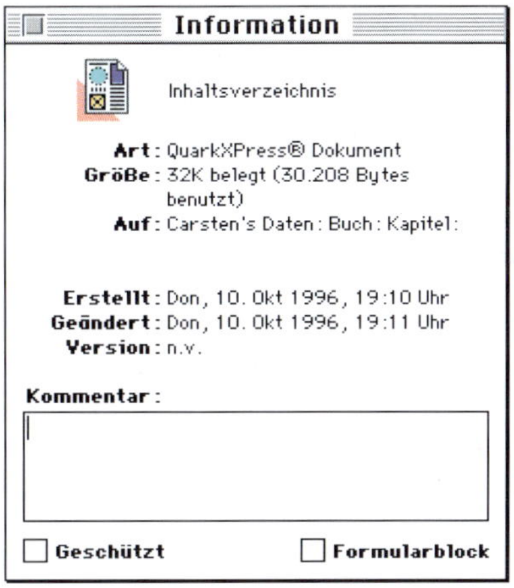

Abb. 12.1 *Der Mac zeigt in seinem Informationsfenster relevante Daten zu einer Datei oder einem Programm. Zusätzlich lässt sich noch ein Kommentar eintragen.*

DOS- und Windows-PC

Der PC kennt diese Art von Header nicht, sondern die Datei liegt „platt" auf dem verwendeten Speichermedium. Benötigte Verwaltungsdaten, von denen längst nicht so viele vorhanden sind wie beim Mac, werden im Directory-Eintrag verwaltet. Es sind Erstellungsdatum und -zeit, Datum und Zeit der letzten Änderung sowie verschiedene Attribute wie schreibgeschützt, versteckt etc.
Der Dateiname fasst beim PC nur acht Zeichen, was nicht gerade eine aussagekräftige Bezeichnung der Daten erlaubt. Unter Windows 95 sind zwar 256 Zeichen für Dateinamen möglich,

allerdings wird dies nur durch einen Trick bzw. eine (noch) nicht kompatible Erweiterung zu anderen Systemen erreicht. Beim Datenaustausch zwischen PC und Mac werden lange Windows-95-Dateinamen zu kurzen, acht Zeichen umfassenden Namen verstümmelt.

Das Dateiformat erkennt der PC an einer Erweiterung, genannt *Extension,* die drei Zeichen umfassen darf. Das Ganze wird auch als 8-3er Konvention bezeichnet. Windows 95 versteckt wahlweise diese Extension vor den Augen des Benutzers. Sie ist aber immer vorhanden, es sei denn, die Datei wurde ohne sie gespeichert. Um nun das zu einer Extension gehörende Programm zu erkennen, verwaltet Windows eine Tabelle, in der die benötigten Programmverweise gespeichert sind. Unter DOS gibt es eine solche Erkennung von Dateien nicht. So können Sie hier auch nur über das verwendete Programm und nicht durch bloße Angabe des Dateinamens öffnen.
Nun ist es jedoch unter Windows nicht vorgesehen, bei Dateien des gleichen Typs zu differenzieren. Das heißt, dass Dateien mit der gleichen Extension nur *einer* Applikation zugeordnet werden können. Will man nun EPS-Dateien beispielsweise nicht mit CorelPaint, sondern mit Photoshop öffnen, muss man von Hand eingreifen. Dazu muss die schon genannte Tabelle zur Verwaltung der Extensions geändert werden.

Unter Windows bis zur Version 3.11 sind Änderungen noch von Hand auszuführen. Man verlässt Windows, öffnet mit dem Editor oder dem Systemeditor die WIN.INI und ändert den Eintrag ab. Unter Windows 95 lassen sich die Programme den Extensions etwas komfortabler zuweisen. Dazu öffnen Sie den Explorer und wählen im Menü Ansicht den Befehl *Optionen.* Wenn Sie auf den Reiter Dateitypen klicken, sehen Sie alle installierten Extensions. Zuweisungen sind so leicht auszuführen.

ÜBERSPIELEN VON DATEIEN

Wird eine Mac-Datei zum PC überspielt, geht deren Header verloren, da der PC ihn nicht erkennt und nur die eigentlichen Daten der Datei speichert. In der Regel haben Mac-Dateien auch keinen Namen nach der 8-3er Konvention. Der Dateiname ist meistens länger als acht Zeichen. Selbst wenn es nicht mehr Zeichen sind, fehlt immer noch die Extension, die Windows auf das Dateiformat schließen lässt. Man muss also von Hand nachhelfen, d. h. die übertragenen Mac-Dateien umbenennen und dabei natürlich wissen, in welchem Format sie vorliegen und wie dessen Extension lautet. Aufschluss darüber gibt Ihnen im Anhang die *Tabelle der Extensions.*

Kleiner Tip: Klicken Sie im Informationsfenster des Macs auf den Dateinamen, zeigt er den für den PC gekürzten an.

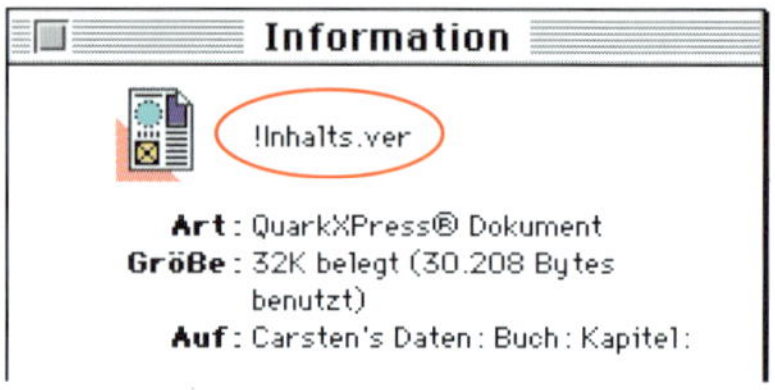

Abb. 12.2 *Bei einmaligem Klicken auf den Dateinamen wird er auf die 8-3er Konvention gekürzt angezeigt.*

Wer PC-Dateien zum Mac überträgt, stößt auf ein anderes Problem. Und zwar ist es hier der Header, der zwar nach der Übertragung nicht fehlt, jedoch „künstlich“ erzeugt werden muss. Wird beispielsweise eine EPS-Datei übertragen, erkennt der Finder nicht deren Dateiformat. Selbst dann nicht, wenn diese Datei die Kennung „.eps“ im Namen trägt. Dazu kommt, dass das Erzeuger-Programm ebenfalls unbekannt bleibt und nicht korrekt in den Header eingetragen wird.

Das Kontrollfeld *PC-Exchange* hilft, auf dem Macintosh dieses Manko weitestgehend zu beheben. Hier können Extensions angegeben werden, denen dann das jeweilige Programm zugeordnet wird. Beim Kopieren von PC-Dateien erkennt *PC-Exchange* nun die Extension und trägt den Dateityp mit dem entsprechenden Programm in den Header ein.

Ein weiteres Problem ist, dass manche PC-Programme nur Dateien lesen können, die auch im PC-Format, genauer im Intel-Format, gespeichert sind. Im Intel-Format werden Daten nämlich in ihrer Bytefolge anders gespeichert als im Motorola-Format, das beim Macintosh verwendet wird. Dies ist keine Eigenheit mancher Programme, geschweige denn Programmierer, sondern ist auf die Prozessor-Hersteller der beiden Systeme zurückzuführen.

Einige Grafikformate verwenden intern eine Signatur, an der erkennbar ist, um welches Byteformat es sich handelt. Diese Signatur muss natürlich von dem jeweiligen Programm, dem ja bekannt ist, auf welchem System es läuft, gespeichert werden. In professionellen Programmen wird eine Auswahl angeboten, für welches System man speichern möchte.

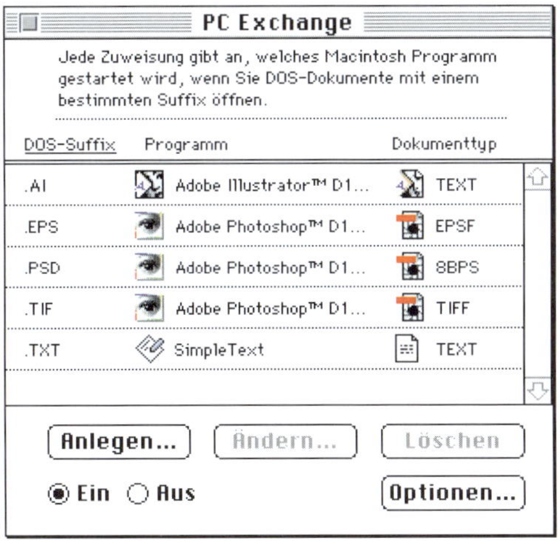

Abb. 12.3 *Mit PC-Exchange können Sie Mac-Programmen PC-Suffixe (Extensions) zuweisen.*

Nun erkennen Programme wie Photoshop oder QuarkXPress das Dateiformat aber nicht allein (bei PCs) an der Extension, sondern schauen auch in die Datei hinein und überprüfen die Signatur auf das Byteformat. Deshalb ist es unter den DTP-Programmen im Allgemeinen nicht von Bedeutung, für welches System gespeichert wird. Treten allerdings doch einmal Probleme beim Datenaustausch auf oder sind Sie sich nicht sicher, ob ein Programm beide Byteformate unterstützt, so speichern Sie Ihre Daten gleich im richtigen Format. Lesen Sie dazu auch das *Kapitel 13: Konvertierung.*

Es ist selbst auf dem Mac von Vorteil, wenn man Dateien eine Extension zuweist, denn so sieht man auf den ersten Blick, um welches Dateiformat es sich dabei handelt.

Wer sich schon öfter gefragt hat, weshalb beim Überspielen von Dateien vom PC zum Mac oder andersherum die Icons verschwinden oder – besser gesagt – wechseln: Es handelt sich dabei um das gleiche Problem wie beim Dateiformat und Erzeuger-Programm. Auf dem Mac hat jede Datei ein eigenes Icon. Einer PC-Datei hingegen wird, abhängig von ihrer Extension, das vom Erzeuger-Programm vorgegebene zugeteilt. Deshalb werden Dateien gleichen Typs bzw. Formates auch immer mit den gleichen Icons angezeigt, egal, von welchem Programm sie erstellt wurden. Es kann je Extension nur ein zugehöriges Programm geben. Für Windows bleibt EPS nun mal EPS, und das Programm, welches zuerst da war, hat nun alle Dateien dieser Art „am Hals“. Die Umstellung einer Extension auf ein anderes Programm ist aber durchaus möglich. Dazu genügt einfaches Ändern in der INI-Datei (Windows 3.x) bzw. Registry von Windows 95; beides setzt allerdings etwas Erfahrung voraus.

Kapitel 13: Konvertierung

Da jedes Programm sein eigenes Format zur Speicherung von Daten sowohl für Text als auch für Bild benutzt, sind im Laufe der Zeit eine Menge Dateiformate entstanden. Dabei haben sich die Formate etablierter Standardprogramme durchgesetzt und werden so auch von weniger bekannten Programmen „verstanden". Neben den programmeigenen Formaten gibt es die universellen Formate, wie z. B. RTF für Texte und EPSF und TIFF für Bilder.

Da heutige Programme in der Regel mehrere Dateiformate lesen und auch schreiben, hält sich die Problematik des Datenaustausches in Grenzen. Wenn das verwendetet Layoutprogramm die Text- oder Bilddaten in einem speziellen Format jedoch nicht unterstützt, werden Konvertierungsprogramme eingesetzt.

Textkonvertierung

Im DTP-Bereich werden Texte meistens ohne Formatierungen wie Schriftart, -stil, -größe oder -farbe übernommen, denn dies wird in der Regel erst im Layoutprogramm festgelegt. Durch den genormten ASCII-Code für Zeichen (Buchstaben, Zahlen, Sonderzeichen) sind Texte theoretisch leicht von System zu System übertragbar. In der Praxis sieht die Sache aber meistens etwas schwieriger aus. So sind Sonderzeichen, wie die deutschen Umlaute, das „ß" und andere Zeichen beim MacOS mit anderen Codes belegt als unter Windows (siehe Tabellen der ASCII-Codes).

Damit beispielsweise Texte vom PC korrekt von Mac-Programmen übernommen werden, müssen sie konvertiert werden. Beim Konvertieren werden die gespeicherten Codes der Sonderzeichen im Text in die des MacOS umgesetzt.
Umgekehrt ist dies natürlich auch möglich, was jedoch relativ selten vorkommt.

Oft lassen sich Texte in dem verwendeten Textverarbeitungsprogramm (z. B. Microsoft Word oder WordPerfect) in mehreren Formaten speichern. Da beide Software-Pakete auch für den Mac erhältlich sind, können Sie Text auf dem PC z. B. im Format *Word für Macintosh* speichern. So erhalten die Sonderzeichen von vornherein die Codes des Mac OS.

Wenn Sie kein Textverarbeitungs- oder Konvertierungsprogramm besitzen, können Sie sich auch auf folgende Weise behelfen:
Haben Sie Texte im PC-Format vorliegen, die Sie für den Mac benötigen, und verfügen über QuarkXPress für Windows, erstellen Sie auf dem PC ein neues Dokument und laden den Text. Wenn er korrekt angezeigt wird, sichern Sie das Dokument z. B. auf eine Diskette, oder (wenn Sie im Netzwerk sind) gleich auf den Mac, auf dem Sie den Text benötigen. Öffnen Sie in QuarkXPress auf dem Mac die PC-QuarkXPress-Datei. Die Meldung „Windows Dokument wird konvertiert" wird angezeigt. Eventuelle Hinweise, dass Schriften fehlen, können Sie ignorieren. Neben anderen Daten des Dokuments wird auch der Text konvertiert. Das Ganze funktioniert selbstverständlich auch umgekehrt.

ASCII-Zeichencodes Mac » PC

Apple QuickDraw Standard Layout
Microsoft Windows Standard Layout

	!	"	#	$	%	&	'	(	)	*	+	,	-	.	/
20	**21**	**22**	**23**	**24**	**25**	**26**	**27**	**28**	**29**	**2A**	**2B**	**2C**	**2D**	**2E**	**2F**
32	33	34	35	36	37	38	39	40	41	42	43	44	45	46	47
0	1	2	3	4	5	6	7	8	9	:	;	<	=	>	?
30	**31**	**32**	**33**	**34**	**35**	**36**	**37**	**38**	**39**	**3A**	**3B**	**3C**	**3D**	**3E**	**3F**
48	49	50	51	52	53	54	55	56	57	58	59	60	61	62	63
@	A	B	C	D	E	F	G	H	I	J	K	L	M	N	O
40	**41**	**42**	**43**	**44**	**45**	**46**	**47**	**48**	**49**	**4A**	**4B**	**4C**	**4D**	**4E**	**4F**
64	65	66	67	68	69	70	71	72	73	74	75	76	77	78	79
P	Q	R	S	T	U	V	W	X	Y	Z	[	\	]	^	_
50	**51**	**52**	**53**	**54**	**55**	**56**	**57**	**58**	**59**	**5A**	**5B**	**5C**	**5D**	**5E**	**5F**
80	81	82	83	84	85	86	87	88	89	90	91	92	93	94	95
`	a	b	c	d	e	f	g	h	i	j	k	l	m	n	o
60	**61**	**62**	**63**	**64**	**65**	**66**	**67**	**68**	**69**	**6A**	**6B**	**6C**	**6D**	**6E**	**6F**
96	97	98	99	100	101	102	103	104	105	106	107	108	109	110	111
p	q	r	s	t	u	v	w	x	y	z	{	|	}	~	..
70	**71**	**72**	**73**	**74**	**75**	**76**	**77**	**78**	**79**	**7A**	**7B**	**7C**	**7D**	**7E**	**7F**
112	113	114	115	116	117	118	119	120	121	122	123	124	125	126	
Ä	Å	Ç	É	Ñ	Ö	Ü	á	à	â	ä	ã	å	ç	é	è
80	**81**	**82**	**83**	**84**	**85**	**86**	**87**	**88**	**89**	**8A**	**8B**	**8C**	**8D**	**8E**	**8F**
196	197	199	201	209	214	220	225	224	226	228	227	229	231	233	232
ê	ë	í	ì	î	ï	ñ	ó	ò	ô	ö	õ	ú	ù	û	ü
90	**91**	**92**	**93**	**94**	**95**	**96**	**97**	**98**	**99**	**9A**	**9B**	**9C**	**9D**	**9E**	**9F**
234	235	237	236	238	239	241	243	242	244	246	245	250	249	251	252
†	°	¢	£	§	•	¶	ß	®	©	™	´	¨	≠	Æ	Ø
A0	**A1**	**A2**	**A3**	**A4**	**A5**	**A6**	**A7**	**A8**	**A9**	**AA**	**AB**	**AC**	**AD**	**AE**	**AF**
134	176	162	163	167	149	182	223	174	169	153	180	168		198	216
∞	±	≤	≥	¥	µ	∂	∑	∏	π	∫	ª	º	Ω	æ	ø
B0	**B1**	**B2**	**B3**	**B4**	**B5**	**B6**	**B7**	**B8**	**B9**	**BA**	**BB**	**BC**	**BD**	**BE**	**BF**
	177			165	181						170	186		230	248
¿	¡	¬	√	ƒ	≈	∆	«	»	…		À	Ã	Õ	Œ	œ
C0	**C1**	**C2**	**C3**	**C4**	**C5**	**C6**	**C7**	**C8**	**C9**	**CA**	**CB**	**CC**	**CD**	**CE**	**CF**
191	161	172		131			171	187	133	160	192	195	213	140	156
–	—	"	"	'	'	÷	◊	ÿ	Ÿ	/	¤	‹	›	ﬁ	ﬂ
D0	**D1**	**D2**	**D**	**D4**	**D5**	**D6**	**D7**	**D8**	**D9**	**DA**	**DB**	**DC**	**DD**	**DE**	**DF**
150	151	147	148	145	146	247		255	159		164	139	155		
‡	·	‚	„	‰	Â	Ê	Á	Ë	È	Í	Î	Ï	Ì	Ó	Ô
E0	**E1**	**E2**	**E3**	**E4**	**E5**	**E6**	**E7**	**E8**	**E9**	**EA**	**EB**	**EC**	**ED**	**EE**	**EF**
135	183	130	132	137	194	202	193	203	200	205	206	207	204	211	212
	Ò	Ú	Û	Ù	ı	ˆ	˜	¯	˘	˙	˚	¸	˝	˛	ˇ
F0	**F1**	**F2**	**F3**	**F4**	**F5**	**F6**	**F7**	**F8**	**F9**	**FA**	**FB**	**FC**	**FD**	**FE**	**FF**
	210	218	219	217		136	152	175				184			

ASCII-Zeichencodes PC » Mac

Mircosoft Windows Standard Layout
Apple QuickDraw Standard Layout

	!	"	#	$	%	&	'	(	)	*	+	,	-	.	/
32	**33**	**34**	**35**	**36**	**37**	**38**	**39**	**40**	**41**	**42**	**43**	**44**	**45**	**46**	**47**
20	21	22	23	24	25	26	27	28	29	2A	2B	2C	2D	2E	2F
0	1	2	3	4	5	6	7	8	9	:	;	<	=	>	?
48	**49**	**50**	**51**	**52**	**53**	**54**	**55**	**56**	**57**	**58**	**59**	**60**	**61**	**62**	**63**
30	31	32	33	34	35	36	37	38	39	3A	3B	3C	3D	3E	3F
@	A	B	C	D	E	F	G	H	I	J	K	L	M	N	O
64	**65**	**66**	**67**	**68**	**69**	**70**	**71**	**72**	**73**	**74**	**75**	**76**	**77**	**78**	**79**
40	41	42	43	44	45	46	47	48	49	4A	4B	4C	4D	4E	4F
P	Q	R	S	T	U	V	W	X	Y	Z	[	\	]	^	_
80	**81**	**82**	**83**	**84**	**85**	**86**	**87**	**88**	**89**	**90**	**91**	**92**	**93**	**94**	**95**
50	51	52	53	54	55	56	57	58	59	5A	5B	5C	5D	5E	5F
`	a	b	c	d	e	f	g	h	i	j	k	l	m	n	o
96	**97**	**98**	**99**	**100**	**101**	**102**	**103**	**104**	**105**	**106**	**107**	**108**	**109**	**110**	**111**
60	61	62	63	64	65	66	67	68	69	6A	6B	6C	6D	6E	6F
p	q	r	s	t	u	v	w	x	y	z	{	|	}	~	..
112	**113**	**114**	**115**	**116**	**117**	**118**	**119**	**120**	**121**	**122**	**123**	**124**	**125**	**126**	**127**
70	71	72	73	74	75	76	77	78	79	7A	7B	7C	7D	7E	7F
..	..	‚	ƒ	„	…	†	‡	ˆ	‰	Š	‹	Œ	..	..	..
128	**129**	**130**	**131**	**132**	**133**	**134**	**135**	**136**	**137**	**38**	**139**	**140**	**141**	**142**	**143**
		E2	C4	E3	C9	A0	E0	F6	E4		DC	CE			
..	'	'	"	"	•	–	—	˜	™	š	›	œ	..	..	Ÿ
144	**145**	**146**	**147**	**148**	**149**	**150**	**151**	**152**	**153**	**154**	**155**	**156**	**157**	**158**	**159**
	D4	D5	D2	D3	A5	D0	D1	F7	AA		DD	CF			D9
	¡	¢	£	¤	¥	¦	§	¨	©	ª	«	¬	-	®	¯
160	**161**	**162**	**163**	**164**	**165**	**166**	**167**	**168**	**169**	**170**	**171**	**172**	**173**	**174**	**175**
CA	C1	A2	A3	DB	B4		A4	AC	A9	BB	C7	C2	2D	A8	F8
°	±	²	³	´	µ	¶	·	¸	¹	º	»	¼	½	¾	¿
176	**177**	**178**	**179**	**180**	**181**	**182**	**183**	**184**	**185**	**186**	**187**	**188**	**189**	**190**	**191**
A1	B1			AB	B5	A6	E1	FC		BC	C8				C0
À	Á	Â	Ã	Ä	Å	Æ	Ç	È	É	Ê	Ë	Ì	Í	Î	Ï
192	**193**	**194**	**195**	**196**	**197**	**198**	**199**	**200**	**201**	**202**	**203**	**204**	**205**	**206**	**207**
CB	E7	E5	CC	80	81	AE	82	E9	83	E6	E8	ED	EA	EB	EC
Ð	Ñ	Ò	Ó	Ô	Õ	Ö	×	Ø	Ù	Ú	Û	Ü	Ý	Þ	ß
208	**209**	**210**	**211**	**212**	**213**	**214**	**215**	**216**	**217**	**218**	**219**	**220**	**221**	**222**	**223**
	84	F1	EE	EF	CD	85		AF	F4	F2	F3	86			A7
à	á	â	ã	ä	å	æ	ç	è	é	ê	ë	ì	í	î	ï
224	**225**	**226**	**227**	**228**	**229**	**230**	**231**	**232**	**233**	**234**	**235**	**236**	**237**	**238**	**239**
88	87	89	8B	8A	8C	BE	8D	8F	8E	90	91	93	92	94	95
ð	ñ	ò	ó	ô	õ	ö	÷	ø	ù	ú	û	ü	ý	þ	ÿ
240	**241**	**242**	**243**	**244**	**245**	**246**	**247**	**248**	**249**	**250**	**251**	**252**	**253**	**254**	**255**
	96	98	97	99	9B	9A	D6	BF	9D	9C	9E	9F			D8

GRAFIKKONVERTIERUNG

Eine Konvertierung von Grafiken und Bildern ist im DTP-Bereich in der Regel nicht erforderlich, da Layoutprogramme wie QuarkXPress oder Bildbearbeitungssoftware wie Photoshop alle bekannten Grafik- und Bildformate lesen, egal, ob diese im PC- oder Mac-Format vorliegen. Zudem können Sie z. B. in Photoshop wählen, ob Sie im Intel- oder Motorola-Format sichern möchten (siehe *Kapitel 12: Datenaustausch).*

Wenn Sie jedoch mal Grafiken/Bilder in selteneren Formaten wie z. B. *RAS* (Sun Rasterfile) oder *CEG* (Edsun Labs) vorliegen haben, benötigen Sie einen *Grafikkonverter.* Das gleichnamige Programm von Thorsten Lemke unterstützt eine Reihe von Formaten. Auch Konvertierungsprogramme wie *deBabelizer* für den Mac oder *Hijack* für Windows können eine große Anzahl von Dateiformaten lesen und schreiben. Darunter befinden sich auch für den DTP-Bereich eher exotische, wie *Autocad* oder *Scitex.*

Grafiken aus CorelDraw können zwischen den beiden Systemen Mac und PC ausgetauscht werden; sie sind *binärkompatibel.*
Falls Sie Grafiken im CorelDraw-PC-Format haben und auf dem Mac benötigen, hier jedoch kein CorelDraw installiert ist, nützt Ihnen auch kein Konvertierungsprogramm. Dazu muss bereits in CorelDraw in das richtige Dateiformat (EPS, AI etc.) exportiert werden.

Autocad-Dateien (DXF) lassen sich auf dem Mac mit Freehand (nicht immer) lesen, können aber von CorelDraw oftmals zufriedenstellend importiert werden und dann als EPS- oder AI-Datei wieder exportiert werden. Manchmal erfordert die Übernahme von Grafiken etwas Trickserei, führt jedoch auch dann nicht immer zu den gewünschten Ergebnissen.

Auf jeden Fall sollte man sich genau über die unterstützten Formate seiner Software informieren, denn hin und wieder sind auch Wege abseits des Üblichen erfolgreich.

Kapitel 14: Proofs

Um sicherzustellen, dass Farben und Bilder im Druck in der gewünschten Qualität wiedergegeben werden, wird in der Regel ein Andruck erstellt. Dabei werden Filme, Montagen und Druckplatten genauso wie beim Auflagendruck benötigt und die verwendete Andruck- oder Druckmaschine muss entsprechend eingerichtet werden. Für qualitativ hochwertige Drucksachen mit hoher Auflage sind die Kosten, die durch einen Andruck entstehen, sicher auch gerechtfertigt. Bei einfacheren Drucksachen mit kleineren Auflagen stehen sie jedoch in keinem Verhältnis zu den Produktionskosten.

Um auch bei Standardqualität und niedrigeren Auflagen schon vor dem Druck Farben und Bilder beurteilen zu können, wurden verschiedene Verfahren entwickelt, die als *Proofing* bezeichnet werden. Besser ist jedoch die genauere Bezeichnung *Pre-Press-Proofing,* da ein Andruck genaugenommen auch ein Proof ist. Weil jedoch so gut wie immer die Pre-Press-Proofs gemeint sind, wird hier auch nur der Begriff Proof verwendet.

Ein Proof ist gegenüber einem Andruck wesentlich kostengünstiger herzustellen, da er keine Druckplatten und keine Druckmaschine erfordert. Selbstverständlich muss darauf geachtet werden, dass der Proof auch wirklich mit dem später im Auflagendruck zu produzierenden Druckerzeugnis übereinstimmt. Da bei einigen Proof-Verfahren mit der Laminierungstechnik und mit Farbfolien gearbeitet wird, muss Spezialpapier verwendet werden, was in der Regel nicht mit dem später im Druck verarbeiteten Papier übereinstimmt.

Gerade bei Materialien wie Karton, Umweltpapier, Folien etc. lässt sich der Andruck nicht immer durch einen Proof ersetzen. Deshalb muss der für den Fortdruck vorgesehene Bedruckstoff (in Farbe, Struktur und Saugfähigkeit) unbedingt berücksichtigt werden, da anderenfalls der beste Proof für den Druck ohne Sinn ist.

Hinzu kommt, dass längst nicht alle Proof-Verfahren von den Druckereien als verbindliches (Farb-) Muster anerkannt werden. So sollte man sich bei der Druckerei genau informieren, ob diese die Verantwortung für die Farbwiedergabe nach Ihrem Proof im Druck übernimmt.

Eines der bekanntesten analogen Proof-Verfahren ist *Cromalin* der Firma DuPont. Aber auch Verfahren von Imation (3M) und Agfa sind anerkannt. Digitale Proofs von Laser- oder Tintenstrahldruckern ergeben jedoch oft keine verbindliches Muster für die Farbwiedergabe.

Sowohl für den Andruck als auch für alle Proofverfahren unabdingbar ist selbstverständlich die genaue Kalibration der verwendeten Ein- und Ausgabegeräte (siehe *Kapitel 5: Kalibrierung).*

Man unterscheidet beim Proofing zwischen dem Soft- und dem Hardproofing.

Softproofing-Verfahren

Das Softproofing stellt eine Methode dar, bei der Farben und Bilder schon am Monitor so dargestellt werden, wie sie später im Druck erscheinen sollen. Speziell bei der Bildbearbeitung ist es unerlässlich, ein kalibriertes System zu verwenden, da gerade Farbkorrekturen nicht „ungefähr“ vorgenommen werden können. Wo mit Bildern und Farben gearbeitet und Qualität erwartet wird, ist Softproofing kaum zu entbehren.

HARDPROOFING-VERFAHREN

Das *Hardproofing-Verfahren* unterteilt sich in die analogen und die digitalen Varianten.

Die analogen Verfahren

Für die *analogen Proof-Verfahren* benötigt man gerasterte Farbauszugspositive. Beim Cromalin ist ein spezieller Papierträger erforderlich, auf den dann eine Folie mit klebrigem Kunststoff laminiert wird. Darauf wird ein Rasterpositiv aufgebracht und belichtet. An den belichteten Stellen verliert der Kunststoff seine Klebrigkeit. Nachdem die Folie abgezogen ist, bleibt aufgebrachter Toner in der entsprechenden Auszugsfarbe an den klebenden Stellen (Zeichnung) haften. Dieser Vorgang wird mit den anderen Auszügen und entsprechendem Farbtoner wiederholt. So entsteht auf dem Trägermaterial das farbige Bild.

Beim Proof-Verfahren von Agfa (Agfaproof) und Imation (Matchprint) wird mit Farbfolien in den entsprechenden Auszugsfarben gearbeitet. Die Farbfolie laminiert man auf das Trägermaterial (ein Spezialpapier). Darauf wird ein Rasterpositiv belichtet. Nach der Belichtung bleiben, wie bei einem Abziehbild, die nicht belichteten Stellen (Zeichnung) auf dem Trägermaterial zurück. Das Ganze wird für die restlichen drei Auszüge mit den entsprechenden Farbfolien wiederholt.

Da für die analogen Proof-Verfahren spezielles Trägermaterial benötigt wird, lässt sich das Auflagendruckpapier nicht einsetzen. Deshalb ist zu beachten, dass Farben in der Regel nicht hundertprozentig so erscheinen wie im Druck. Auf dem verwendeten Spezialpapier werden sie klar und stark gesättigt wiedergegeben, was beispielsweise auf Zeitungspapier und anderen saugenden Papiersorten nicht der Fall ist.

Die digitalen Verfahren

Obwohl bei den analogen Proof-Verfahren hohe Kosten für Montage, Druckplatten und Druckmaschine wegfallen, werden doch immer noch Auszugsfilme benötigt. Zudem sind diese Verfahren ziemlich kompliziert, zeitaufwendig und nach wie vor teuer.

Farbfähige Laser- oder Tintenstrahldrucker, wie sie heute auf dem Massenmarkt zu haben sind, eignen sich jedoch nicht oder nur sehr bedingt für die verbindliche Farbwiedergabe. Sie verfügen im Gegensatz zum Belichter über eine sehr

WICHTIGE KRITERIEN BEI DER WAHL VON PROOF-GERÄTEN

Folgende Kriterien sind bei der Wahl eines Proof-Gerätes entscheidend für die Qualität und Produktivität:

- Analogproof: Auszugsfilme erforderlich
Digitalproof: keine Filme erforderlich
- Entsprechen die verwendeten Farben der Euroskala?
- Ist der darstellbare Farbumfang des Gerätes ausreichend groß?
- Ist es möglich, den Druckpunktzuwachs (Tonwertzunahme) zu simulieren?
- Wird das Verfahren von Druckereien als verbindliches Muster anerkannt?
- Ist der Herstellungsprozess kompliziert?
- Wie hoch sind die Kosten eines Proofs?
- Ist die Herstellung bei Tageslicht möglich?
- Kann das gewünschte Druckpapier als Trägermaterial genutzt werden?
- Bis zu welchem Format kann ausgegeben werden?
- Werden Chemikalien eingesetzt (Standort des Gerätes)?

niedrige Auflösung und können deshalb nicht mit der üblichen Rasterweite und Punktform arbeiten. Aufgrund dessen lassen sich feine Details schlecht oder gar nicht darstellen. Zudem muss der Farbumfang ausreichend groß sein, was ein weiteres Problem darstellt. Herkömmliche Farbdrucker stellen zu den analogen Proof-Verfahren also keine Alternative dar.

Digitale Proof-Systeme

Die *digitalen Proof-Systeme,* wie sie heute Kodak (Approval) oder Imation (Digital Matchprint) anbieten, sind im Prinzip Belichter, die nacheinander lichtempfindliche Farbfolien belichten. Dabei wird ein Raster erzeugt, wie es auch bei der Filmbelichtung geschieht.

Bei der Bilderzeugung wird die Farbe entweder von einer Folie durch Hitzeeinwirkung oder durch Flüssigtoner auf das Auflagenpapier übertragen. Da Auflagenpapier verwendet wird und kein Spezialpapier, ist die Farbkontrolle noch besser als bei den analogen Proof-Verfahren. So können Farbumfang und Punktzuwachs (Tonwertzunahme) von vornherein genau bestimmt werden.

Digitale Thermosublimation

Im Gegensatz zu den bisher beschriebenen Proof-Verfahren lassen sich mit der *Thermosublimations-Technik* echte Halbtöne erzeugen. Somit ist keine Rasterung der Zeichnung notwendig und die Geräte benötigen keine so hohe Auflösung. Bei der Thermosublimation werden ebenfalls Farbfolien eingesetzt. Auf diese werden kleine, dicht nebeneinanderliegende Heizelemente gedrückt. Durch die regelbare Temperatur der Thermoelemente verdampft ein Teil der Farbe und bleibt auf dem Bildträger in fester Form haften. Je höher die Temperatur der Heizelemente ist, desto mehr Farbe verdampft und desto kräftiger ist der Farbauftrag.

Thermosublimationsgeräte werden von Imation (Desktop Color Proof), DuPont (4 Cast) und Sony (UP D7000) angeboten.

Inkjet-Proofverfahren

Die *Inkjet-Technik* ist im Gegensatz zu den anderen bei digitalen Proof-Verfahren eingesetzten Techniken relativ bekannt. Weil sie sehr preisgünstig ist, wird sie z. B. in vielen SW- und Farb-Tintenstrahldruckern von Hewlett Packard oder Canon eingesetzt.
Beim Inkjet-Druck wird Farbe tropfenweise aus feinen Kapillardüsen herausgedrückt. Dabei werden die Farbtropfen von einem elektrostatischen Feld so abgelenkt, dass sie entweder auf den Bedruckstoff oder in einen Auffangbehälter gelangen.
Ein digitales Proof-Verfahren, das auf der Inkjet-Technik basiert, ist das *IrisSmartjet.* Es wurde von der Firma Iris Graphic Inc. entwickelt und arbeitet mit den vier Druckfarben Cyan, Magenta, Gelb und Schwarz. Zur Kalibrierung lassen sich Korrekturprofile erstellen, die Fehlabweichungen zwischen unkorrigiertem Inkjet-Proof und Fortdruck kompensieren. Dadurch werden nahezu fortdruckgerechte Proofs möglich.
In den letzten Jahren hat sich das IrisSmartjet-Proofverfahren weitgehend durchgesetzt und wird mittlerweile von vielen Druckereien als verbindlicher Andruckersatz anerkannt.

Kapitel 15: Ausgabe

Häufig kommt es bei der Ausgabe von Dokumenten zu Schwierigkeiten und zu unerwarteten Problemen. Aufgrund der vielfältigen Einstellmöglichkeiten der heutigen DTP-Software und der leistungsfähigen Hardware, die dies ermöglicht, muss eine Menge beachtet werden, um Fehler bei der Belichtung zu vermeiden.

Grundsätzliches

Achten Sie bei der Belichtung auf die Ausgabeauflösung und die Rasterweite. Welche Werte angegeben bzw. eingegeben werden müssen, hängt von der Druckart und der verwendeten Papiersorte ab. Es muss also eine Absprache mit dem Belichtungsstudio oder der Druckerei erfolgen.

Angeschnittene Bilder oder Flächen müssen in einem Mindestmaß über den Seitenrand hinausragen, damit später beim Beschneiden der fertigen Drucksache keine weißen Ränder entstehen.

Um im Druck Blitzer zu vermeiden, müssen die betreffenden Objekte entsprechend überfüllt werden (siehe *Kapitel 9: Überfüllung*).

Weitergabe an Belichtungsstudios

Wenn Sie Ihre Daten an ein Belichtungsstudio weitergeben, stehen Ihnen dazu zwei Möglichkeiten offen. Die erste besteht darin, dass Sie Ihre Original-Dokumente und die benötigten Bilder und Schriften übergeben. Voraussetzung dafür ist natürlich, dass das Serviceunternehmen mit der gleichen Software arbeitet wie Sie und dazu möglichst auf dem gleichen System. Auf einem PC mit QuarkXPress erstellte Dokumente lassen sich in der Regel von einem Mac ohne Probleme belichten. Mac-Dateien bereiten jedoch, schon alleine wegen der langen Dateinamen, einem PC erhebliche Probleme. Dadurch ist viel Handarbeit erforderlich, was zusätzliche Kosten verursacht.

Doch selbst wenn Sie Ihre Dokumente auf einem PC erstellt haben, können Probleme auftreten. Windows 95 arbeitet ja bekanntlich mit langen Dateinamen. Werden so erstellte Dokumente aber unter Windows 3.x aufgerufen, findet QuarkXPress die verknüpften Bilder nicht mehr, und es muss dann von Hand eingegriffen werden.

Häufig kommt es auch vor, dass bei der Belichtung Bilder oder Schriften fehlen. QuarkXPress bietet zur Weitergabe von Dokumenten den Menüpunkt *Für Ausgabe sammeln...* im Menü *Ablage.* Dadurch können alle verwendeten Dateien einer Drucksache auf einen Datenträger kopiert werden. Achten Sie jedoch auf eventuell verwendete Schriften in EPS-Dateien, denn diese erkennt QuarkXPress erst beim Belichten bzw. Drucken, nicht bei der Option *Für Ausgabe sammeln...* Deshalb ist es besser, Sie wandeln in EPS-Dateien benötigte Schriften in Pfade um, dann kann nichts mehr schiefgehen.

Die zweite Möglichkeit, Ihre Daten weiterzugeben, ist das Erzeugen von PostScript-Dateien. Dabei müssen Sie natürlich über das vom Belichtungsstudio verwendete Ausgabegerät Bescheid wissen: Mit welcher Auflösung und Rasterweite kann belichtet werden und wie breit ist das Material, können die Seiten quer ausgegeben werden, seitenrichtig oder seitenverkehrt, negativ oder positiv?

Gerade bei seitenrichtiger oder -verkehrter Belichtung muss man sich genau informieren, da sich die standardmäßigen Einstellungen der verschiedenen Belichter unterscheiden. Ob Sie nun bei der seitenverkehrten Belichtung das Dokument horizontal spiegeln müssen oder nicht, entscheidet die Voreinstellung des Belichters.

Der Vorteil von PostScript-Dateien liegt darin, dass Sie keine Schriften oder Bilder extra übergeben müssen, was gerade bei großen Dokumenten von Vorteil ist. Die vorher gemachten Angaben zum Ausgabegerät müssen jedoch genau stimmen, da ansonsten Seiten falsch ausgegeben werden können.

Es sollten auch nicht alle Seiten eines Dokuments in *eine* PostScript-Datei geschrieben werden, da sonst enventuelle Fehler die ganze Belichtung lahmlegen würden. Erzeugen Sie immer nur von zwei Dokumentseiten eine PostScript-Datei, so können Fehler schneller behoben und überarbeitete Seiten prompt nachgereicht werden.
In der Regel bieten Belichtungsstudios Informationsblätter und auch Auftragsbögen an, damit wirklich alle Unstimmigkeiten von Anfang an vermieden werden. Trotzdem empfiehlt es sich, Testbelichtungen machen zu lassen, damit das Ergebnis wirklich zufriedenstellend ist.

Bei Farbsätzen ist es empfehlenswert, alle Seiten schon vor der Belichtung auf einem Laserdrucker separiert auszugeben, damit Sie sicher gehen können, dass die Farbverteilung richtig angelegt worden ist und keine ungewollten Belichtungen entstehen.

VORBEUGEN IST BESSER

Um eventuelle PostScript-Fehlermeldungen oder unerwünschte Belichtungsergebnisse von vornherein zu vermeiden, können in QuarkXPress sowie im Grafikprogramm Illustrator mehrere Einstellungen vorgenommen werden.

Um PostScript-Fehler, wie den *limitcheck error*, bei Belichtungen zu vermeiden, empfiehlt es sich, in Illustrator unter *Dokumentformat* die Kästchen *Verläufe kompatibler drucken* und *Lange Pfade teilen* anzuklicken. Bei letzterem wird dann die Ausgabeauflösung des Belichters angegeben. Diese Einstellungen sorgen gerade bei RIPs, die noch mit PostScript Level 1 arbeiten, für eine sicherere Ausgabe.

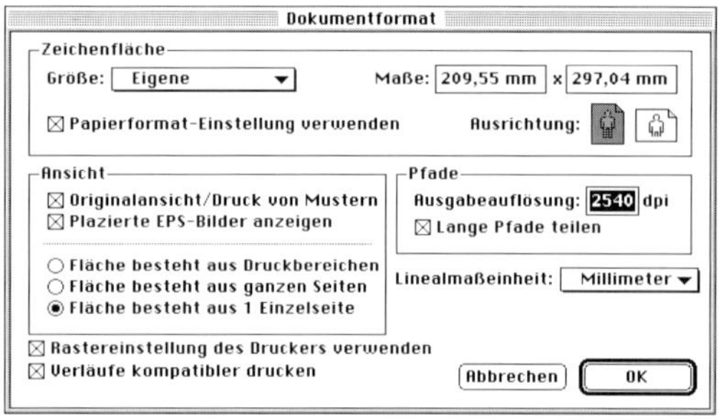

Abb. 15.1 *Unter „Dokumentformat" lassen sich in Illustrator Einstellungen machen, mit denen die Ausgabe auf PostScript-Geräten sicherer wird.*

Für Verläufe bietet Illustrator 6.0 auch die Möglichkeit, sie in *Streifen* aufzuteilen. Ähnlich wie bei der Umwandlung von Zeichen in Pfade kann diese Umwandlung von Verläufen zu mehr Sicherheit beitragen. Sie ist jedoch *fest,* d. h. der Verlauf kann nicht mehr verändert werden. Als Anzahl werden die maximal möglichen Graustufen angegeben, die der Belichter durch seine Ausgabeauflösung und erforderliche Rasterweite darstellen kann (siehe *Kapitel 3: Raster*).

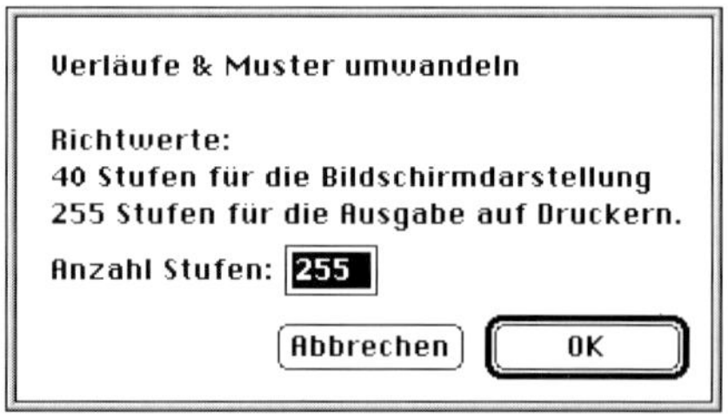

Abb. 15.2 *Verläufe lassen sich in Streifen umwandeln, was bei älteren RIPs sehr nützlich sein kann. Angegeben wird die Anzahl der Stufen (Streifen).*

Bei umfangreicheren Grafiken kann es vorkommen, dass unbenutzte und überflüssige Objekte entstehen. Um diese aus der Zeichnung zu entfernen, kann in Illustrator 6.0 der Filter *Aufräumen* verwendet werden, wobei noch weitere Einstellungen möglich sind.

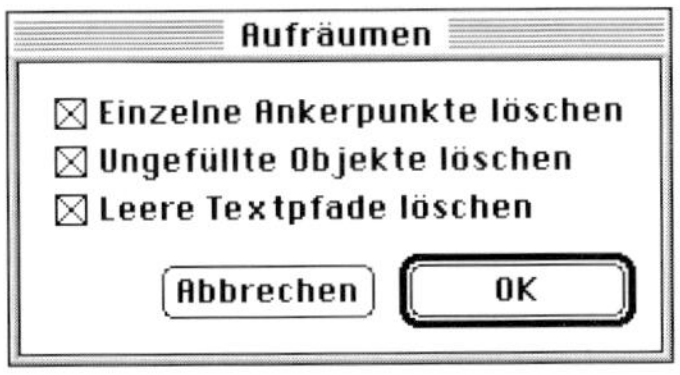

Abb. 15.3 *Der Filter „Aufräumen" entfernt überflüssige Objekte aus einer Zeichnung, die bei der Ausgabe eventuell zu Fehlermeldungen führen könnten.*

BELICHTUNGSZEITEN VERKÜRZEN

Belichtungsstudios rechnen oft nach der benötigten Zeit ab, was sich bei umfangreicheren Arbeiten im Preis stark bemerkbar macht. Es ist also gerade für Betriebe, die keinen eigenen Belichter besitzen, interessant, die Belichtungszeiten so kurz wie möglich zu halten. Aber auch Anwender mit eigenem Belichter können unter Beachtung der nachfolgenden Tips ihre Produktivität steigern.

Durch Verläufe und Bilder können sich Belichtungszeiten enorm in die Länge ziehen. Wird beispielsweise in QuarkXPress ein linearer Verlauf mit 90° (von oben nach unten) über eine DIN-A4-Seite angelegt und diese bei der Ausgabe gedreht, d. h. quer belichtet, erfordert dies einen wesentlich höheren Rechenaufwand, als wenn die Seite hochformatig ausgegeben wird. Der Grund ist einfach: Da der Belichter die Daten horizontal in einem *Band* schreibt, muss der RIP einen horizontalen Verlauf für jedes Band immer wieder aufs Neue berechnen, was gerade bei hohen Auflösungen Zeit kostet.

Ebenso erfordern gedrehte Bilder zusätzliche Rechenzeit des RIPs. Es empfiehlt sich, sie schon in dem verwendeten Bildbearbeitungsprogramm so zu speichern, wie sie im Layout benötigt werden. Dasselbe gilt für die Größe von Bildern: Setzen Sie Bilder in der benötigten Größe in Ihr Layout ein, durch übermäßig große Datenmengen erhöht sich die Belichtungszeit erheblich.

Wenn Sie QuarkXPress-Dokumente zum Belichtungsstudio geben, können Sie die Belichtungszeit verkürzen, wenn Sie 4C-Bilder im *DCS-Format* sichern. Komprimierte TIFF-Dateien werden vor der Übertragung zum RIP entpackt, was zwar Speicherplatz spart, jedoch zusätzlich Zeit kostet.

Sie sollten auch darauf achten, dass Sie Seiten, für die nicht alle vier Farbsätze benötigt werden, kennzeichnen und diese getrennt ausgeben. QuarkXPress belichtet bei angelegten CMYK-Farben grundsätzlich den Schwarz-Bogen mit, selbst wenn auf einem Bogen gar keine Objekte in der Farbe Schwarz vorhanden sind.
Die Auflösung des Belichters spielt bei der Ausgabegeschwindigkeit ebenfalls eine Rolle. Wählen Sie die benötigte Auflösung nach der benötigten Rasterweite. Akzidenzen benötigen in der Regel eine hohe Rasterweite ab 60 lpc und somit Auflösungen ab 2400 dpi. Im Zeitungsdruck dagegen sind 28 lpc üblich, die auch mit 1200 dpi zu erzielen sind. Zudem können komplexe Grafiken gerade bei hohen Belichter-Auflösungen Probleme bereiten.

Trotz Beachtung aller Einstellungen und Vorkehrungen kann es bei der Belichtung zu ungewollten Ergebnissen kommen. Um die Sicherheit noch weiter zu erhöhen, können sogenannte Soft-RIPs eingesetzt werden. Ein Soft-RIP ist ein Programm, das einen RIP nachahmt und die zu belichtenden Daten am Bildschirm ausgibt. Bei komplizierten Dokumenten kann dies eine große Hilfe sein, die Fehler schon am Bildschirm zu erkennen sind. Hundertprozentige Sicherheit ist jedoch auch hiermit nicht zu erwarten. Prüfprogramme, die Dateien auf mögliche Fehler überprüfen, werden *PreFlightChecker* genannt. Beispiele sind: Flight Check, Flight-Simulator, PrePrint Pro, LaserCheck, ePScript.

Eine korrekte Belichtung erfordert eine Vielzahl an Einstellungen. Deshalb muss man schon genau wissen, was man will und braucht, um optimale Ergebnisse zu erhalten.

Kapitel 16: Der Siebenfarbendruck

Jaques Christoph Le Blon erfand vor dreihundert Jahren den Vierfarbendruck. Seitdem hat sich an den Grundlagen des Farbendrucks wenig geändert. Die Verfahren für den Druck mit mehr als vier Farben sollen hauptsächlich eine brillantere Farbwiedergabe ermöglichen.

Stellen Sie sich folgendes vor: Jemand sieht in einem Katalog einen Teppich, der farblich ideal zu seiner Sofagarnitur passt. Der Teppich wird bestellt, doch beim Eintreffen ist die Enttäuschung groß. Die Farben fallen völlig anders aus, als sie in dem Katalog abgebildet sind. Der verärgerte Kunde schickt die Ware wieder zurück und bestellt wahrscheinlich dort so schnell nicht wieder.

Ein guter Mehrfarbendruck zeichnet sich in der Regel dadurch aus, dass er die Farben der Vorlage exakt wiedergibt. Mit der genormten Euroskala ist dies jedoch bei vielen Farben nicht möglich, da der Farbraum, der sich mit ihr erzielen lässt, nicht alle Farbschattierungen enthält, die das menschliche Auge wahrnehmen kann.

Zur Kompensation dieser Mängel wurde der Siebenfarbendruck entwickelt, der sechs bunte Druckfarben zuzüglich Schwarz verwendet. Basis sind sie bekannten vier Farben der Euroskala (CMYK). Dazu kommen die drei Zusatzfarben Orangerot, Grün und Violettblau, und zwar in einer Reinheit, wie sie im Vierfarbendruck nicht zu erzeugen sind. Dadurch lassen sich besonders leuchtende Farben wiedergeben, die außerhalb des Farbraums der Euroskala liegen. Es sind so bis zu 30 Prozent mehr Farben möglich, besonders im Grün- und Blauviolettbereich und bei den Rottönen (*Abbildung 16.1*).

Eigentlich handelt es sich dabei um einen Achtfarbendruck, in dem die sechs bunten Grundfarben (Grün, Cyan, Blau, Magenta, Orangerot und Gelb) sowie die beiden Unbuntfarben Schwarz und Weiß zusammenwirken. Nur erübrigt sich der Farbauszug für die unbunte Farbe Weiß, da er als Differenzwert von selbst entsteht. Ihm entsprechen die unbedruckten Bildflächen der weißen Papieroberfläche.
Der Siebenfarbendruck hat natürlich nicht den Sinn, den Vierfarbendruck nach der Euroskala abzulösen, sondern ist vielmehr für Reproduktionen gedacht, in denen alle drei bunten Sekundärfarbbereiche optimal wiedergegeben werden sollen. Wenn nur Farben eines einzigen kritischen Sekundärbereichs zusätzlich wiederzugeben sind, genügt der Fünffarbendruck. Wenn zwei kritische Bereiche vorhanden sind, kommt der Sechsfarbendruck zum Einsatz. Nach wie vor werden also alle Aufträge, die sich vierfarbig befriedigend lösen lassen, auch im Vierfarbendruck hergestellt.

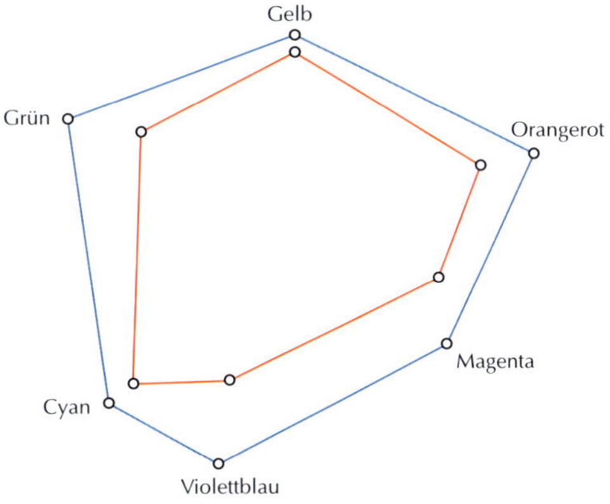

Abb. 16.1 *Diese schematische Darstellung der Farbräume des Vierfarbendrucks nach der Euroskala (rot) und des Siebenfarbendrucks (blau) zeigen, wie sich die Farbwiedergabe verbessert.*
Es können mit dem Siebenfarbendruck bis zu 30 Prozent mehr Farben wiedergegeben werden.

Der Siebenfarbendruck eignet sich z. B. für Aufträge, die man heute überhaupt nicht in einem Druckverfahren herstellt, wie etwa Stoffkollektionen, Fliesen- oder Teppichangebote. Man behilft sich hier in der Regel, indem Materialproben in die Druckerzeugnisse eingeklebt werden. Wer etwas von dieser Materie versteht, müsste von der Richtigkeit und Notwendigkeit des Siebenfarbendrucks überzeugt sein. Was er leistet und wie er genau funktioniert, zeigt *Der große Küppers-Farbenatlas* (erschienen im Callwey Verlag, München). Er enthält auch die zur Reproduktion benötigten Mischformeln von 25 000 Farbnuancen einschließlich der erforderlichen Rasterwerte.

Die Bezeichnung *HiFi-Color* ist ein sehr attraktiver Terminus, der Assoziationen zu dem riesigen Qualitätssprung der digitalen Musikwiedergabe weckt. Damit ist allerdings nicht allein der Siebenfarbendruck gemeint, sondern alle Verfahren, die über den konventionellen Vierfarbendruck hinausgehen. Unter HiFi-Color fallen auch der Unbuntaufbau, die frequenzmodulierte Rasterung und der Metallic-Buntdruck.

DIE SIEBENFARBENPRAXIS

Neu ist das Verfahren der Separation in sieben Farben nicht. Der Aufwand dabei ist jedoch beträchtlich höher als bei der CMYK-Separation. Durch ausgetüftelte Rasterwinkelungen müssen die Punktmuster so realisiert werden, dass auch beim Zusammendruck von sieben Farben keine Moirés entstehen. Durch die Einführung des frequenzmodulierten Rasterverfahrens hat sich das Thema Moiré allerdings erledigt, wodurch das weitgehend problemlose Übereinanderdrucken von sieben Farben möglich wurde.

Bei entsprechenden High-End-Scannern, wie von Heidelberg, die über eine Siebenfarbenseparation verfügen, wird in zwei Durchgängen eingelesen: Im ersten Scan-Durchgang werden Cyan, Magenta, Gelb und Schwarz erfasst und im zweiten Orangerot, Grün und Violettblau. Es entstehen so zwei Dateien. Dabei wird mit einer herkömmlichen Auflösung von 120 lpc gescannt (bei Vergrößerungen natürlich entsprechend höher).

Das Programm *ederMCS* von Heidelberg (Linotype-Hell) für den Macintosh bietet die Möglichkeit, in mehr als vier Farben zu separieren. Um den sehr begrenzten Farbraum der Euroskala zu erweitern, werden die Sekundärfarben des CMYK-Systems, nämlich Rot, Grün und Blau, als *Echtfarben* gedruckt. Die Software *ederMCS* (MCS = Multi Color Separation) für den Macintosh erlaubt das *farbraumerweiternde* Separieren von CMYK-TIFF- oder CMYK-EPS-Bildern. Bisher im Druck nicht darstellbare Fartöne werden mit *ederMCS* so erschlossen. Die Software errechnet die Anteile der einzelnen Druckfarben pro Farbton neu.
ederMCS verfügt über drei Module:

4C-GCR-Farbaufbau

ederMCS 4C-GCR wandelt ein CMYK-Bild in Bilddaten, deren Farbtöne aus jeweils zwei Buntfarben plus Schwarz generiert werden (Unbuntaufbau). Dabei ist es egal, ob die CMYK-Daten bunt oder unbunt vorliegen. Notwendig ist der Unbuntaufbau, um die folgende Aufteilung (MCS-Separation) in zusätzliche reine Druckfarben vorzunehmen. Durch die Buntfarbenaddition (UCA) in Cyan, Magenta und Gelb werden dunkle Neutraltöne und schwarze Bildstellen unterstützt. Bei der Umrechnung können Parameter für die Erhaltung bzw. Steigerung der Farbsättigung im *Tertiärfarbbereich* sowie für die maximale Buntfarbenaddition (UCA) bestimmt werden.

4C+fixColors

Dieses Modul ermöglicht zusätzlich zu CMYK die Separation von bis zu vier weiteren Farben aus der *ederMCS*-Farbskala. Die Primärfarben Cyan und Gelb entsprechen weitestgehend den Prozessfarben des Vierfarbendrucks. *ederMCS*-Magenta dagegen ist wesentlich reiner und farbintensiver als das Euro-Magenta. Bei der MCS-Separation werden Farbtöne, die durch eine zusätzliche MCS-Farbe erzielt werden, in den betroffenen Primärfarben CMY entsprechend

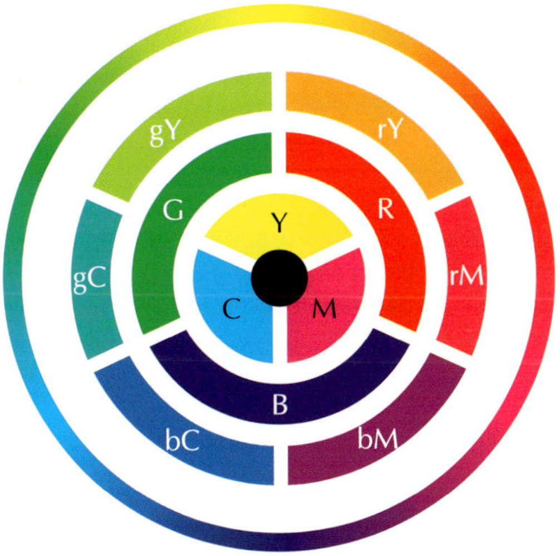

Primärton-Farben
Cyan
Magenta
Yellow
Schwarz

Sekundärton-Farben
Rot
Grün
Blau

Zwischenton-Farben
rotes **Y**ellow
blaues **M**agenta
grünes **C**yan
rotes **M**agenta
blaues **C**yan
grünes **Y**ellow

Abb. 16.2 *Farbentheorie des Moduls ederMCS 4C+fixColors*

reduziert. Dabei bleibt der Schwarzkanal unverändert.
Die beim 4C-Bildaufbau durch Übereinanderdruck zweier Buntfarben (CMY) entstehenden Mischfarben Rot, Grün und Blau werden durch echte Farben ersetzt. Diese sind wesentlich reiner und somit farbintensiver. Dadurch wird der druckbare Farbraum deutlich erweitert *(Abbildung 16.1)*.
In der Mitte der Primärfarbtöne CMY und der Sekundärfarbtöne RGB liegen die Farbtöne der Zwischentonfarben. Zusätzlich zu CMYK oder CMYK+Sekundärtonfarben (RGB) kann eine Zwischentonfarbe separiert werden.

Red-Range-Separation (R)
Separation eines Farbtones im Rotbereich als zusätzliche Druckfarbe. Farbtöne, bestehend zu gleichen Teilen aus Magenta und Yellow sowie maximal 50 Prozent Schwarz, können separiert werden. Separation für AM- und FM-Rasterung möglich.

Green-Range-Separation (G)
Separation eines Farbtones im Grünbereich als zusätzliche Druckfarbe. Farbtöne, bestehend zu gleichen Teilen aus Cyan und Yellow sowie maximal 50 Prozent Schwarz, können separiert werden. Separation für AM- und FM-Rasterung möglich.

Blue-Range-Separation (B)
Separation eines Farbtones im Blaubereich als zusätzliche Druckfarbe. Farbtöne, bestehend zu gleichen Teilen aus Cyan und Magenta sowie maximal 50 Prozent Schwarz, können separiert werden. Separation nur für FM- und nicht für AM-Rasterung möglich.

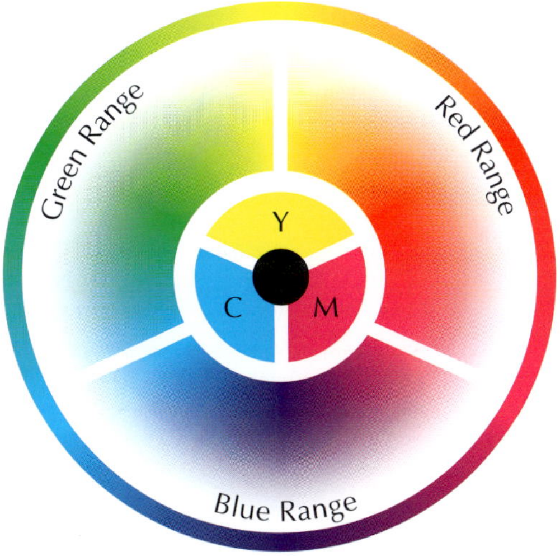

Abb. 16.3 *Farbentheorie des Moduls ederMCS 4C+freeColors*

4C+freeColors

Dieses Modul ermöglicht die Separation jeweils einer zusätzlichen Farbe im Rot-, Grün- oder Blaubereich des Farbspektrums zu CMYK. Der zu ersetzende Farbton kann ein Sekundärfarbton sein, bestehend aus zwei Buntfarben (CMY) oder ein Tertiärfarbton, bestehend aus zwei Buntfarben mit einer Verschwärzlichung bis zu 50 Prozent. Die Definition des 4C-Farbtones erfolgt als GCR-Farbwert, d. h. Tonwertprozente werden für die beiden Buntfarben von 0–100 Prozent und für Schwarz bis maximal 50 Prozent festgelegt.

Wird die FM-Rasterung (frequenzmoduliert, siehe *Kapitel 3: Raster)* verwendet, kann je eine zusätzliche Farbe für den Rot-, Grün und Blaubereich separiert werden. Es lassen sich entweder alle Farben in FM oder nur Schwarz in FM und die Buntfarben in AM (amplitudenmoduliert) ausbelichten.
Wird die AM-Rasterung (autotypische Rasterung) gewählt, so ist die Beschränkung auf den Rot- und Grünbereich zu beachten. Die zur Verfügung stehenden Rasterwinkelungen lassen eine zusätzliche Farbe im Blaubereich nicht zu.

Leider verbietet sich in diesem Buch, Beispiele zum Siebenfarbendruck abzubilden, da dies zu aufwendig und zu teuer wäre. Über die eder repros GmbH oder Heidelberg Prepress Vertrieb Deutschland GmbH (Adressen im Anhang) können Sie jedoch Prospekte und Unterlagen anfordern, die sehr gut veranschaulichen, welche deutlich höhere Qualität sich schon mit *einer* zusätzlich separierten Farbe erzielen lässt.

Die zusätzlich zu CMYK erzeugten Farbsätze müssen später manuell montiert werden. Statt üblicherweise vier Lithos sind es entsprechend mehr, was natürlich einen höheren Montageaufwand bedeutet.

Als Dateiformate für Siebenfarbenbilder und -grafiken bietet sich das DCS-2.0-Format geradezu an. Es erlaubt zusätzlich zu CMYK das Speichern von Schmuckfarben. Eines der wenigen Programme, die das DCS-2.0-Format heute unterstützen, ist QuarkXPress in der Version 3.3. So lassen sich 7C-Bilder ohne Probleme oder Tricks platzieren und ausgeben.

Wie man sieht, kann man den Siebenfarbendruck relativ einfach einsetzen, auch wenn erst wenige der aktuellen DTP- und Imaging-Programme die Separation in sieben Farben unterstützen.

Komponenten der digitalen Druckvorstufe

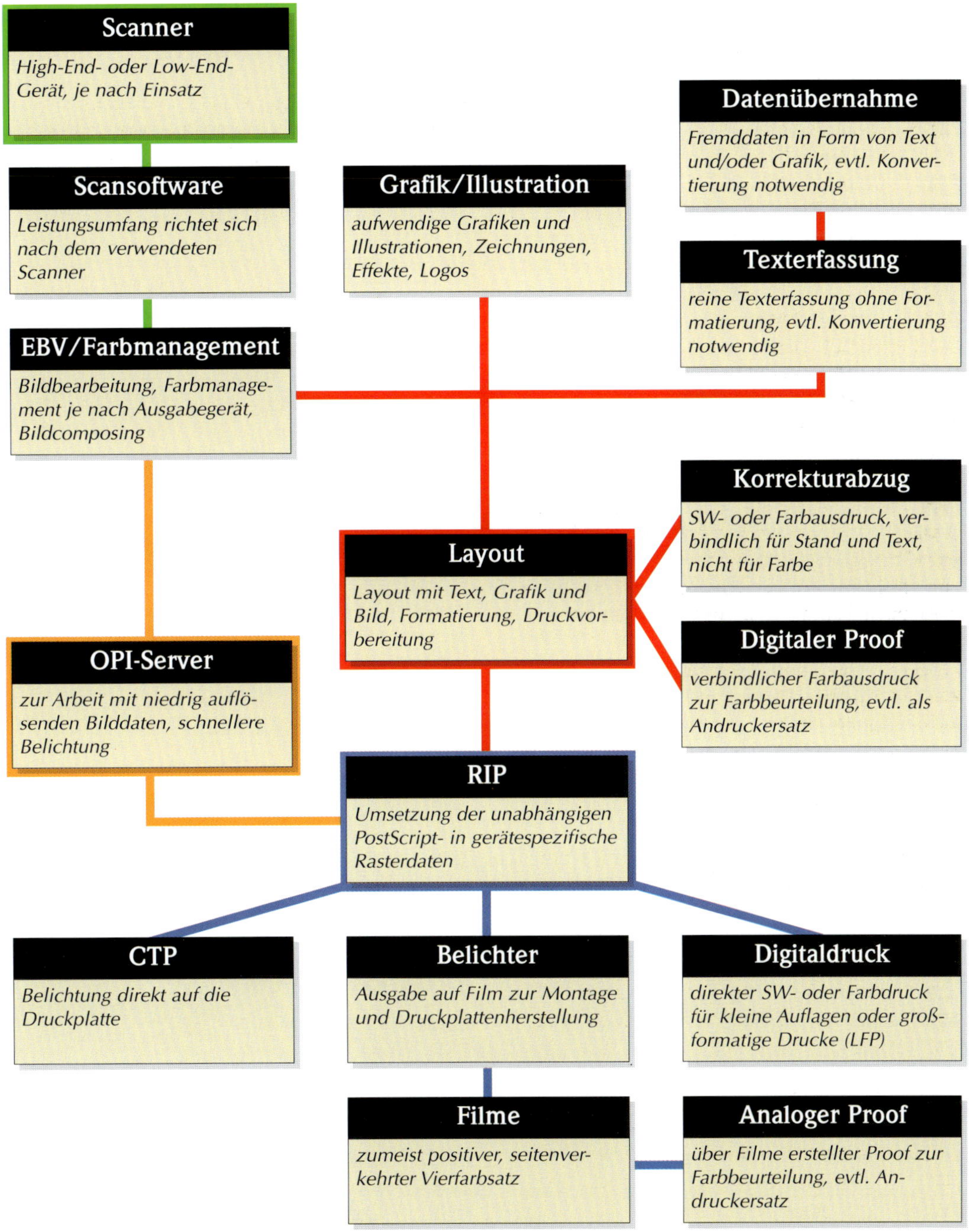

Anhang I: Tabelle der Extensions

Grafikformate

BMP	Windows- und OS/2-Bitmap
BSG	Fontasy Grafik
CEG	Edsun Labs
CLP	Windows Clipboard
CMP	Atari Public Painter Monochrom
CUT	Dr. Halo Import
DXF	Autocad
EPS	Encapsulated PostScript
GIF	Graphics Interchange
GOE	GOES Satellit Image
IMG	GEM Image File
JPG	JPEG File Interchange (JFIF)
JPG	HSI JPEG File
LBM	Amiga IFF
MAC	Mac Paint
MSP	Microsoft Paint
MTV	MTV Ray Tracer
NEO	Atari NeoChrom
PAC	Atari STAD-Grafik
PCD	Kodak Photo CD
PCP	Atari Grafik
PCX	ZSoft Paintbrush
PDF	Portable Document File
PI3	Atari DEGAS
PIC	Mac-PICT2
PIC	PCPaint/Pictor Page
QDV	Macintosh Giffer
RAS	Sun Rasterfile
RAW	HSI File
RAW	QRT Ray Tracer
RIF	RIFF Bitmap
RIX	EGA Paint/ColorRIX
RLE	Compuserve VIDTEX
SCR	MS-Word-Grafikformat
SGI	Silicon Graphic
SST	AVHRR Image File
TGA	Targa Bitmap
TIF	Tagged Image File
TPI	Turbo Pascal-Grafik
VI	Jovian Color Computer Eyes
WPG	Word Perfect Grafik
XWD	X Window-System

Animationsformate

ANI	Amiga Animation
FLI	Autodesk Animator
FLC	Autodesk 3D Studio
GL	Grasp Interpreter
SEQ	Cyber Paint Sequenz

Faxformate

CPF	Complete PC Faxfile
DCX	CAS-Fax-Standard
FAX	Generic Fax
FXD	Winfax File
GMF	Gamma Fax File
JTF	JT Fax File
QFX	Quick Link II Fax File
RIC	Ricoh Fax File
WFX	Worldport Fax File

Textformate

DOC	Word für Windows, Winword
MCW	Word für Macintosh
RTF	Rich Text Format
SAM	Ami Professional
TXT	ASCII-Text
WK...	Lotus 1-2-3
WPF	Word Perfect Datei
XLS	Exel für Windows

Programmformate

QXD	QuarkXpress
PM?	Aldus PageMaker
PSD	Adobe Photoshop
AI	Adobe Illustrator
ART	Adobe Illustrator
FH...	Macromedia Freehand
CDR	CorelDraw
CCH	CorelChart

Anhang II: HKS K-Farben

HKS 1	C0	M10	Y60	K0
HKS 2	C5	M0	Y100	K0
HKS 3	C0	M0	Y100	K0
HKS 4	C0	M20	Y100	K0
HKS 5	C0	M30	Y100	K0
HKS 6	C0	M45	Y100	K0
HKS 7	C0	M60	Y100	K0
HKS 8	C0	M65	Y100	K0
HKS 10	C0	M85	Y100	K0
HKS 11	C0	M45	Y50	K0
HKS 12	C0	M85	Y95	K0
HKS 13	C0	M100	Y95	K0
HKS 14	C0	M100	Y100	K0
HKS 15	C10	M100	Y80	K0
HKS 16	C30	M100	Y90	K0
HKS 17	C30	M100	Y70	K0
HKS 18	C60	M100	Y80	K0
HKS 21	C0	M55	Y25	K0
HKS 22	C0	M90	Y80	K0
HKS 23	C0	M100	Y70	K0
HKS 24	C0	M100	Y50	K0
HKS 25	C0	M100	Y25	K0
HKS 26	C20	M100	Y20	K0
HKS 27	C5	M100	Y0	K0
HKS 28	C20	M100	Y40	K0
HKS 29	C50	M100	Y0	K0
HKS 31	C20	M100	Y0	K0
HKS 32	C10	M100	Y0	K0
HKS 33	C60	M100	Y0	K0
HKS 34	C80	M100	Y0	K0
HKS 35	C90	M90	Y0	K0
HKS 36	C80	M90	Y0	K0
HKS 37	C90	M100	Y0	K0
HKS 38	C100	M60	Y20	K70
HKS 39	C90	M50	Y0	K0
HKS 40	C100	M30	Y15	K0
HKS 41	C100	M70	Y10	K60
HKS 42	C100	M80	Y0	K0
HKS 43	C100	M70	Y0	K0
HKS 44	C100	M50	Y0	K0
HKS 45	C90	M70	Y0	K0
HKS 46	C90	M30	Y5	K5
HKS 47	C100	M0	Y0	K0
HKS 48	C100	M0	Y10	K0
HKS 49	C100	M20	Y10	K0
HKS 50	C65	M0	Y5	K0
HKS 51	C100	M0	Y45	K0
HKS 52	C95	M0	Y55	K0
HKS 53	C80	M0	Y60	K0
HKS 54	C100	M0	Y80	K10
HKS 55	C100	M0	Y70	K30
HKS 56	C100	M50	Y80	K0
HKS 57	C100	M0	Y90	K20
HKS 58	C60	M0	Y65	K50
HKS 59	C100	M0	Y50	K20
HKS 60	C80	M5	Y100	K0
HKS 61	C70	M0	Y100	K75
HKS 62	C10	M0	Y70	K60
HKS 63	C60	M0	Y90	K40
HKS 64	C85	M0	Y100	K10
HKS 65	C65	M0	Y100	K0
HKS 66	C60	M0	Y100	K0
HKS 67	C60	M0	Y95	K0
HKS 68	C20	M20	Y100	K0
HKS 69	C20	M0	Y100	K0
HKS 71	C10	M50	Y100	K0
HKS 72	C10	M55	Y100	K0
HKS 73	C0	M55	Y100	K30
HKS 74	C0	M50	Y100	K55
HKS 75	C10	M30	Y80	K60
HKS 76	C0	M60	Y90	K80
HKS 77	C0	M60	Y60	K70
HKS 78	C60	M95	Y100	K0
HKS 81	C10	M80	Y100	K0
HKS 82	C0	M85	Y100	K30
HKS 83	C0	M75	Y70	K50
HKS 84	C0	M80	Y70	K60
HKS 88	C0	M0	Y0	K100
HKS 91	C10	M0	Y10	K40
HKS 92	C10	M0	Y0	K70
HKS 93	C20	M0	Y10	K80
HKS 95	C0	M0	Y20	K50
HKS 96	C0	M0	Y20	K60
HKS 97	C10	M0	Y20	K90

Anhang III: Literaturverzeichnis

SCHULE DER FARBEN

Grundzüge der Farbentheorie für Computeranwender und andere
Harald Küppers, DuMont Buchverlag Köln,
ISBN 3-7701-2841-9

DAS GRUNDGESETZ DER FARBENLEHRE

Harald Küppers
DuMont Buchverlag Köln,
Band 65

DIE FARBENLEHRE DER FERNSEH-, FOTO- UND DRUCKTECHNIK

Farbentheorie der visuellen Kommunikationsmedien
Harald Küppers, DuMont Buchverlag Köln,
Band 163

POSTSCRIPT LANGUAGE REFERENCE MANUAL

Adobe Systems, Inc., Deutsche Ausgabe,
erschienen im Verlag Addison Wesley

POSTSCRIPT – EINFÜHRUNG UND LEITFADEN

Adobe Systems, Inc., Verlag Addison Wesley,
ISBN 3-925118-70-5

SCHNELLÜBERSICHT POSTSCRIPT

Susanne Dotzauer, Markt & Technik,
ISBN 3-89090-995-7

DAS HANDBUCH DER GRAFIKFORMATE

Klaus Holtorf, Franzis-Verlag GmbH, München,
ISBN 3-7723-6392-X

REFERENZHANDBUCH DATEIFORMATE

Grafik, Text, Datenbanken und Tabellenkalkulation
Günter Born, Verlag Addison Wesley,
ISBN 3-89319-446-0

INSIDERBUCH QUARKXPRESS

Samuel Hügli, Midas Verlag AG,
Addison Wesley,
ISBN 3-907020-30-8

INSIDERBUCH PHOTOSHOP

L. Dayton und J. Davis, Midas Verlag AG,
ISBN 3-907020-31-6

MODERNE REPRODUKTION

Hugo Plettenberg, Verlag Beruf+Schule,
ISBN 3-88013-455-3

LEXIKON ELECTRONIC PUBLISHING

Hans Walk, Verlag Beruf+Schule,
ISBN 3-88013-530-4
Dieses Lexikon veraltet nicht, denn es wird mehrmals jährlich aktualisiert. Die aktuelle Ergänzung ist unter dem Titel *Update Electronic Publishing*, ISBN 3-88013-250-X, erhältlich.
Informationen: B+S, (04821) 40140

Informationsmaterial zu

EDERMCS

Heidelberg Prepress Vertrieb Deutschland GmbH
(vormals Linotype-Hell) Siemenswall, 24107 Kiel
eder repros GmbH
Liebigstraße 22, 73760 Ostfildern

Anhang IV: Begriffserklärungen

→ oder *Kursivstellung* weisen auf einen verwandten oder synonymen (gleichbedeutenden) Begriff hin, der hier erläutert wird

A

ABST Agfa Balanced Screening Technology, *Rasterungssystem*

achromatisch *unbunt*

additive Farbmischung RGB-System

AFM Abkürzung für Adobe Font Metric File (Schriftmetrikdatei) für Leerräume, Unterschneidungen usw.

Akzidenzen Druckprodukte meist geringen Umfangs, bei denen in der Regel auf wirkungsvolle Typografie geachtet wird: Privat-, Geschäfts-, Behörden- und vor allem Werbedrucksachen.

Algorithmus Anleitung zur Lösung einer Aufgabe

Aliasing englische Bezeichnung für Sägezahn- oder Treppeneffekt

Alpha-Kanal zusätzlicher Kanal in *Pixelbildern* zur Speicherung von Masken oder Auswahlen

Anschnitt → *Beschnitt*

Applikation Anwendungsprogramm

AS Accurate Screening, *Rasterverfahren*

ASCII Kurzbezeichnung für American Standard Code for Information Interchange, ein US-Normcode, mit dem alphanumerische Zeichen und Kontrollzeichen codiert werden. Der 8-Bit-ASCII-Code kann 256 Zeichen darstellen.

Auflösung *Pixel* pro Längeneinheit

Aufsichtsvorlagen sind Vorlagen, die nicht durchleuchtet werden, z. B. Fotoabzüge

Ausgabeauflösung Anzahl der *Maschinenpunkte* pro Längeneinheit

aussparen Verfahren, bei dem ein Teil des Vordergrundobjekts im Hintergrundobjekt zeichnungsfrei, also unbedruckt bleibt.

B

Batch-Verfahren Stapelverarbeitung., bei der Aufgaben der Reihe nach automatisch abgearbeitet werden

Bedruckstoff bedruckbares Material, meist Papier (bis ca. 120 g/m²), Karton (bis ca. 500 g/m²) und Pappe (mehr als 500 g/m²). Je nach *Druckverfahren* lassen sich u. a. auch Kunststoff- und Metallfolien, Bleche, Textilien, Holz, Glas und Körper (Becher, Flaschen) bedrucken.

Beschneidungspfad *Pfad* zum *Freistellen* von Bildern

Beschnitt Elemente, die über das Seitenformat hinausragen (meistens 3 mm) und beim Beschneiden auf das *Endformat* wegfallen

Bilderdruckpapiere *gestrichene Papiere* für den Druck von Bildern, insbesondere Rasterbilder. Die Qualität ist umso besser, je höher Strichgewicht, Weißgrad, Glanz, Glätte und Gleichmäßigkeit der Oberfläche sind. Noch besser, auch in der Be- und Verdruckbarkeit, sind die originalgestrichenen *Kunstdruckpapiere.*

Bildklassifizierung Einordnung eines Bildes als *Schnee-, Mittelton-* oder *Nachtbild*

Bildpunkt → *Pixel*

Bildschirmdarstellung *Pixelbild* mit einer *Auflösung* von 72 *dpi* (Macintosh) bzw. 96 *dpi* (PC), das nur zur Anzeige am Bildschirm gedacht ist

bi-Level-Bild siehe *Bitmapbild*

binärkompatibel Austauschbarkeit von Dateien zwischen Betriebssystemen, z. B. MacOs/Windows 95

Bit kleinste Informationseinheit, 0 oder 1 (aus oder an)

Bitmapbild übliche Bezeichnung für SW-Bilder

Blitzer	unbedruckte Stellen, die zwischen unmittelbar anschließenden Farbflächen entstehen können, wenn Passerungenauigkeiten auftreten
Brilliant Screens	*FM-Raster* von Adobe
Buffer	Puffer: Zwischenspeicher für Daten zum Überbrücken von Geschwindigkeitsunterschieden zweier Hardware-Komponenten, z. B. zwischen Computer und Belichter
Buntfarben	Farben, die sich aus Werten der *Primärfarben* des verwendeten Farbsystems zusammensetzen, → *unbunte Farben*
Byte	Bezeichnung für acht *Bit*

C

Cache	spezieller, extrem schneller Zwischenspeicher
CCD	Charge-Coupled Device, ladungsgekoppelte Einheit
CCD-Fotodiode	Lichtwandler, der Licht in elektrische Impulse bzw. digitale Daten umwandelt
CD	Compact Disc
Chip	integrierter Schaltkreis aus z. Z. bis zu 64 Millionen elektronischen Bauteilen (z. B. Transistoren, Widerstände)
CIE	Comission Internationale d'Eclairage, Normengremium für Beleuchtung
CIELab	Variante des *CIE-Systems*
CIE-System	*Farbsystem*
CISC	Complex Instruction Set Computer, Prozessor mit großem Befehlsumfang aber zeitaufwendiger Abarbeitung, → *RISC*
Classic Screens	*Rasterverfahren* von Barco
CMM	Color Management Method
CMYK-System	*Farbsystem* mit Cyan, Magenta, Yellow und Key (Schwarz)
Colorimeter	Gerät zur *Kalibrierung* des Bildschirms
ColorSync	*Farbmanagementsystem* von Apple
Copyrigth	Verbreitungs-, Vervielfältigungs- und Nutzungsrecht für den Rechteinhaber, das auch für Druckschriften (Fonts) gilt.
CPSI	konfigurierbarer *PostScript*-Interpreter von Adobe
CPU	engl., Central Processing Unit, → *Prozessor*
CRD	Color Rendering Dictionary, für *PostScript Level 2*
Cristal Raster	*FM-Raster* von Agfa

D

Dateiformat	beschreibt, wie Daten gespeichert werden
DCS	Desktop Color Separation oder auch *EPS5, Dateiformat* für *CMYK-Pixelbilder,* Vorseparierung durch gesondertes Speichern der Farbkanäle
Dehnen	nicht-proportionales Vergrößern bzw. Auseinanderziehen eines Objekts
Dekomprimierung	Verfahren, bei dem eine *komprimierte* Datei wieder in ihre ursprüngliche Größe zurückgewandelt wird
Densität	lat., optische *Dichte*
Densitometer	*Dichte*messgerät
Diamond Screening	*FM-Raster* von Heidelberg
Dichte (optische)	Bezeichnung für die Schwärzung
Digitizer	Gerät zum Umwandeln analoger Signale in digitale Impulse. Zum Zeichnen dient ein berührungssensibles grafisches Tablett (Tableau). Die mit dem Sensorstift berührten Kontakte bewirken, dass die jeweiligen X/Y-Koordinaten eingegeben und die Zeichnung auf dem Bildschirm sichtbar wird.
Directory	engl., Verzeichnis, Inhaltsverzeichnis
Display PostScript	DPS, ermöglicht den Einsatz von PostScript für die Bildschirmdarstellung
Dmax	hellster Punkt im Bild
Dmin	dunkelster Punkt im Bild
Download	engl., Herunterladen, empfangen von Daten

dpi	dots per inch, Pixel pro Zoll
DPS	→ *Display PostScript*
Drag and Drop	Engl. Bezeichnung für das Anfassen und Ablegen mit Hilfe der Maus.
Druckertreiber	Datei oder kleines Programm zur Ansteuerung von Druckern bzw. Ausgabegeräten. Enthält gerätespezifische Informationen.
Druckfarbe	homogenes Gemisch aus Farbpigmenten, Bindemittel, Trocken- und Zusatzstoffen
Druckfarbenskala	*Prozessfarben,* die für den Mehrfarbendruck verwendet werden einschließlich der Reihenfolge des Zusammendrucks. Am meisten verwendet wird die Europa-Skala (entspricht weitgehend DIN 16539) mit den subtraktiven Grundfarben *CMYK.* → *Farbskala*
Druckform	Druckbildspeicher (z. B. Druckplatte im Offsetdruk), der für die Wiedergabe von Bild und/oder Text durch Drucken alle zur Übertragung der *Druckfarbe* erforderlichen Informationen enthält.
Druckkennlinie	*Tonwertkurve,* die an ein Ausgabegerät angepasst ist, ohne Einfluss auf die Anzeige am Bildschirm
Druckkontrollstreifen	Kontrollelemente zur visuellen und messtechnischen Überprüfung oder Steuerung der Druckqualität, die auf den Druckbogen im *Beschnitt* mitgedruckt werden.
Druckplatte	→ *Druckform*
Druckpunktzuwachs	→ *Tonwertzuwachs*
DSC	Document Structuring Conventions, *PostScript*
DTP	Desktop Publishing
Duotone	→ *Duplexdruck*
Duplexdruck	Druck eines Motivs mit einer Haupt- und einer Zusatzfarbe
Durchsichtsvorlagen	teiltransparente Druckvorlagen, also Filme (Negative, Diapositive)

E

Ebenen	Schichten *(Layer)* eines digitalen Bildes, die sich überlagern. Sie sind mit transparenten Teilbildfolien vergleichbar, die wie diese eingefügt, verschoben oder weggenommen werden können.
EBV	Kurzbezeichnung für elektronische Bildverarbeitung
Echtfarbe	Farbe, die nicht aus *Prozessfarben* gemischt wird
Echtfarbbild	Bild mit mindestens 24 *Bit Farbtiefe*
Efi-Color	*Farbmanagementsystem* von Efi
Endformat	beschnittenes Format (Breite x Höhe in mm oder cm) eines Druckprodukts nach dem Beschneiden *(Beschnitt)*
entpacken	→ *Dekomprimierung*
Entropie-Komprimierung	*Komprimierung* ohne Bildqualitätsverlust
EPS	Encapsulated PostScript, *Dateiformat* für Grafiken und Bilder, basierend auf *PostScript*
EPS5	→ *DCS*
EPSF	Encapsulated PostScript Format, → *EPS*
ESCOR	→ *Rasterverfahren*
Ethernet	Netzwerk für schnelle Datenübertragung
Europa-Skala	europäische Definition der *Prozessfarben* nach DIN 16 539, → *Druckfarbenskala*
Euroskala	→ *Europa-Skala*
Extension	Dateierweiterung, Dateikennung, Endung oder Suffix. Ergänzender, durch einen Punkt getrennter Bestandteil des Dateinamens, z. B. CDR für CorelDraw.

F

Farbauszug	Ergebnis der *Farbseparation* mit den Anteilen der *Prozessfarben* aller in der *Farbvorlage* enthaltenen Bildelemente
Farbmanagementsystem	Programm für den Farbabgleich zwischen Ausgabegeräten
Farbmetrik	Quantitative Erfassung und Kennzeichnung von Farbeindrücken *(Farbvalenz).*
Farbraum	darstellbare Farben in einem *Farbsystem*
Farbreiz	Lichtstrahlung, die eine Farbwahrnehmung auf der Netzthaut hervorruft

Farbseparation Zerlegung einer *Farbvorlage,* in der Regel mit Farbauszugsfiltern, in ihre Komponenten für den Druck in das *CMYK-System*

Farbskala unpräzise für:
a) genormte Druckfarben, z.B. (*Euro(pa)skala* nach DIN 16539)
b) die → *Druckfarbenskala*
c) die Farbfelder auf → *Druckkontrollstreifen*
d) die Farbenkontrolltafel zur Überprüfung der *Farbseparation*

Farbspektrum durch Dispersion (Lichtzerlegung) des weißen Lichts erzeugtes Farbenband von ca. 400 nm (Nanometer) bis ca. 750 nm: Blau, Cyan, Grün, Gelb, Rot (Blau-, Grün-, Rotbereich). Magenta (Blau+Rot) fehlt im Spektrum)

Farbstich Überschüssiger Anteil einer oder zweier Grundfarben, der das gesamte Bild dominiert und dadurch die Farben verfälscht

Farbsublimationsdrucker Profi-DTP-Drucker mit wachsbeschichteten Folien als Farbmittel. Beim Druckvorgang verdampft (sublimiert) feste Farbe auf den Bedruckstoff, wobei die Auftragsdichte so gesteuert werden kann, dass nahezu unbegrenzt viele Farbabstufungen generierbar sind.

Farbsystem Farbaufbau-, -gliederungs- und -ordnungsprinzip, z. B. *RGB*- und *CMYK-System*

Farbtiefe Anzahl darstellbarer Farben; wird in *Bit* angegeben

Farbumfang → *Farbraum*

Farbvalenz Bewertung eines *Farbreizes* aufgrund der drei Spektralbereiche *RGB* in der Netzhaut des menschlichen Auges

Farbverschiebungen Passerungenauigkeit, durch die der Gesamteindruck und die Bildschärfe leiden

Farbvorlagen farbige Bildvorlagen, unterteilt nach Aufsichts- und Durchsichts-, Strich- und Halbtonvorlagen

Feindaten Daten, die zur Ausgabe auf Belichtern und Druckern dienen

Filter Funktionen, mit denen sich Daten (Bilder) modifizieren lassen

Finder Programmteil des Apple-Macintosh-Betriebssystems (MacOS), mit dessen Hilfe der „Schreibtisch" generiert und alle Anwendungsprogramme und Dateien verwaltet werden

FITS Functional Interpolating Transformation System, entwickelt von FITS Imaging zum Zoomen in Bildschirmdarstellungen

Flächendeckung
Flächendeckungsgrad in aufgerasterten *Kopiervorlagen* und Drucken der geschwärzte Flächenanteil; wird meistens in Prozent angegeben

Fließtext fortlaufender Text in einer Leseschriftgröße (ca. 8 bis 12 pt)

FM-Raster → *Frequenzmoduliertes Raster*

freistellen Verfahren, bei der nur bestimmte Bereiche eines Bildes ausgegeben werden

Freisteller Bezeichnung für den/die *Pfad*(e) beim *Freistellen* von Bildern

Frequenzmoduliertes Raster Rastermikropunkte gleicher Größe, aber in unterschiedlicher Anzahl je Flächeneinheit

Format → *Dateiformat*

FotoTune *Farbmanagementsystem* von Agfa

G

Gammawert Kontrastmaß für den geradlinigen Teil der Gradationskurve, also vor allem für die Mitteltöne: Verhältnis von Dichte-Eingabe- und -Ausgabewerten

Gamut *Farbumfang* oder *Farbraum*

Gamut-Kompression Bezeichnung für die Umwandlung von einem Farbsystem in ein anderes, wobei das Zielfarbsystem einen kleineren Farbumfang aufweist als das Ausgangsfarbsystem. Mit dem Zielfarbsystem nicht darstellbare Farbtöne müssen durch ähnliche bzw. nächst mögliche Farbtöne ersetzt werden. Die Anzahl der Farbtöne erfährt dabei eine *Kompression.*

GB *Gigabyte*

GCR Gray Component Replacement, *Unbuntaufbau*

GDI – Graphic Device Interface, intern von Windows benutzter Systemteil zur Darstellung von Texten und Bildern auf Bildschirm oder Drucker

gestrichene Papiere – Mit einem Gemisch aus Weißpigment und Bindemittel meist beidseitig dünn beschichtete Rohpapiere, deren Oberfläche dadurch glatter, geschlossener und weißer wird. Je nach Bindemittel kann der Glanz eingestellt werden: hochglänzend, glänzend, halbmatt. → *Bilderdruckpapier,* → *Kunstdruckpapier,* → *Naturpapier*

Gigabyte – Bezeichnung für 1024 *Megabyte*

Glanzlicht – hochweiße Bereiche in Bildern

Glanzpapier – laienhafte Bezeichnung für glatte, gestrichene grafische Papiere, die in der Fachsprache je nach Qualität als *Kunstdruck-* oder *Bilderdruckpapiere* klassifiziert werden.

Gradation – Verteilung der *Tiefen, Mitteltöne* und *Lichter*

Graubalance – Anteile der *Prozessfarben,* um ein neutrales Grau zu erhalten

Graukeil – kontinuierlich verlaufende Grautöne von Schwarz bis Weiß (Aufsicht) oder kontinuierlich veränderte Durchlässigkeit bei Durchsichtsgraukeilen. Ändern sich die Grauwerte in Stufen, z. B. je Schritt um 0.15 D, spricht man von Stufengraukeil oder – besser – von Grauskala.

Grauschleier – Bezeichnung für einen zu hohen Grauanteil in Farben

Grauskala – → *Graukeil*

Graustufen – *Grauwerte* im Bereich von 0 bis 255

Graustufenbild – *Halbtonbild,* bestehend aus *Graustufen*

Grauwert – Helligkeitswert

Grundfarben – → *Primärfarben*

H

Halbton – *Tonwert* zwischen 0 und 100 Prozent

Halbtonbild – *Graustufenbild*, meist Foto

HiFi-Color – *Farbsystem* mit sechs *Primärfarben* und Schwarz, bestehend aus *CMYK* und *RGB,* führt zu besseren Druckergebnissen aufgrund eines größeren darstellbaren Farbraumes

HiLine – Feinraster von Birmy

Hintergrund(prozess) – Aufgabe, die von einem Programm mit niedriger Priorität ausgeführt wird. Ein Programm mit Priorität (Vorrang) kann das Programm im Hintergrund unterbrechen.

Histogramm – grafische Darstellung der *Tonwertverteilung* eines Bildes in Form von Linien

Hochfahren – Booten: Laden des Betriebssystems nach dem Einschalten des Computers, bei Neustart oder Auslösen eines *Resets*

HPS – Harlequin Precision Raster

HQS – High Quality Screening, *Rasterverfahren* von Heidelberg

HTA – Raster-Beschleuniger von Agfa

I

ICM – Image Color Matching, *Farbmanagementsystem* von Kodak

Icon – Piktogramm, Sinnbild, Symbol

Imaging-Programme – Programme zur Verarbeitung von *Pixelbildern*

implementieren – einfügen, installieren

Imprimatur – Druckfreigabe, Druckreifeerklärung

indizierte Bilder/Farbe – Bilder mit 8-*Bit*-Farbtiefe, also 256 Helligkeits- bzw. Farbwerten, die in einer Tabelle verwaltet werden

INI-Datei – Initialisierungsdatei, in der Voreinstellungen zum Betriebssystem und zu den Anwendungsprogrammen gespeichert sind

Inkompatibilität – nicht untereinander austauschbar, → *Kompatibilität*

Interferenzen – durch eine Operation entstandene nicht gewünschte Ergebnisse, z. B. durch Rastern einer bereits gerasterten Vorlage

Interpolation – Zwischenwertberechnung

invertieren – umkehren

J

Job Bezeichnung für einen Auftrag oder eine Belichtungsdatei

JPEG Joint Photographic Experts Group, Verfahren zur hohen *Komprimierung* von Daten, *verlustbehaftete Komprimierung*

K

kalibrieren präzises Einstellen eines Gerätes

KB → *KByte*

KByte Bezeichnung für 1024 *Byte*

Klassifikation Einteilung, Einordnung

Kodak Photo CD Verfahren zur Speicherung von Bilddaten in mehreren *Auflösungen* auf einer *CD*

Kompatibilität Eigenschaft von Daten- sowie Hard- und Software-Komponenten, untereinander austauschbar zu sein

Komprimierung Verfahren, um Dateien platzsparender zu packen bzw. zu speichern

Konvertierung Umsetzung. Umwandlung von Daten von einer Form/einem Format in eine andere Form/ein anderes Format, ohne dass sich dabei der Inhalt ändert

Kopiervorlage Negative oder positive Text- oder Bildvorlage, die zum Umkopieren oder zur Informationsübertragung auf die *Druckform* dient

KPCMS Kodak Precision Color Matching System

Kunstdruckpapier Gestrichene Papiere höchster Qualität. Eine Spitzenstellung nehmen die hochglänzenden, extrem glatten gussgestrichenen Kunstdruckpapiere ein. Naturkunstdruckpapier ist ein hochsatiniertes *Naturpapier.*

L

Lasso Bezeichnung für ein Werkzeug in Imaging-Programmen, mit dem nicht geometrische Bildbereiche ausgewählt werden können.

Laufweite Wortlänge, die durch die Abstände der Zeichen voneinander bestimmt wird. Die vom Schriftentwerfer festgelegte Normallaufweite kann in vielen Programmen beliebig verändert werden.

Layer Schicht, Ebene

Lazel Screening *FM-Raster* von Crosfield

Level 1 oder 2 unterschiedliche Sprachumfänge von *PostScript*

Lesezeichen In PDF-Dokumenten Verknüpfungen, Kapitel- oder Abschnittsüberschriften, welche in eine Lesezeichenliste aufgenommen werden. Wird ein Lesezeichen aktiviert, erscheint die zugehörige Textstelle auf dem Bildschirm.

Lichter hellste *Tonwerte* in einem Bild

Lichtwandler Fotoelektrische Umformer, die Lichtstrahlung in elektrischen Strom bzw. elektrische Spannung umwandeln. Beispiele: Fotozelle, -diode, -element, -transistor, -widerstand, -multiplier, *CCD.*

Linienraster Erzeugung von scheinbaren *Graustufen* durch unterschiedlich starke Linien

lpc lines per cm, Linien pro cm

lpi lines per inch, Linien pro Zoll

Luminanz Helligkeit

LZW Lempel-Ziv-Welch, Algorithmus zur *Komprimierung*

M

MagnaDot *Rasterverfahren* von Crosfield

Maschinenpunkt Bezeichnung eines *Pixels* bei Ausgabegeräten

maschinenglattes Papier Nur in der Papier*maschine* geglättetes Papier, daher mit relativ rauer Oberfläche

Maske Wird zur Darstellung oder Bearbeitung nur bestimmter Bildbereiche benutzt. Vergleichbar mit *Pfaden* zum → *Freistellen.*

MB → *Megabyte*

Megabyte Bezeichnung für 1024 *KByte*

Mitteltonbilder Halbton- und Rasterbilder mit Details vorwiegend im *Mittelton*-bereich

Mitteltöne die mittleren *Tonwerte* in einem Bild

Moiré auffällige regelmäßige Musterung, entsteht vorwiegend bei Verwendung von falschen *Rasterwinkeln*

Monet Screens *FM-Raster* von Barco

N

Nachtbilder Bilder mit vorwiegend Details in den dunklen Bereichen, den *Tiefen*

Namenskonventionen Übereinkunft, beim Datenaustausch zwischen DOS/Windows und MacOS die zutreffende → *Extension* zu verwenden

Naturpapier Bezeichnung für ungestrichene Papiere, deren Oberfläche also nicht mit einem Weißstrich abgedeckt ist

Netzwerk System aus mindestens zwei durch Leitungen miteinander verbundenen Computern sowie *Peripherie*geräten

O

OPI Open Prepress Interface; System zur schnellen Ausgabe von Grafiken und Bildern in niedriger Auflösung

orthochromatisch lichtempfindliches Material, das für ultraviolettes, violettes, blaues und grünes Licht empfindlich und für rotes Licht unempfindlich ist

OS Operating System, Betriebssystem

Outline-Font vektororientierte Schrift, digitalisiert durch Konturbeschreibung

P

packen → *Komprimierung*

panchromatisch lichtempfindliches Material, das für den ganzen Bereich des Farbspektrums empfindlich ist

Pantone international weitverbreitetes *Echtfarben*-System mit mehr als 1000 Farben

Parameter Einflussfaktoren (veränderliche, charakteristische Größen), die z.B. für die Ermittlung der Scanauflösung von Bedeutung sind

Passermarken meistens Passkreuze (feine Linienkreuze) außerhalb des Bedruckstoff-Endformats, die beim Mehrfarbendruck exakte Montagemöglichkeiten bieten und zur Kontrolle des präzisen Zusammendrucks dienen

Passerungenauigkeit Abweichungen vom standgenauen Über- und Nebeneinanderdruck, die im Druck *Blitzer* und Farbverfälschungen verursachen

PDF Portable Document Format, → *Dateiformat*

Peripherie Sammelbegriff für periphere Geräte (Drucker, Scanner, Speichermedien usw.), die an eine Zentraleinheit (z. B. Computer) angeschlossen sind

Pfad Gesamtheit der manuell oder automatisch mit Ankerpunkten erzeugten Geraden und/oder Kurven, *Vektorgrafiken*

PFM Abkürzung für PostScript Font Metric File (PostScript-Schriftmetrikdatei) für Leerräume, Unterschneidungen usw.

physikalisch nicht körperlich, nicht direkt sichtbar, aber z. B. als Strahlung, Spannung, Feld vorhanden

physisch körperlich, sichtbar als Stoff bzw. Materie vorhanden

PICT Macintosh-*Dateiformat* für Grafiken und Bilder

Pixel *Bildpunkt,* kleinste Informationseinheit für Ausgabegeräte

Pixelbilder Bilder, die aus einer festen Matrix von *Pixeln* bestehen

PixelBurst *Halbton*-Beschleunigerkarte

PlugIn Bezeichnung für *Programmerweiterungen* in Photoshop, Illustrator und PageMaker

PMS *Pantone* Matching System

PostScript Standard-Seitenbeschreibungssprache für Ausgabegeräte in der grafischen Industrie

PPD-Dateien PostScript-Print-Description-Dateien. Es sind Treiber zum Ausdrucken von PostScript-Dateien, abgestimmt auf den jeweiligen Drucker.

Präferenzen Datei mit sämtlichen Programmvorgaben, Definitionen, Rahmendaten und Trennausnahmen im Layoutprogramm QuarkXPress. Ab Version 3.2 werden die Präferenzen direkt in jedem Dokument gespeichert.

Preview Vorschau, Voransicht

Primärfarben Farben in einem *Farbsystem,* aus denen sämtliche Farbnuancen entstehen

Programmerweiterungen Ergänzung eines Programms um zusätzliche Funktionen

Proof verbindliches Farbmuster für die Druckerei; Herstellung über Farbdrucker, Laminierungstechnik, digital oder Andruck

proprietäres Format eigenes *Dateiformat* der jeweiligen Software, das den vollen Leistungsumfang dieser unterstützt

Prozessfarben Cyan, Magenta und Gelb für den Druck. Rot, Grün und Blau für den Bildschirm.

Prozessor *Chip* aus Rechen- und Steuerwerk sowie Steuereinheit und Register zur Zwischenspeicherung

Punktform Form eines *Rasterpunktes,* z. B. elliptisch, quadratisch etc.

Q

Quadruplex Bild aus vier Farben, bestehend aus einer Hauptfarbe und drei Zusatzfarben, zur Erhöhung des Tonwertumfangs

Qualitätsfaktor → *Sampling-Faktor*

QuickDraw Systemteil des MacOS, der zur Darstellung von Text und Bild auf Bildschirm oder Drucker eingesetzt wird

R

RAM Random Access Memory, Arbeitsspeicher

Rasterbild Bild, in dem *Halbtöne* durch *Rasterpunkte* wiedergegeben werden

Rasterpunkt ein aus *Maschinenpunkten* zusammengesetzter Punkt, der einen *Grauwert* repräsentiert

Rasterungssystem firmenspezifisches Verfahren zur Vermeidung von *Moirés,* z. B. von Agfa, Adobe und Heidelberg

Rasterweite Anzahl der *Rasterpunkte* pro Längeneinheit, wird normalerweise angegeben in *lpi*

Rasterwinkel Winkelung der *Rasterpunkte* für jede Prozessfarbe

Referenzfarbe typische, leicht erkennbare Farben, wie z. B. Hautfarben oder Grasgrün

Registry Registrierungsdatenbank von Windows 95, beinhaltet die Systemkonfiguration und andere wichtige Einstellungen

Rendering Generieren fotorealistischer dreidimensionaler Bilder

Reproduktion 1. erneutes Herstellen von etwas Vorhandenem.
2. Herstellen von Kopiervorlagen, Druckformen und/oder Drucken zur originalgetreuen Wiedergabe von Vorlagen.
3. Arbeitsweise zur Wiedergabe von Vorlagen.
4. das Ergebnis des Reproduzierens.

Reset Rücksetzen in den Anfangszustand. Beim Computer ist das ein Warmstart, das *Hochfahren* des Systems, ohne vorher auszuschalten.

Resource Fork → *Ressourcen*

Ressourcen Hilfsmittel, Betriebsmittel, z. B. die MENU-Ressourcen, die vom Ressourcen-Manager verwaltet werden. Die Ressourcen einschließlich Quellcodes werden in der Resource-Fork gespeichert, Dateien in der Data-Fork.
Fork (engl.): Gabel, Zweig.

Restore Befehl, der Wiederherstellen bzw. Reaktivieren bedeutet

RGB-System *Farbsystem* mit den additiven Grundfarben Rot, Grün und Blau

RIP Raster Image Processor, verarbeitet die *PostScript*-Daten und gibt sie gerastert an den Belichter

RISC Reduced Instruction Set Computer. Prozessor mit wenigen, aber leistungsstarken Befehlen, die sehr schnell ausgeführt werden. Daher höhere Leistung als *CISC*-Prozessoren.

Rohscan gescanntes, unbearbeitetes Bild

ROM Read Only Memory, Nur-Lese-Speicher, Festwertspeicher

S

Sampling 1. Bilddigitalisierung durch Aufteilung in Pixel-Matrix. Die Sampling-Rate (Scanauflösung) wird in ppi angegeben.
2. Vermehrung oder Verminderung der Pixelanzahl des Bildes durch *Interpolation* oder Löschen von Pixeln.

Sampling-Faktor Multiplikator der *Rasterweite*

satiniertes Papier Naturpapier, das zusätzlich auf einem Kalander geglättet worden ist: schwachsatiniert, satiniert, hochsatiniert, Naturkunstdruckpapier, → *maschinenglattes Papier*

Sättigung Grauanteil einer Farbe; höchste Sättigung bei 0.

Scanner Gerät zur Digitalisierung von Bildern

Schneebilder Bilder mit zahlreichen Details in den hellen Bereichen, den *Lichtern*

Schmuckfarben Zusatzfarben, *Echtfarben*

Schwarzaufbau Anteile der Farbe Schwarz in einem *Vierfarbbild,* kann bei *GCR* gewählt werden

Schwarzpunkt dunkelster Punkt in einem Bild

Schwellenwert Grenzwert, ab dem eine Änderung eintritt, z. B. Schwärzung des lichtempfindlichen Materials ab einer Mindestlichtmenge

selektive Farbkorrektur das Korrigieren von ausgewählten Farben eines Bildes

Sekundärfarben Farben in einem *Farbsystem,* die durch Mischung von zwei *Primärfarben* entstehen

Separation Umwandlung von einem *Farbsystem,* z. B. *RGB,* in das *CMYK-System*

Separationsarten *UCR* oder *GCR*

Separationsmethoden → *Separationsarten*

Signatur Kennzeichnung

skalieren Größenmäßig verändern, z. B. eine Schrift oder ein Bild vergrößern oder verkleinern. Wenn beide Seiten, Breite und Höhe, im selben Verhältnis (z. B. Prozentsatz) verändert werden, spricht man von proportionalem Skalieren.

Sonderfarbe → *Echtfarbe,* → *Schmuckfarben*

Spektralphotometer Farbmessgerät, das die von der Probe (z. B. Farbvorlage) kommende Strahlung spektral zerlegt, mit einer Referenzstrahlung o. ä. vergleicht und das Messergebnis numerisch ausgibt

Stauchen Verkleinern bzw. Zusammenschieben eines Objekts o. ä. in nur einer Richtung

Sublimationsdrucker → *Farbsublimationsdrucker*

subtraktive Farbmischung *CMYK-System*

SWOP amerikanische Kurzbezeichnung für *Prozessfarben*

T

temporär Eine temporäre Datei wird während der Arbeit an einem Dokument angelegt und beim Schließen in der Regel automatisch entfernt. Sie lässt sich auch als Arbeitsdatei bezeichnen.

Tertiärfarben Farben, die sich aus Anteilen aller drei *Prozessfarben* zusammensetzen

Textur Oberflächenmusterung, Struktur

Thumbnail verkleinerte Ansicht (Miniatur) einer Seite. Thumbnails (engl., Daumennagel) in Anwendungsprogrammen stellen den Seitenaufbau dar und erleichtern das Verschieben von Seiten.

Tiefen	die dunkelsten *Tonwerte* im Bild
TIF	Tagged Image File, *Dateiformat* für *Pixelbilder, verlustfreie Komprimierung*
TIFF	Tagged Image File Format, → *TIF*
Tonwert	Helligkeitswert
Tonwertkurve	*Tonwertverteilung* eines Bildes in Kurvenform
Tonwertumfang	Unterschied zwischen dem hellsten und dem dunkelsten Ton
Tonwertverteilung	Verteilung der *Tonwerte* eines Bildes
Tonwertzuwachs	Größenzunahme der *Rasterpunkte* beim Druck
Tools	Werkzeuge, hier Hilfs- und Dienstprogramme
Trapping	→ *Überfüllung*
Triplex	Bild aus drei ähnlichen Farben, bestehend aus einer Hauptfarbe und zwei Zusatzfarben, zur Erhöhung des Tonwertumfangs
TurboPix	Raster-Beschleuniger von Heidelberg (Linotype-Hell)

U

überdrucken	eine Druckfarbe wird über die darunter liegende gedruckt
Überfüllung	Verfahren zum Vermeiden von *Blitzern,* „dehnt" das Vordergrundobjekt
UCA	Under Color Addition, Unterfarbenzugabe
UCR	Under Color Removal, Unterfarbenentfernung
unbunt, unbunte Farben	Schwarz und Weiß sowie alle neutralen *Grautöne*
Unbuntaufbau	Verfahren, bei dem gleiche Anteile der *Prozessfarben* entfernt werden, wobei eine ganz verschwindet und durch Schwarz ersetzt wird
UNIX	Betriebssystem
unreine Farben	Farben, in denen unerwünschte Farbanteile enthalten sind
Unterfarbenentfernung	Verfahren, bei dem Anteile der *Prozessfarben* durch Schwarz ersetzt werden
Unterfarbenzugabe	Verfahren, bei dem Schwarz mit einem bestimmten Prozentsatz an *Prozessfarben* unterlegt wird
Unterfüllung	Verfahren zum Vermeiden von *Blitzern,* „schrumpft" die *Aussparung* des Hintergrundobjekts
UPR	UNIX PostScript Resource
Utilities	→ *Tools*

V

Verknüpfung	Verweis auf eine externe, separate Datei. Bilder werden in der Regel mit Dokumenten verknüpft und nicht mit dem Dokument zusammen gesichert.
verlustbehaftete Komprimierung	*Komprimierung,* bei der Verluste an Bildinformationen entstehen
verlustfreie Komprimierung	*Komprimierung* ohne Verlust von Bildinformationen
Vierfarbbild	Bild aus vier Farbkanälen, → *CMYK*
virtueller Speicher	Speicher auf Festplatten, der zur Erweiterung des Arbeitsspeichers genutzt wird
VM	Virtual Memory, → *virtueller Speicher*

W

Weißpunkt	hellster Punkt in einem Bild
wiedergebbare Farben	Farben innerhalb des *CMYK-Farbraums*
Windows (Microsoft)	a) grafische Benutzeroberfläche b) Erweiterung des Betriebssystems MS-DOS c) Sammlung von Programmen

X

XTension	*Programmerweiterung* in QuarkXPress

Z

Zauberstab	Werkzeug in Imaging-Programmen zur Auswahl von Bildbereichen mit ähnlichen Tonwerten. Wieviel der Zauberstab auswählt wird über einen Toleranzwert bestimmt.

Anhang V: Stichwortverzeichnis

A

Abschirmung des Kabels 86
Accurate-Screening 23, 27
8-3er Konvention 96
Acrobat 37
Additive Farbmischung 12
Adobe Type Manager → ATM
A/D-Umsetzer → Analog-Digital-Umsetzer
Agfaproof 104
Aktueller Clipping-Pfad (PostScript) 81
Aktueller Pfad (PostScript) 81
Aktuelle Seite (PostScript) 81
Aliasing 17, 119
Alphakanal 33, 34, 54, 58, 119
Amplitudenanschlag 22
amplitudenmoduliertes Raster → autotypisches Raster
Analog-Digital-Umsetzer 69
analoge Farbproof-Verfahren 104, 115
Andruck 31, 33, 39, 103
Anforderungen (Proofverfahren) 104
angeschnittenes Bild 107
Ankerpunkte 52, 53
ANSI IT8 41
Anti-Aliasing 17
AS → Accurate Screening
ASCII 35, 82, 84, 99, 119
ASCII-Zeichencodes Mac/PC 100
ATM 83, 91, 92
Auflösung 17 ff., 35, 109
Auflösungsstufen 18, 19
Aufräumen (Illustrator) 108
Aufsichtsbetrieb (Scanner) 71
Ausgabeauflösung 19, 107, 109
Ausgabe für die Belichtung 107 ff.
Aussparen 77, 119
Auswahl und Maske 53 f.
Autocad-Datei 101
autotypisches Raster 21 ff., 114

B

Balanced-Screening 23
Band-Buffer 86
Batch-Verfahren 67, 119
Beleuchtungseffekt 61
Belichter/Belichtung 17, 27, 84, 86, 93, 109, 115
Belichtermatrix 18, 22, 23
Belichtung im Hintergrund 87
Belichtungsstudio 84, 107 f.
Belichtungszeiten verkürzen 109
Benutzer-Dictionary (PostScript) 82
beschädigtes Dateipaket 86
Beschneidungspfad 52, 53
Betriebstemperatur (Scanner) 75
Bézierkurven 91
bikubische Interpolation 72
Bildbearbeitung 43 ff.
Bildcomposing 58
Bilddateiformat → Dateiformate
Bilderdruckpapier 77, 119
Bildschärfe 49, 50, 51, 77
Bildschirmauflösung (Mac) 32, 119
Bildschirmschriften → Bitmap-Schriften
bilineare Interpolation 72
Binär-Format 35
binärkompatibel 31, 119
Bitmap 29, 35, 83, 84, 91
Bitmap-Schriften 91, 92, 94
Blau 12, 13, 14
Blitzer 77, 107, 120
Blooming-Effekt 69
Blue-Range-Separation 113
BMP-Format 29, 35, 116
Buffer 87, 120
Buntfarben 120
Buntfarbenaddition 44, 64 f., 128
Buntaufbau 63, 64
Byteformat 97

C

Cache 83, 120
CCD 69, 120
Charged Coupled Device → CCD
Chroma-Subsampling 36
Chrominanzen 34
CIELab-System 14, 41, 63
CIE-System 13 f., 15, 41
CMYK-System 13 ff., 63, 82, 111, 120
Colorimeter 41, 120
Color-Sync-System 41
Copyright 88, 93, 120
CorelDraw 58, 93, 101
CorelPaint 96
Cosinus-Transformation 34
Courier 83
CPSI-Interpreter 85
Cristal Raster 120
Cromalin 103, 104
CTP 115
Cyan 12, 13

D

Dateierweiterung → Extension
Dateiformate 31 ff., 95 ff., 99, 120
Dateiname 92, 95, 96, 107
Datenaustausch 35, 95 ff., 115
Datenmenge (Pixelbilder) 29
Datenübernahme → Datenaustausch

DCS 120
DCS-Format 32, 33, 109, 114
Defokussierung 75
Dekomprimierung 120
Densitometer 27, 28, 39, 40, 41
Detailwiedergabe 17, 18, 19, 23, 24, 49, 72, 77
Diamond-Punkt 26
Diamond-Screening 120
DIC Color Guide 16
dichroitische Spiegel 70
Dichte (optische) 40, 120
Dictionary (PostScript) 82, 83, 88
dictstackoverflow 88
Digitaldruck 115
digitale Druckvorstufe 115
digitale Farbproof-Verfahren 104
digitale Thermosublimation 105
Digitalkamera 68
Digital Matchprint 105
Digitizer 120
DIN 16547 23
Directory 95, 120
Distiller 37
Dokumentenaustausch 38
Downloading-Programm 87
dpi 17, 121
Dreivierteltöne 44
Drucker 83, 84, 85, 86, 87, 104
Druckermatrix → Belichtermatrix
Druckertreiber 121
Druckfarbenskala 13, 121
Druckform 121
Druckkennlinie 27 f., 121
Druckkontrollstreifen 121
Druckprobleme 86
Duotone-Verfahren 56
Duplex-Bilder 56 f.
Durchlichtbetrieb (Scanner) 71
Durchsichtsvorlagen scannen 69
DXF 101
Dynode 71

E

Ebenen 31, 58, 60, 121
Echtfarben 39, 112, 121
ederMCS 112
Effekte 58 ff.
1-Bit-Grafik 29
Eingabeauflösung 17 f.
Einstellungsebenen (Photoshop) 46, 47
elliptischer Punkt 25
Emulation 85
Energiestrahlen 11
Entfärben (mit Photoshop) 60
Entpacken 109
Entrastern 75
Entropie-Kodierung (Komprimierung) 34
ePScript 109
EPS-Dateien (Belichtung) 87 f., 93, 96, 107
EPS-Format 26, 27, 31 ff., 35, 36, 52, 56, 79, 87, 99
EPS-5-Format 32
Error 8133/4100 (PostScript) 89
Error-Diffusion 24
Erstfarben → Primärfarben
Ethernet 86, 121
Euro(pa)-Farben 14, 111
Exchange (Acrobat) 37, 38
Extension 96, 97, 116, 121

F

Farbaufbau 21
Farbauftragsreduzierung 64
Farbauszüge 22
Farbbalance 48, 60, 74, 75
Farbbild 29, 31
Farbbildbearbeitung 39, 43 ff.
Farbe 11 ff.
Farbempfindung 11
Farbenkontrolltafel 122
Farbfächer 15 f., 39
Farbkanal 29, 33, 34, 44
Farbkeil 27
Farbkorrektur 12, 47 f.
Farbmanagement-System 28, 40 f., 121
Farbmängel 12
Farbmetrik 121
Farbmischung 12 ff., 113
Farbmodus 47
Farbmonitor 12, 13, 15
Farb(en)raum 12, 13, 14, 24, 63, 111, 112, 113, 121
Farbreiz 11, 121
Farbreferenzvorlagen 41
Farbsättigung 48
Farbscanner 69
Farbschwankungen 15, 25, 64
Farbseparation 25, 47, 63 ff., 75, 112, 121, 127
Farbspektrum 12, 122
Farbstich 12, 40, 47 f., 60, 74, 122
Farbsublimationsdrucker 122
Farbsysteme 14
Farbtiefe 35, 122
Farbumfangswarnung (Photoshop) 44, 47
Farbvalenz 122
Farbwert 15
Farbwiedergabe 12
Fehlermeldung (PostScript) 85 ff.
Feindaten 32, 33, 34, 46, 122
Filme → Lithos
Filmscanner 67, 68
Filter 31, 49 ff., 58, 122
Flachbettscanner 43, 67, 68, 71
FM-Raster 23 f., 112, 114
Font 82, 91, 92, 94
Font-Cache 83 f., 87, 88
Font-Dictionary (PostScript) 82
Font Downloading 83
FONT-Ordner (Windows 95) 92, 93
Formatierung 99
FOT 92
Freehand 58, 88, 93

Frequenzmodulierte Rasterung → FM-Raster
Frequenzmoduliertes Raster → FM-Raster
Freisteller 32, 34, 52 ff., 55, 88, 122
Fünffarbendruck 111
45°-Winkelung 22, 25
Für Ausgabe sammeln... 107

G

Gammawert 15, 40, 43, 73, 122
Gamut-Kompression 122
Garbage-Collection 83
Gaußscher Weichzeichner 58, 60
GCR → Unbuntaufbau
Gelb 12, 13, 14
Geräteprofil 40, 41
gestrichenes Papier 15, 16, 47
Glanzlicht 44, 72, 75, 123
Glanzpapier 123
Glasgravurraster 22
globale Farbkorrektur 47
Gradationskurve 27, 46, 57
Grafikkonverter 101
Grafikkonvertierung 101
Graubalance 43, 44, 47, 74, 123
Graukeil 27, 28, 39, 123
Graustufen 20
Graustufenbild 29, 123
Graustufen-Scanner 69
Grautöne 18
Grauwert 15, 123
Gray Component Replacement → Unbuntaufbau
Green-Range-Separation 113
Grobdaten 32, 33, 34
Grün 12, 13, 14, 111
Grundfarben → Primärfarben
Grundrauschen 96

H

Halbtonbild → Graustufenbild
Halbtonvorlagen 17, 29
Handscanner 68
Hardproofing-Verfahren 104
Header 95, 96
Headline 93
Heidelberg 118
Helligkeit 15
Helligkeitswerte 19, 29
Helvetica 83
Hexadezimalcode 35
HiFi-Color 112, 123
High-Key-Aufnahme 75
Hintergrunddruck 87
Hintergrundobjekt 77
Hintergrundprozess 123
Hints 83
Histogramm 43, 44, 123
HKS 16, 117
HKS-System 16
Hochfahren 123
Horizon (Agfa) 43
HQS-Screening 23
HSB-System 82

I

Icon bei Datenaustausch 97
Idle-Time-Font-Conversion 84
Illustrator (Adobe) 37, 43, 54, 58, 59, 61, 79, 88, 93, 94, 108
ImagePack 35, 36
Imaging-Programme 123
indizierte Bilder/Farbe 123
Infixnotation 82
Informationspalette (Photoshop) 44, 45, 47
Informationsverlust (Komprimierung) 34
INI-Datei 123
Inkjet-Proofverfahren 105
Input/output Error → PostScript-ioe-Error
Intel-Format 97, 100
Intensitäts-Kennwerte 40
Interferenzen 23, 24, 70, 124
Interpolation 19, 34, 36, 72
Interpreter 85
Invalid Font 88
irrationale Laserspotpositionierung 18
irrationale Rasterung 22 f.
ISO 13

J

Job 124
Job Control Loop 87
Jobtimeout 87
JP(E)G-Format 34, 116, 124
jumpto 23

K

K → Black
Kalibrieren 27, 28, 39 f., 48, 105, 124
„kalte" Farbe 57
Kanal 56
Klone 85
Kodak Photo CD 124
Kompression → Komprimierung
Komprimierung 33, 34, 35, 83
Kontrast 49, 75
Kontur (Überfüllung) 78
Kontur(en)schärfe 49
Konvertierung 99 ff., 124
Konvertierungsprogramm 99
Kopiervorlage 124
Körnigkeit 49
Korrekturabzug 115
Korrekturen im PDF 38
Kunstdruckpapier 124
Küppers-Farbenatlas 112
Kurvennäherung 52, 53

L

L*a*b-System 15
Lackfarben 16
lange Dateinamen 107
Laserdrucker 20, 31, 86, 108
LaserTalk 85, 89
lasierend 11
Lasso 53, 124
Laufweite 82, 93, 124
Layer → Ebenen
Layout 115
Lesezeichen 124
Licht 11
Lichter 43, 46, 74, 124
Lichterzeichnung 74
Lichtquelle 11
Lichtwandler 124
LIFO 82
Limitcheck Error → Limitcheckfehler
Limitcheckfehler 83, 88, 108
Line-Art 29
Linienraster 124
Linotype-Hell → Heidelberg
Lithos 115
Low-Key-Aufnahme 75
lpc 22, 25
lpi 22, 25
Luminanz (L) 15, 34, 48, 124
LZW-Algorithmus 33, 124

M

Magenta 12, 13
maschinenglattes Papier 25, 124
Maschinenpunkte 19, 124
Maske 48
Maske zum Freistellen 53
Maskierungsmodus 53, 55
Maßpalette (QuarkXPress) 93
Master-Datei 32
Matchprint 104
Matrix → Belichtermatrix → Pixelmatrix
Metafile-Format 31
Metallic-Buntdruck 112
Mitteltonbilder 43, 73, 125
Mitteltöne 43, 46, 125
Moiré 21, 23, 24, 75, 112, 125
Monitor 12, 13, 15, 17, 40, 103
Motorola-Format 97, 101

N

Nachbar-Interpolation 72
Nachbarpixel 17
Nachtbilder 43, 73, 125
Namenskonventionen 36, 125
Naturpapier 16, 125
Netzhaut 11
Netzwerk 125
Neutralgrau 64

O

Open Prepress Interface → OPI
Operands 88
Operand Stack 88
OPI 33, 115
optische Auflösung (Scanner) 69
Orange-Maske 75
Orangerot 111
orthochromatisch 125
Outline-Font 91, 94, 125

P

panchromatisch 125
Pantone Process 16
Pantone-System 16, 125
Papier 12, 13, 14, 16, 25
Papierwahl 12, 16, 107
Passermarken 77, 125
Passerungenauigkeit 77, 125
PCD-Format 35 f.
PC-Exchange 96, 97
PDF-Format 37 f.
Peripherie 125
Pfad 32, 52, 83, 88, 93, 125
PFM-Datei 92, 125
Phosphor (Bildschirm) 15
Photo-CD 35 f.
Photomultiplier 69, 70
Photoshop 14, 26, 32, 43 ff., 67, 88, 93, 94, 101
PICT-Format 31, 34 f., 125
Pipette 43, 44
Pixel 17, 18, 19, 29 f., 125
Pixelbilder 29, 30, 125
PixelBurst 125
Pixelmatrix 29
Pixelmuster → Bitmap
pixeln 83, 84, 93
PlugIn 125
PMS 125
PMT → Photomultiplier
Polarkoordinaten (Filter) 59
Postfixnotation 82
PostScript 19, 30, 37, 38, 81 ff., 91
PostScript-Dateien 84, 107 f.
PostScript-Drucker 85
PostScript-Fehler 86 ff., 108
PostScript-Interpreter 31, 82, 85, 89
PostScript Level 1 82, 88, 108
PostScript Level 2 14, 82 f., 88
PostScript Level 3 82
PostScript-Schriften 83, 91, 93
PPD-Dateien 126
Präferenzdatei 79, 126
Pre-Press-Proofing 103
Preview 126
Preview-Scan → Vorschau-Scan

Primärfarben 12, 13, 63, 126
Programmerweiterungen 126
Programmiersprache 81
Proof 39, 103 ff., 126
proprietäres Format 126
Prozessfarbe 13, 14, 15, 16, 19, 27, 126
Prozesswerte 16
PSD-Format 31
Punktform → Rasterpunktform
Punktzuwachs → Tonwertzunahme

Q

Quadr(upl)ex-Bilder 56, 57
Qualitätsfaktor → Sampling-Faktor
QuarkXPress 26, 31, 33, 43, 56, 58, 77, 79, 88, 91, 93, 94, 99, 107, 109, 114
Quellprogramm 85
QuickDraw 126

R

Radius (USM) 50
RAM 126
range check 89
Rasterbild 126
Rastereinstellungen (Phoshop) 26, 27
Rasterpunkt 126
Rasterpunktform 21, 25, 126
Rasterung 18, 21 ff.
Rasterweite 17, 18, 19, 21, 25, 109, 126
Rasterwinkel 21, 22 f., 56, 114, 126
Rasterzellengröße 19
rationale Laserspotpositionierung 18
rationale Rasterung 23
Rauschen 69
Reader (Acrobat) 37
Rechenaufwand 109
Recorderelement → REL
Red-Range-Separation 113
Referenzfarben 12, 48, 126
Referenzvorlage (Scannerprofil) 41
Reflexion 13
Registry 97, 126
REL 18, 22, 23
Relief-Kanal 61
Rendering 126
Renderingfilter 61
Reproduktion 126
Resource Fork 31
Ressourcen 126
Reset 126
Reversekanal 85, 86, 87
Rezeptoren 11
RGB-Filterrad 70
RGB-System 12, 13, 14, 15, 63, 82, 127
RIP 31, 82, 83, 84, 87, 88, 89, 93, 108, 109, 115, 127
Rohscan 43, 51, 67, 72, 74, 127
Rollenoffsetdruck 77
ROM 127
Rot 12, 13, 14

S

Sägezahneffekt 17, 30, 72
Sampling 69, 127
Samplingfaktor 19, 76
Saphir Ultra 43
satiniertes Papier 127
Sättigung 13, 15, 127
Scanauflösung 75 f.
Scannen 17, 43, 63
Scanner 43, 63, 115, 127
Scansoftware 63, 115
Scharfzeichnungsfilter 49 ff.
Schatten → Tiefen
Schattenwurf 60
Schichten → Ebenen
Schleierfilter 75
Schmuckfarben 15 f., 32, 127
Schneebilder 72, 73, 127
Schönungskorrektur 48
Schriftenklassifikation 92
Schriftkonvertierung 93
Schriftschnitte 92, 93
Schwarz 12, 13, 21, 63, 64
Schwarzaufbau 47, 65, 127
Schwarzauszug 111
Schwarzpunkt 47, 127
Schwellenwert 24, 50, 127
Sechsfarbendruck 111
Sekundär(elektronen)emission 71
Sekundärfarben 12, 13
selektive Farbkorrektur 48, 127
Separation → Farbseparation
separierte Laserdruckausgabe 108
showpage 81
Signalrauschabstand 69, 70
Siebenfarbendruck 111 ff.
Siebenfarbenseparation 112
Signatur (bei Grafikformaten) 97, 127
Single-Pass-Scanner 70
Skalieren 127
Skelettschwarz 63
Softproofing 103
Soft-RIP 109
Sonderfarben → Schmuckfarben
Sonderzeichen im ASCII-Code 99
Spektralfarbenzug 14, 15
Spektralphotometer 41, 127
Spektrum → Farbspektrum
Spitzlicht → Glanzlicht
Stäbchen 11
Stack 81 f., 88
stack overflow 88
stack underflow 89
Streifenbildung (bei Verläufen) 58
Strichvorlagen 17, 72
Subtraktive Farbenmischung 13
Suffix → Extension
Suitcase 91, 92

Supra (Adobe) 37
SWOP 127
System-Dictionary (PostScript) 82

T

Terminator 86
Tertiärfarbe 13, 63, 127
Testbelichtung 108
Textkonvertierung 99
Textur 39
Thermosublimation 105
Three-Pass-Scanner 70
Tiefen 43, 46, 72, 73, 74, 127
Tiefenzeichnung 43, 73, 74
TIFF 31, 33 f., 36, 52, 116, 127
Times 83
Toleranz (Vektorbilder) 88
Tonwert 128
Tonwertkomprimierung 72
Tonwertkorrektur 43 ff.
Tonwertkurve 128
Tonwertspreizung 43
Tonwertumfang 43, 128
Tonwertzuwachs 21, 25, 27, 75, 128
Transmission 11
Trapping → Überfüllung
Treppeneffekt → Sägezahneffekt
Triple-Color-CCD 70
Triplex-Bilder 56, 57, 128
Trommelscanner 43, 67, 68, 70, 71
TrueType 88, 91, 92, 93
Trumatch 16
TTF (Extension) 92
Type-1-Schriften 83, 91
Type-3-Schriften 83
TypeReunion 92

U

Überbelichtung 75
Überblendungen 62
Überdrucken 77, 128
Überfüllung 77, 78, 107
Überfüllung für CMYK 78
Überfüllungsvorgaben 78, 79
UCA → Buntfarbenaddition 64
UCR → Unterfarbenentfernung
Umrechnung lpc/lpi 25
Unbuntaufbau 63 f., 112, 128
Undefined Syntaxerror 89
Under Color Addition → Buntfarbenaddition
Under Color Removal → Unterfarbenentfernung
UNIX 33
unreine Farben 128
unscharf maskieren → USM
Unterbelichtung 75
Unterfarbenentfernung 64, 75, 128
Unterfarbenzugabe → Buntfarbenaddition
Unterfüllung 78, 128
USM 49 f., 72

V

Vektorbilder 29, 30
Vektoren 30, 91
Vektorschrift 83, 91
Vergrößerungsfaktor 19
Verknüpfung 92, 93, 128
Verläufe 25, 58, 59, 109
Verschmutzung (Farbe) 13
Verzerrungswerkzeug 60
Videokamera 68
4C-Bild 29
4C + fixColors 112
4C + freeColors 114
Vierfarbbild → 4C-Bilder
Vierfarbendruck 13, 15, 112
Vierteltöne 44
Violettblau 111
Virtual Memory (RIP) 87, 88
virtueller Speicher 128
VM Error 87
Vordergrundobjekt 77
Vorlagen-Klassifizierung 75
Vorlagentypen 72
Vorschau-Scan 75

W

Wait Timeout 87
„warme" Farbe 57
Wegbrechen (Rasterpunkte) 25, 74
weiche Auswahlkante 54
Weiß 12
Weißpunkt 47
wiedergebbare Farben 128

X

XTension 128

Y

Y → Luminanz
YCC-Farbsystem 34
Yellow → Gelb

Z

Zäpfchen → Zapfen
Zapfen 11
Zeichensatz-Ordner 91
Zeitungsdruck 24, 25
Zeitungsdruckpapier 16, 47
Zufallsprinzip 24
Zulaufen (Rasterpunkte) 25
Zusammendruck (4c) 22, 23
Zusatzfarben 16
Zweitfarben → Sekundärfarben
Zwischentonfarbe 113

Abb. 0.3 *Mit unterschiedlichen Paletten indiziertes Bild. Siehe hierzu auch Seite 136*

Die Art und Position der Farben in den Systempaletten von Mac OS und Windows sind unterschiedlich. Hinzu kommen noch die flexibel oder exakt indizierten Bilder aus Bildverarbeitungsprogrammen wie Adobe Photoshop. Bei der Mediaproduktion ergibt sich die Problematik, dass das geladene Bild nicht mit der geladenen Palette harmoniert. Es kann dadurch zu absurden Farbverschiebungen kommen.

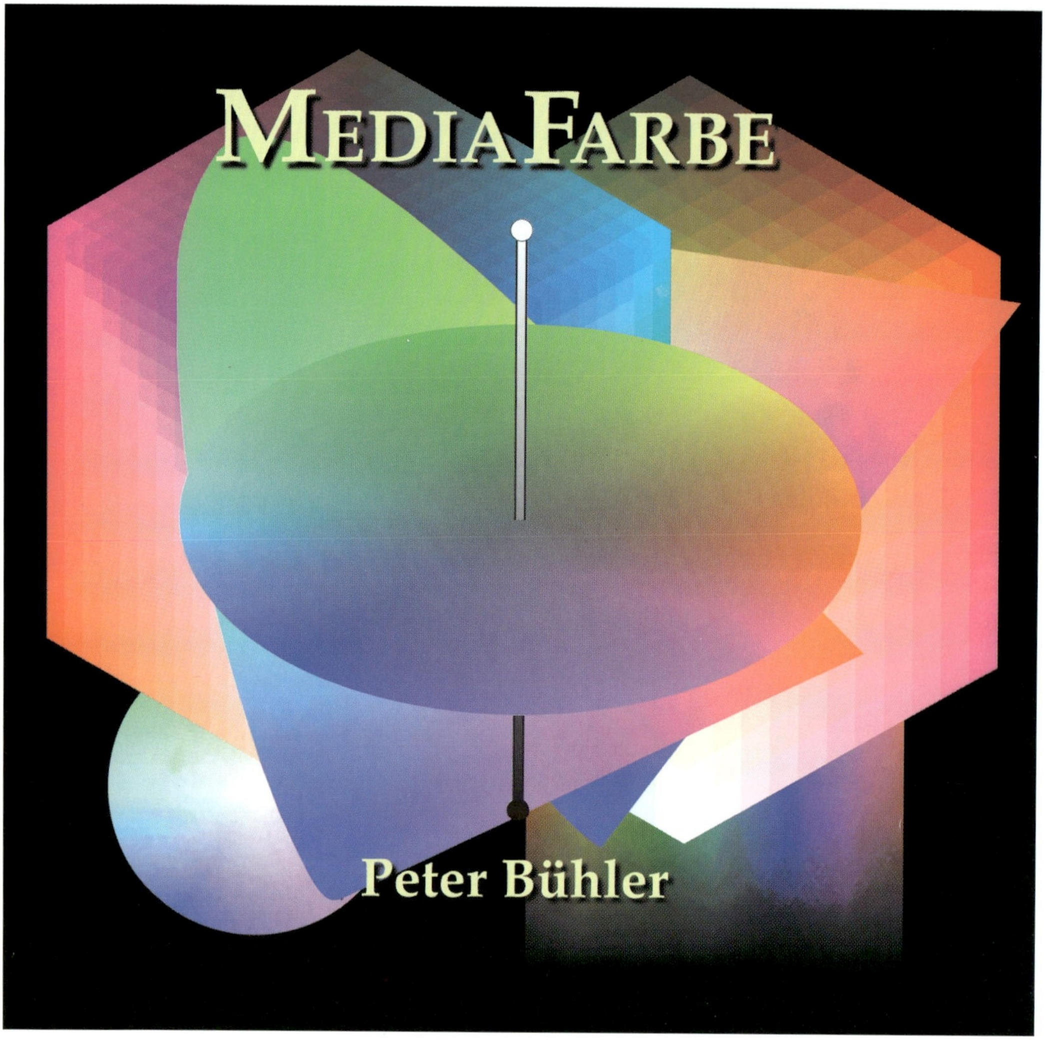

Drucke sind farbig, CD-ROM-MediaScreens sind farbig, WWW-Homepages sind farbig. Farbe, wohin man blickt.
Niemand, der mit der Medienproduktion und Medienanwendung befasst ist, kann sich diesem Trend entziehen.
Welchen Farbraum hat mein Druck? Scannen wir RGB oder CMYK? 256 oder 16,7 Millionen Farben? Zeigt der Bildschirm die gleichen Farben wie später der Druck? Welcher ΔE-Wert ist ausreichend? Farbkorrektur mit Farbton, Sättigung und Helligkeit? Und und und...*
Was Sie schon immer wissen wollten, doch nie ganz zufriedenstellend dargeboten und erklärt fanden, „MediaFarbe" beantwortet Ihre Fragen. In knapper Form, ohne viel Text, werden die verfahrenstechnischen Grundlagen der Farbe in der Medienproduktion beschrieben. Übungsaufgaben helfen, die Inhalte zu erarbeiten.
„MediaFarbe" von Peter Bühler erscheint im 2. Quartal 1998 im Verlag Beruf + Schule, Umfang ca. 112 Seiten A4, vierfarbig, kartoniert, ca. 36,– DM, ISBN 3-88013-564-9.